lonely planet

JAPON

Lucy Dayman, Tom Fay, Todd Fong, Rebecca Milner, Winnie Tan, Ted Taylor

Sommaire

DR_FLASH/SHUTTERSTOCK ©

Méditer dans le paisible jardin d'un temple et entreprendre un pèlerinage dans les montagnes. Goûter les meilleurs sakés et partir à la découverte de délices culinaires. Emprunter les routes des samouraïs et des shoguns pour atteindre de superbes châteaux. S'immerger dans des sources chaudes pour évacuer ses soucis. Dévaler les pistes de ski et plonger dans des mers scintillantes. Découvrir l'art ancien de la cérémonie du thé et rencontrer ses icônes préférées de la culture pop. Assister au lever du soleil au sommet de la montagne qu'on vient de conquérir.

Vous êtes bien au Japon.

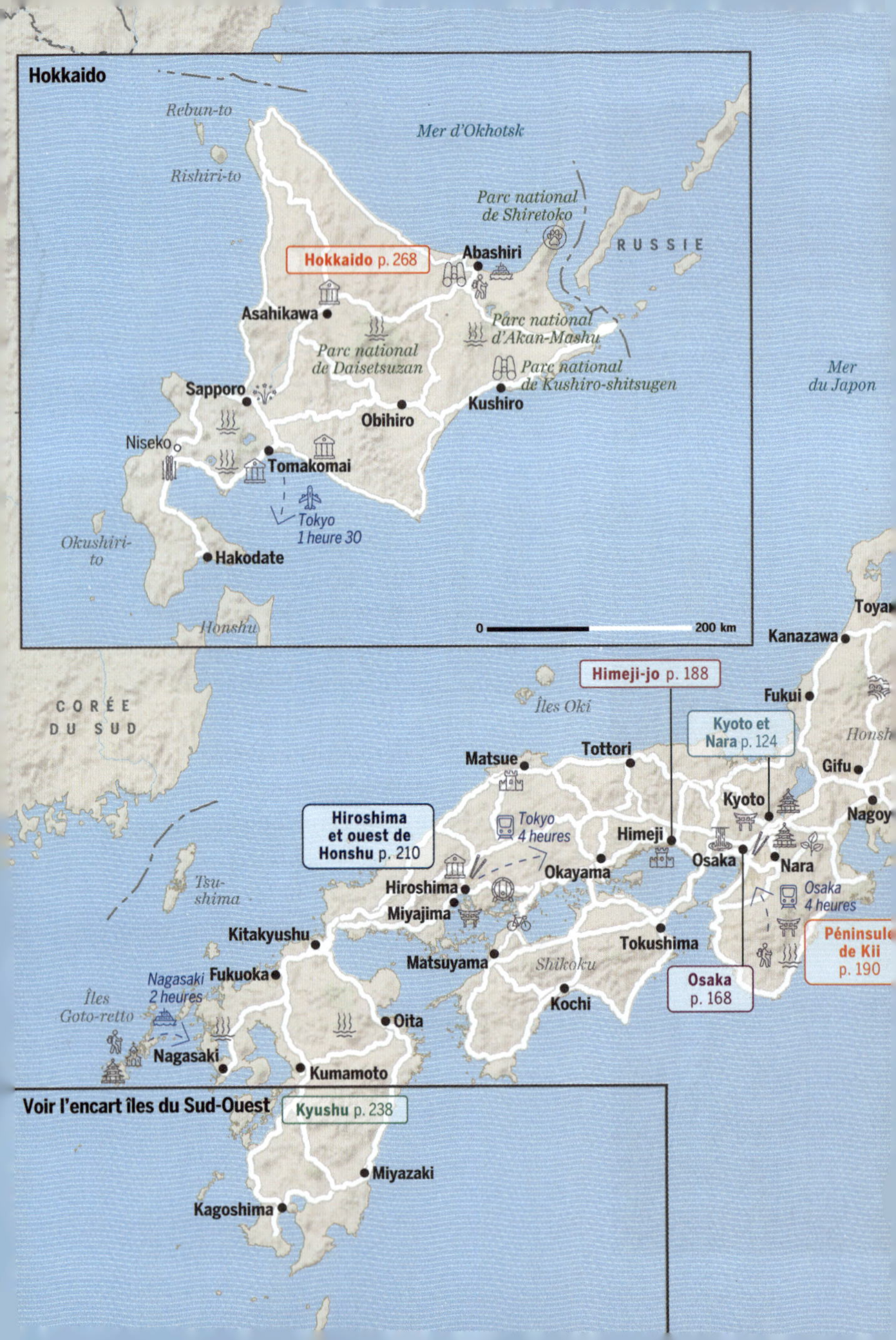

Hokkaido
Rebun-to
Rishiri-to
Mer d'Okhotsk
Parc national de Shiretoko
RUSSIE
Hokkaido p. 268
Abashiri
Asahikawa
Parc national d'Akan-Mashu
Parc national de Daisetsuzan
Parc national de Kushiro-shitsugen
Sapporo
Obihiro
Kushiro
Niseko
Tomakomai
Tokyo 1 heure 30
Okushiri-to
Hakodate
Honshu
0
200 km
Mer du Japon
Toya
Kanazawa
Himeji-jo p. 188
Îles Oki
Fukui
CORÉE DU SUD
Kyoto et Nara p. 124
Honsh
Matsue
Tottori
Gifu
Hiroshima et ouest de Honshu p. 210
Tokyo 4 heures
Kyoto
Nagoy
Himeji
Osaka
Nara
Okayama
Tsu-shima
Hiroshima
Miyajima
Osaka 4 heures
Péninsule de Kii p. 190
Kitakyushu
Tokushima
Matsuyama
Shikoku
Fukuoka
Nagasaki 2 heures
Îles Goto-retto
Osaka p. 168
Kochi
Oita
Nagasaki
Kumamoto
Voir l'encart îles du Sud-Ouest
Kyushu p. 238
Miyazaki
Kagoshima

Voir l'encart Hokkaido
Aomori
0
200 km
Morioka
Akita
Sado-ga-shima
Yamagata
Sendai
Niigata
Fukushima
Nikko p. 72
Nikko
Nagano
Mito
Tokyo 2 heures
Alpes japonaises centrales p. 98
Tokyo 3 heures
TOKYO
Tokyo p. 36
Yokohama
Shizuoka
Région des Cinq Lacs du mont Fuji p. 74
Océan Pacifique
Îles du Sud-Ouest
Îles Amakusa
Kyushu
Miyazaki
Kagoshima
CHINE
Tanegashima
Yakushima
Mer de Chine orientale
Îles Tokara
Amami
Okinawa et les îles du Sud-Ouest p. 290
Îles Amami
Ville d'Okinawa
Naha
Okinawa-honto
Osaka 2 heures 15
Océan Pacifique
Îles Miyako
Hirara
Ishigaki
Îles Yaeyama
0
500 km

Ci-dessus Bambouseraie d'Arashiyama (p. 152), Kyoto

PAGES PRÉCÉDENTES : F11PHOTO/SHUTTERSTOCK ©

EN IMAGES

FOCUS

Le Japon compte plus de 30 000 restaurants de ramen, dont plus de 3 000 à Tokyo.

En 2018, plus de 380 millions de litres de saké ont été brassés au Japon.

RAMEN ET **SAKÉ**

C'est un euphémisme de dire que les Japonais prennent la nourriture au sérieux. Depuis des siècles, ils élèvent au rang d'art tout ce qui touche à l'alimentation, de l'élevage du bétail à la préparation du bouillon des ramens. Où que vous alliez, votre table sera garnie des meilleurs produits locaux, issus de la mer, des pâturages ou des montagnes.

À gauche Saké servi avec une carafe
À droite Omoide-yokocho (p. 52), Tokyo
Ci-dessous Bol de ramen

→ YOKOCHO

Les Tokyoïtes adorent leurs *yokocho*, ruelles remplies de bars et de restaurants où ils viennent avaler des *yakitoris* (brochettes) accompagnés de bière fraîche le vendredi soir.

▶ Pour en savoir plus sur les *yokocho*, voir p. 52

BIIRU !

Dans n'importe quel *izakaya* (bistrot japonais), vous entendrez les clients s'exclamer "*Biiru, kudasai !*" (Une bière, s'il vous plaît !). Certaines préfectures ont leur propre bière.

▶ Découvrez la bière Orion d'Okinawa p. 298.
▶ Découvrez la meilleure brasserie artisanale d'Osaka p. 183.

↑ FAITES DU BRUIT

Dans un restaurant de ramen, oubliez tout ce qu'on vous a dit sur les bonnes manières à table : faire du bruit en mangeant n'y est pas seulement autorisé, mais encouragé. Participez à la symphonie !

▶ **Visitez la Mecque des gastronomes, Osaka, ville des ramens, des *tako-yaki* et des "sushis tournants".** (p. 168)

▶ **Découvrez les secrets de longévité des habitants d'Okinawa : fruits de mer et bière Orion.** (p. 297)

▶ **Délectez-vous d'*okonomiyaki*, plat emblématique d'Hiroshima, préparé devant vous de manière experte.** (p. 222)

▶ **Goûtez à la cuisine traditionnelle sous sa forme la plus raffinée à Kyoto, capitale du *kaiseki*.** (p. 140)

▶ **Dégustez spécialités de rue et sakés de premier choix dans la ville de Takayama.** (p. 106)

Le Japon compte plus de 70 000 temples et plus de 80 000 sanctuaires.

À elle seule, Kyoto en réunit plus de 2 800.

VOYAGE EN TERRES SACRÉES

Imprégnez-vous de spiritualité japonaise en entreprenant une randonnée à travers les montagnes sur les traces des pèlerins d'antan ou en visitant sanctuaires et temples dans tout le pays pour devenir incollable sur le shintoïsme et le bouddhisme. Franchissez le torii (porte d'entrée rouge) pour entrer dans le monde du sacré et faites un pas de plus vers la paix intérieure.

À gauche Sanctuaire Fushimi Inari-Taisha (p. 150), Kyoto
À droite Statue de Kokuzo Bosatsu, Todai-ji (p. 154), Nara
Ci-dessous *Ema* en bois au Meiji-jingu (p. 46), Tokyo

→ TEMPLE OU SANCTUAIRE ?

S'il y a un torii, c'est un sanctuaire. Les temples bouddhiques, quant à eux, abritent des statues de divinités.

CUISINE ÉTHIQUE

Les moines bouddhistes se nourrissent de cuisine végétarienne appelée *shojin-ryori*. Certains temples en servent aux visiteurs.

↑ PORTE-BONHEUR

Les nombreux lieux sacrés du Japon offrent bonne fortune et bénédictions ; inscrivez vos souhaits sur un *ema* ou achetez un *omamori* pour vous protéger.

▸ Apprenez-en davantage sur les *ema* p. 149 et les *omamori* p. 227.

▸ **Participez à une visite guidée sur l'histoire du Koya-san, monastère de montagne sur la péninsule de Kii.** (p. 200)

▸ **Laissez-vous éblouir par l'Izumo Taisha, l'un des plus importants sanctuaires du Japon, dans la préfecture de Shimane.** (p. 224)

▸ **Visitez le Meiji-jingu et ses jardins, oasis de verdure en plein cœur de Tokyo.** (p. 46)

▸ **Admirez l'emblématique Kinkaku-ji de Kyoto ou réfugiez-vous au Shoden-ji.** (p. 148)

▸ **Révérez le Daibutsu (Grand Bouddha) en bronze du Todai-ji à Nara.** (p. 154)

ESCAPADES À **L'ÈRE EDO**

Le pays est émaillé de vestiges de l'époque des shoguns et des samouraïs. Explorez châteaux et quartiers majestueux, et enfoncez-vous dans les montagnes pour découvrir un mode de vie ancien plus simple dans des villages ruraux et le long de routes historiques sinueuses.

À GAUCHE : MTAIRA/SHUTTERSTOCK © ; EN BAS : PIXHOUND/SHUTTERSTOCK ©

→ LA POPULATION AUTOCHTONE D'HOKKAIDO

Les Aïnous, peuple autochtone d'Hokkaido, sont aujourd'hui 17 000 environ dans toute la préfecture.

▶ Pour en savoir plus sur les Aïnous, voir p. 284.

- ▶ **Admirez le plus beau château du Japon, Himeji-jo.** (p. 188)
- ▶ **Retirez-vous à Shirakawa-go, dont les villages n'ont pas changé depuis des siècles.** (p. 114)
- ▶ **Parcourez le Yamanobe-no-michi, sentier jalonné de sites historiques.** (p. 158)
- ▶ **Baladez-vous en kimono à Kitsuki, ville de samouraïs de l'ère Edo.** (p. 255)
- ▶ **Naviguez jusqu'à Kudaka-jima, berceau du royaume Ryukyu.** (p. 305)

← L'ÈRE DES SHOGUNS

Les châteaux et villages anciens que l'on peut voir aujourd'hui ont pour beaucoup été construits à l'ère Edo (1603-1868), sous le shogunat Tokugawa.

En haut Iwakuni-jo (p. 231)
À gauche Homme en tenue aïnoue traditionnelle (p. 284)
À droite *Onsen* de Kurokawa (p. 246), Kyushu

Le Japon compte près de 3 000 stations thermales.

Hokkaido est la préfecture qui en possède le plus : 250 environ.

DRYADPHOTOS/SHUTTERSTOCK ©

BAINS VOLCANIQUES

Pour les Japonais, il n'y a pas meilleur moyen de se détendre que de s'immerger dans un *onsen* (source chaude), avant de prendre un verre de lait froid aromatisé au café. Mais s'ils ne manquent pas une occasion de se baigner dans des eaux thermales, ce n'est pas uniquement pour se relaxer. Beaucoup leur prêtent un pouvoir de guérison et d'embellissement.

▸ **Détendez-vous dans les eaux thermales de Kurokawa Onsen.** (p. 247)

▸ **Explorez Jigoku-dani, la fumante "vallée de l'enfer" d'Hokkaido, avant de vous baigner à Noboribetsu Onsen.** (p. 283)

▸ **Découvrez Kuronagi Onsen, bains cachés dans les forêts autour de Toyama.** (p. 119)

Plus de 200 000 personnes escaladent le Fuji chaque année.

Le pays abrite 50 000 espèces animales, dont seules 279 sont indigènes.

Au Japon, plus de 600 variétés de cerisiers existent.

RETOUR À LA **NATURE**

Des kilomètres de nature intacte, des mers d'un bleu limpide, un mont Fuji enneigé encadré de *sakura* (cerisiers en fleur)… Voilà quelques-uns des paysages fabuleux qui vous attendent dans la campagne japonaise. Que vous randonniez, preniez le large ou entrepreniez une ascension, vous ne regretterez pas le voyage.

À gauche Randonnée dans le Daisetsuzan (p. 280), Hokkaido
À droite Ascension du sentier Yoshida, mont Fuji (p. 81)
Ci-dessous Pique-niques *hanami*, Ueno-koen (p. 55), Tokyo

→ FOI ET FUJI

Les religions japonaises comme le shintoïsme et le shugendo ont fait du mont Fuji un objet de culte. Des pèlerins l'escaladent depuis l'ère Heian (794-1185).

▶ Pour en savoir plus sur l'ascension du mont Fuji, voir p. 80.

MADSOLAR/SHUTTERSTOCK ©

VOYAGE SACRÉ

Les adeptes de la religion japonaise shugendo effectuent des pèlerinages à travers les montagnes et les forêts.

▶ Pour en savoir plus sur le shugendo, voir p. 198.

À DROITE : BLUE SKY IMAGERY/SHUTTERSTOCK ©, À GAUCHE : PERRY SVENSSON/SHUTTERSTOCK ©

↑ SAKURA, SAKURA

La floraison des cerisiers symbolise un nouveau départ. À l'occasion de pique-niques par exemple, on se livre au *hanami* (contemplation des arbres en fleur).

▶ Pour en savoir plus sur les *sakura*, voir p. 146.

- ▶ **Escaladez les sommets des Alpes japonaises et admirez les lacs miroitants de Kamikochi.** (p. 110)
- ▶ **Plongez et nagez dans les eaux cristallines des îles Yaeyama.** (p. 300)
- ▶ **Repérez ours bruns et baleines lors d'une croisière le long de la côte du parc national de Shiretoko.** (p. 278)
- ▶ **Parcourez le chemin de Nakahechi à travers la péninsule de Kii.** (p. 198)
- ▶ **Admirez le lever du soleil au sommet du mont Fuji, point culminant du Japon.** (p. 83)

AVENTURES À LA CARTE

Gravir des sommets, s'essayer à un nouveau sport ou chanter devant de parfaits inconnus sont autant de moyens de découvrir le Japon. Le pays réserve d'innombrables surprises aux visiteurs qui n'ont pas peur de s'écarter des conventions. Tout ce qu'il vous faut, c'est l'esprit d'aventure.

Sentier Nakasendo

Sur la route des voyageurs

Un sentier forestier de 9 km relie deux villes relais de l'ère Edo. À votre arrivée à Tsumago ou à Magome, selon le point de départ choisi, récompensez vos efforts avec du thé et des friandises japonaises.

À 2 heures de Nagoya

▸ p. 108

Shimanami Kaido

D'île en île à deux-roues

Louez un vélo et parcourez un groupe d'îles en profitant de la brise marine salée et des vastes panoramas côtiers. En chemin, visitez temples et parcs, et, quand vous avez faim, achetez un en-cas dans les commerces locaux.

À 1 heure d'Hiroshima

▸ p. 228

Niseko

Sur les pistes

Neige poudreuse, descentes palpitantes et infrastructures remarquables font de Niseko l'une des meilleures destinations de sports d'hiver du Japon. Les innombrables pistes sont réparties dans quatre grands domaines en accès illimité.

À 2 heures de Sapporo

▶ p. 277

Kinugawa Onsen

Au fil de l'eau

Embarquez sur un long bateau en bois pour descendre une gorge dominée de falaises déchiquetées et de forêts d'une beauté exceptionnelle en automne. Le courant rapide de la rivière promet des sensations fortes !

À 2 heures de Tokyo

▶ p. 72

Amami-Oshima

Excursion guidée en paddle

Le paddle est encore plus sympa quand on le pratique dans les eaux claires qui baignent la grande île d'Amami en compagnie de ses habitants.

À 2 heures 30 de Tokyo

▶ p. 302

Karaoké box de Tokyo

Soirées chantantes

Pour beaucoup, un week-end à Tokyo n'est pas complet sans un karaoké. Louez un box dans l'après-midi pour échapper à la chaleur estivale ou en fin de soirée pour un *nijikai* (after).

Partout à Tokyo

▶ p. 56

Le pays compte près de 6 000 musées.

On estime à un peu moins de 1 000 le nombre de geishas modernes au Japon.

OÙ LE NOUVEAU **RENCONTRE L'ANCIEN**

Des millions de personnes à travers le monde se disent fans de la culture japonaise, que ce soit de l'art traditionnel de la cérémonie du thé ou des mangas modernes. Vous n'aurez pas besoin d'aller très loin pour vivre des expériences culturellement enrichissantes ; l'ancien et le moderne se mêlent harmonieusement partout dans le pays.

À gauche Akihabara (p. 49), Tokyo
À droite Spectacle de *maiko* (p. 136), Kyoto
Ci-dessous *Yurukyara*, Hokkaido (p. 268)

→ ARTISTES PAR EXCELLENCE

Les geishas sont formées à la musique, à la danse, à l'étiquette et à la cérémonie du thé pendant six ans environ.

▸ Pour en savoir plus sur les geishas, voir p. 136.

ESPRITS TRADITIONNELS

Les *yokai* (créatures fictives) peuplent la culture japonaise traditionnelle et populaire, apparaissant autant sur les gravures que dans les animes.

▸ Pour en savoir plus sur les *yokai*, voir p. 112.

↑ "MASCOTTEMANIA"

Au Japon, entreprises, gares et même préfectures ont leur mascotte. On les appelle les *yurukyara*, mot composé de *yuru* (doux, pelucheux) et de *kyara* (personnages).

- **Appréciez le raffinement zen d'une cérémonie du thé traditionnelle à Kyoto.** (p. 134)
- **Plongez dans la culture pop japonaise au musée Ghibli, à Mitaka ou à Akihabara, à Tokyo.** (p. 48)
- **Admirez le maître forgeron Matsunaga dans son atelier d'Arao, à Kumamoto.** (p. 255)
- **Passez une nuit chez l'habitant dans une maison *gassho-zukuri* traditionnelle à Shirakawa-go.** (p. 114)
- **Immergez-vous dans la culture autochtone d'Hokkaido au Musée national du peuple aïnou** (p. 284)

Les écoliers japonais sont en vacances d'été de mi-juillet à fin août. Le jour de la Mer, le troisième lundi de juillet, offre un week-end prolongé. Le jour de la Montagne, le 11 août, est également férié.

↙ Escapade tropicale

Okinawa est une destination estivale prisée. Les plages des îles Amami sont tout aussi belles, mais bien moins fréquentées.

Amami-Oshima, p. 302

▸ amami-tourism.org

La demande en matière d'hébergement atteint un pic pendant la semaine de l'O-Bon (mi-août). Réservez votre séjour et vos activités bien à l'avance.

Achetez un éventail ou un ventilateur de poche pour vous rafraîchir durant les étés humides du Japon.

JUIN

Température moyenne maximale en journée : 27°C

JUILLET

Le Japon en ÉTÉ

↘ Randonnée sauvage

Explorez le plus grand parc national du Japon en été, quand il n'y a pratiquement plus de neige sur les sentiers.

Daisetsuzan, p. 280

▸ daisetsuzan.or.jp

De début juin à mi-juillet, les hortensias fleurissent partout, aussi bien dans les grands parcs que dans les zones résidentielles.

↑ Aventures alpines

Pour échapper à la chaleur impitoyable de la ville, partez randonner et camper à Kamikochi, dans les Alpes japonaises.

Kamikochi, p. 110

▸ kamikochi.org

Jours de pluie : 13

AOÛT

Température moyenne maximale en journée : 30°C
Jours de pluie : 12

← Ciel illuminé

Les feux d'artifice sont populaires en été. Les Japonais vont les admirer en *yukata*, kimono d'été léger.

Dans la valise

Un chapeau, suffisamment de crème solaire, et une petite serviette de toilette pour éponger la sueur en toutes circonstances.

La saison des typhons commence en été, voire un peu avant, et peut se poursuivre jusqu'en octobre. Consultez les alertes météorologiques.

← En voiture pour les gorges de Kurobe !
Entre mi-octobre et novembre, admirez les magnifiques feuillages d'automne à bord du train des gorges de Kurobe, qui franchit de profonds ravins.

Kurobe Kyokoku, p. 118

▶ kurotetu.co.jp

La demande en matière d'hébergement connaît un pic durant la période où les arbres se parent de leurs feuillages d'automne, de fin octobre à novembre. Réservez votre séjour et vos activités bien à l'avance.

Au Japon, qui dit couleurs d'automne dit *momiji* (érables japonais), nombreux autour des temples et dans les parcs.

SEPTEMBRE

Température moyenne maximale en journée : 28°C

OCTOBRE

Le Japon en AUTOMNE

↘ Retraite champêtre

Pendant l'automne, évitez la foule de Kyoto en gagnant Minoh, à Osaka. La saison culmine vers fin novembre.

Minoh, p. 182

▸ osaka-info.jp

↖ Goûtez aux doux kakis du Japon, en saison, à partir d'octobre. Ceux de Nara sont particulièrement célèbres.

Yamanobe-no-michi, p. 158

Jours de pluie : 13

NOVEMBRE

Température moyenne maximale en journée : 21°C
Jours de pluie : 13

← Sabres de samouraï et kimono en soie

Pendant que les citadins affluent à la campagne pour admirer les feuillages d'automne, rassasiez-vous d'art et de culture au Musée national de Tokyo.

▸ Musée national de Tokyo, p. 54

▸ tnm.jp

Dans la valise

Une veste et des couches de vêtements à superposer pour les soirées plus froides.

Au Japon, les vacances de fin d'année s'étendent entre Noël et la première semaine de janvier. Beaucoup de magasins et de restaurants sont fermés dans tout le pays.

↖ Fête de la Neige de Sapporo

Admirez les sculptures de neige géantes et participez aux festivités, durant une semaine début février.

Sapporo, p. 277

▸ snowfes.com

La demande en matière d'hébergement atteint un pic à Noël et au Nouvel An lunaire (fin janvier à début février). Réservez votre séjour et vos activités bien à l'avance.

Les fraises japonaises, que l'on trouve de décembre à mai, sont plus sucrées en janvier.

DÉCEMBRE

Température moyenne maximale en journée : 12°C

JANVIER

Le Japon en **HIVER**

↘ Villages enneigés

Les illuminations hivernales du village d'Ogimachi, à Shirakawa-go, offrent un spectacle féerique. Attendez-vous à une forte affluence.

Ogimachi, p. 117

▸ ml.shirakawa-go.org/fr

↓ Festin dans les îles du Sud

À la place de vacances à la neige, entreprenez un voyage culinaire à travers l'île subtropicale d'Okinawa.

Okinawa-honto, p. 296

▸ visitokinawa.jp

Pour les longues journées dans le froid, des chaufferettes jetables appelées *kairo* (カイロ) sont disponibles à bas prix dans les supérettes.

Jours de pluie : 9

FÉVRIER

Température moyenne maximale en journée : 11°C
Jours de pluie : 7

← Détente dans un *onsen*

L'une des meilleures expériences à faire en hiver est de se baigner au milieu de la neige dans un *rotemburo* (bain en plein air). La plupart des *ryokan* en ont.

Dans la valise

Des sous-vêtements thermiques, une veste doublée, des bottes résistantes ou des crampons à glace dans les zones rurales où la neige est abondante.

La Golden Week est pleine de jours fériés, de fin avril à début mai. Forte affluence partout.

↙ Fête du saké Nombe

Lors de cette fête organisée à Takayama en mars, les brasseries locales dévoilent leurs premières cuvées de la saison.

Takayama, p. 106

▸ hida-nombe.jp

La demande en matière d'hébergement connaît un pic pendant la saison des cerisiers en fleur (fin mars à début avril). Réservez votre séjour et vos activités bien à l'avance.

Admirez les fleurs magenta des pruniers de fin février à début mars, suivies peu après par les fleurs de cerisiers.

MARS

Température moyenne maximale en journée : 16°C

AVRIL

Le Japon au PRINTEMPS

↘ Balade fleurie à vélo

Pédalez à Kyoto sur des chemins aménagés au bord de l'eau, en quête de cerisiers en fleur.

Kyoto, p. 144

▸ kctp.net

↖ Paradis du *hanami*

Pendant la saison des *sakura*, de nombreuses supérettes vendent des bâches pour des pique-niques improvisés d'"observation des cerisiers en fleur".

Ueno-koen, p. 55

▸ www.ueno-bunka.jp

Jours de pluie : 14

MAI

Température moyenne maximale en journée : 18°C
Jours de pluie : 13

↙ Pivoines au Yushien

Émerveillez-vous devant la mer de pivoines de ce jardin à la japonaise, aménagée sur une île au milieu du lac Nakaumi.

Yushien, p. 237

▸ yuushien.com

Dans la valise

Une veste épaisse pour les soirées fraîches et un petit parapluie pour les averses printanières.

KANTO
à la carte

INCONTOURNABLES ET TRÉSORS CACHÉS

La région du Kanto est un condensé de tout ce que le Japon a à offrir : vie urbaine animée, culture et nature magnifique. Si Tokyo à elle seule est une source d'expériences infinie, les transports publics hyper-pratiques rendent les courtes excursions en dehors de la mégapole simples comme bonjour.

Feuille de route

Ville principale Tokyo

Durée 10 jours

Se déplacer En train ou en métro, on peut se rendre n'importe où à Tokyo, ainsi que dans les préfectures voisines. Pour plus de flexibilité en périphérie, louez une voiture.

À savoir Évitez de prendre le train à Tokyo pendant le pic d'affluence du matin, entre 7h30 et 9h. Les autoroutes de la ville peuvent être congestionnées dans les deux sens le soir entre 17h et 19h30.

Parc national de Nikko
Nikko
Imaichi
Nikko
Admirez les feuillages d'automne et le grandiose Tosho-gu, site classé au patrimoine mondial, à 2 heures de Tokyo en train.
2 jours
Utsunomiya
Ueno
Dédiez un après-midi à l'art et à l'histoire dans de grands musées de la ville comme le Musée national de Tokyo.
1 jour
Mashiko
Maebashi
Takasaki
Oyama
Shimodate
Mito
Kumagaya
Mitaka
Réfugiez-vous dans ce coin plus tranquille de la ville, qui réunit le musée Ghibli et l'Inokashira-koen, l'un des plus beaux parcs de Tokyo.
½ journée
Chichibu
Kasukabe
Ryogoku
Réservez des billets au plus grand stade de sumo du Japon ou découvrez l'histoire de la ville au musée Edo-Tokyo.
½ journée
Kashiwa
Ome
TOKYO
Hachioji
Sagamihara
Baie de Tokyo
Chiba
Odaiba
Réveillez l'enfant qui sommeille en vous sur cette île artificielle de la baie de Tokyo, où le divertissement est roi.
1 jour
Ichihara
Kawasaki
Shibuya
Plongez dans l'effervescence extrême de Tokyo pour vous régaler, faire du shopping et explorer des *yokocho* (ruelles).
½ journée
Kisarazu
Odawara
Péninsule de Boso
Katsuura

CHUBU
à la carte

INCONTOURNABLES ET TRÉSORS CACHÉS

La région centrale du Japon se distingue par des crêtes montagneuses, des forêts préservées et des villages reculés. C'est la destination idéale si vous aimez les activités de plein air ou souhaitez simplement échapper à la métropole quelque temps. Emportez vos chaussures de randonnée.

Feuille de route

Ville principale Nagoya

Durée 10-12 jours

Se déplacer Voyagez entre les préfectures en train express ou en *shinkansen* (train à grande vitesse). Pour les destinations rurales, prenez le bus. Les familles peuvent envisager de louer une voiture pour faciliter leurs déplacements.

À savoir Cette région connaît de fortes chutes de neige et des vents violents. Soyez très prudent si vous conduisez, et demandez une voiture de location équipée de pneus neige.

Toyama
Admirez les splendeurs de la nature sur une route bordée d'imposants murs de neige ou à bord d'un train qui franchit une superbe gorge rocheuse.
2 jours

Nagano
Partez camper ou randonner à Kamikochi, région prisée des amateurs de plein air locaux, ou passez des vacances reposantes à Karuizawa.
3-4 jours

Sentiers de Yamanashi
Arpentez les nombreux sentiers de randonnée qui entourent le mont Fuji, ou gravissez la montagne sacrée elle-même en été.
2-3 jours

KANSAI
à la carte

INCONTOURNABLES ET TRÉSORS CACHÉS

Une visite du Kansai, centre des traditions et de la culture japonaises anciennes, est toujours enrichissante. En plus d'approfondir votre compréhension de l'histoire du pays, vous vous régalerez de plats japonais parmi les plus délicieux.

Feuille de route

Villes principales Osaka, Kyoto

Durée 9-12 jours

Se déplacer La plupart des sites de cette région sont accessibles en train ou en *shinkansen* depuis Osaka. Le vélo est un excellent moyen de visiter Kyoto. Pour parcourir la péninsule de Kii, prenez le bus ou louez une voiture.

À savoir Découvrez de véritables joyaux en vous promenant à Osaka et Kyoto. Notez néanmoins que ces deux villes comptent parmi les plus chaudes du pays en été.

Minoh
Promenez-vous dans les bois avant de vous désaltérer avec une bière artisanale à Minoh, non loin d'Osaka.
1 jour

Kyoto
Découvrez les traditions anciennes du Japon – geishas et cérémonie du thé, entre autres – dans sa première capitale.
3 jours

Nara
Côtoyez les daims sauvages qui errent librement dans le Nara-koen, parc verdoyant au sein de cette ville historique.
1 jour

Péninsule de Kii
Entreprenez un voyage spirituel à travers les forêts et les montagnes sur le réseau de routes anciennes du Kumano Kodo.
2-4 jours

KYUSHU ET LES ÎLES DU SUD

à la carte

INCONTOURNABLES ET TRÉSORS CACHÉS

Souvent oublié des visiteurs, le sud du pays possède pourtant ses attraits propres. Visitez des villes qui ont marqué l'histoire moderne du Japon ou plongez vos orteils dans le sable blanc d'îles immaculées.

Feuille de route

Villes principales Fukuoka, Hiroshima

Durée 12-14 jours

Se déplacer Le Kyushu peut se visiter en train, en bus ou en voiture. Gagnez les îles en avion, puis explorez-les en voiture.

À savoir À Okinawa, les embouteillages sont fréquents et les places de stationnement difficiles à trouver. Partez tôt et n'empruntez pas les voies de gauche réservées aux bus.

Okinoshima
Dogo
Nishino-shima
Îles Oki
Mer du Japon
Shimane
Vivez la religion et l'histoire japonaises à l'Izumo Taisha et au Matsue-jo, dans une attrayante préfecture côtière peu peuplée.
2 jours
Matsue
Izumo
Oda
Niimi
Hamada
Miyoshi
Masuda
Kyoto
Himeji
Ako
Okayama
Kobe
Osaka
Nara
Fukuyama
Kurashiki
Akashi
Awaji-shima
Hagi
Onomichi
Hiroshima
Yamaguchi
Kure
Takamatsu
Sumoto
Wakayama
Iwakuni
Hofu
Kudamatsu
Ube
Péninsule de
Hiroshima
Découvrez des sites comme le torii (porte) flottant de Miyajima et le Dôme de la bombe atomique dans cette ville imprégnée d'histoire et de culture.
2-3 jours
Tanabe
Usa
Yawatahama
Oita
Passez une journée entière dans les *onsen* de Beppu, l'une des stations thermales les plus réputées du Japon.
1-2 jours
Beppu
Kitsuki
Oita
Uwajima
Taketa
Saiki
Takachiho
Océan Pacifique
Nobeoka
Hyuga
Miyazaki
Kushima
Îles du Sud
Amami-Oshima
Naze
Îles Amami
Kikai-jima
Amami-Oshima
Essayez-vous à la teinture traditionnelle à la boue et nagez avec des tortues de mer géantes sur cette île paisible.
1-2 jours
Tokunoshima
Okinoerabu-jima
Îles Yaeyama
Offrez-vous une escapade tropicale sur un archipel aux plages de sable, aux forêts verdoyantes et au ciel étoilé.
1-2 jours
Kume-jima
Nago
Naha
Îles Okinawa
Îles Kerama
Îles Miyako
Ishigaki-jima
Miyako-jima
Ishigaki
Îles Yaeyama
Okinawa-honto
Goûtez la cuisine locale tout en explorant l'île et ses plages. Son climat chaud en fait la destination hivernale préférée des Japonais.
2-3 jours
N
0
200 km

7 choses à savoir sur le JAPON

CONSEILS D'INITIÉS POUR PARTIR DU BON PIED

1 Trains bondés

Pour les Tokyoïtes, le trajet domicile-travail du matin est un sport de contact. De 7h30 à 9h en semaine, des millions de personnes s'entassent dans les trains, parfois aidés par des "pousseurs". La gare de Shinjuku accueille en moyenne 3,5 millions de passagers par jour : c'est la plus fréquentée au monde. Elle compte plus de 200 sorties.

▶ Pour en savoir plus sur les transports à Tokyo, voir p. 40

2 Bonnes manières

Évitez de parler fort dans les transports. Tenez-vous sur un côté des escaliers mécaniques (à gauche dans le Kanto, à droite dans le Kansai). Jetez restes alimentaires, emballages et papier dans les poubelles "déchets incinérables", le plastique propre dans les poubelles "déchets non incinérables".

▶ Plus d'informations p. 322

3 Souvenirs comestibles

Les Japonais achètent ces *omiyage* pour leur famille, leurs amis ou leurs collègues, mais vous pouvez aussi vous en offrir !

▶ *Omiyage* classiques p. 297

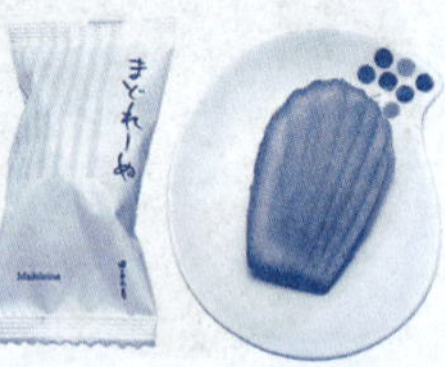

4 À la caisse

Ne tendez pas d'espèces (ou votre carte) au caissier ou à la caissière, mais déposez-les sur le plateau devant vous.

▶ Plus d'informations sur l'argent p. 317

5 Après le dernier train

Les transports publics ne fonctionnent pas 24h/24. À Tokyo, les trains circulent au plus tard jusqu'à 1h ; rejoignez la gare bien avant le dernier train. Si vous le ratez, le taxi peut revenir cher.

▶Plus d'informations sur les transports p. 314

6 Expressions utiles

Voici quelques mots japonais utiles pour commander à manger :

omori – grande portion (souvent sans supplément aux stands de ramen)

namimori – portion ordinaire

okawari – un(e) autre, encore

mochikaeri – à emporter

tennai de – sur place

La politesse est essentielle dans la culture et la langue japonaises, mais les étrangers bénéficient généralement d'indulgence. N'hésitez pas à utiliser :

onegai shimasu – Après toute demande ou commande. Si vous voulez un thé, vous direz *"Ocha onegai shimasu"*.

arigato gozaimasu – Vous serez tenté d'abréger en *arigato*, ce qui est correct entre amis, mais prenez le temps de prononcer l'expression complète pour remercier des inconnus serviables.

▶Voir le chapitre *Langue* p. 324

7 Braver les éléments

Au Japon, les étés sont étouffants et les hivers glacials. Vous marcherez beaucoup, surtout en ville. Pensez à vous munir de :

Parapluie pliant anti-UV Pour vous protéger des averses et de la chaleur.

Lingettes rafraîchissantes Achetez-les à la pharmacie, pour essuyer la sueur.

Chaufferettes Efficaces pour se réchauffer les mains ; celles adhésives se collent à l'intérieur du manteau.

▶Pour en savoir plus sur les saisons, voir p. 16

Inspirations

À LIRE

Konbini. La fille de la supérette
(Sayaka Murata ; 2016) Une femme qui travaille de longue date dans une supérette typique de Tokyo s'interroge sur sa place dans la société japonaise et se retrouve à mener une véritable lutte contre la tyrannie des normes sociales.

Monstrueux
(Natsuo Kirino ; 2003) Un regard sur les parias et le côté obscur de la société japonaise. L'histoire d'une étudiante à la beauté troublante, retrouvée morte dans des circonstances mystérieuses. Un thriller psychologique captivant narré par le frère de la victime.

La Déchéance d'un homme
(Osamu Dazai ; 1948) Un homme empli de sentiments d'aliénation et d'altérité lutte pour préserver son humanité. L'œuvre sombre d'un artiste torturé, qui livre un récit potentiellement autobiographique.

Rashomon et autres contes
(Ryunosuke Akutagawa ; 1965) Contes du plus grand auteur de nouvelles japonais (1892-1927), adaptés au cinéma. Plongée au cœur d'un Japon légendaire peuplé de personnages à la fois terrifiants et passionnants.

À ÉCOUTER

Pop Virus
(Gen Hoshino, 2018) Airs funky et dansants, aux mélodies entêtantes.

Cycle Hit 1991-1997 Complete Single Collection
(Spitz, 2006) Les plus grandes chansons de ce groupe pop à la longue carrière, que vous entendrez dans tous les bars à karaoké de Tokyo.

Your Name
(Radwimps, 2016) La BO du film à succès éponyme, par un des groupes de rock les plus populaires du pays (photo ci-contre).

Singles 2000
(Miyuki Nakajima, 2002) Compilation de mélodies intemporelles par la chanteuse-compositrice la plus prolifique du Japon.

IMAGINECHINA LIMITED/ALAMY STOCK PHOTO ©

Abroad in Japan
(abroadinjapan.com) Podcast sur la culture, les événements et tout ce qui se passe d'étrange ou d'insolite au Japon. (en anglais)

À VOIR

Une affaire de famille (2018) Une famille pauvre avec un penchant pour le vol à l'étalage survit comme elle peut dans les faubourgs de Tokyo.

Le vent se lève (2013) D'après la vie de Jiro Horikoshi, concepteur des chasseurs-bombardiers japonais de la Seconde Guerre mondiale.

Okuribito (Departures ; 2008) Un jeune musicien devenu croque-mort se découvre une nouvelle vie au travail.

Les Délices de Tokyo (2015) L'art de la création des *dorayaki* dans une échoppe de rue de Tokyo, et la rencontre touchante entre une vieille dame dévouée à ces pâtisseries et un ex-détenu endetté.

Rashomon (1950) Adaptation par Akira Kurosawa de la célèbre nouvelle où les narrateurs donnent des versions différentes du même événement.

MIXA/GETTY IMAGES ©

À SUIVRE

Metropolis Japan (metropolisjapan.com) Culture, événements, voyages et bien plus.

Tokyo Weekender (tokyoweekender.com) Le plus ancien magazine en anglais du pays.

Storied (storiedmag.com) Images superbes et articles passionnants (en anglais) sur tout le Japon.

Tokyo Gig Guide (tokyogigguide.com) Agenda exhaustif des concerts.

@visitjapanjp Compte officiel de l'Office national du tourisme japonais.

TOKYO

VIE URBAINE | CULTURE | PANORAMAS

Visitez l'enchanteur **musée Ghibli, à Mitaka** (p. 49).

½ journée

Inokashira-koen

New York Bar

Profitez d'un pique-nique le week-end dans le parc préféré des Tokyoïtes, **Yoyogi-koen** (p. 65).

½ journée

TOKYO
à la carte

Tokyo, capitale du Japon, est la plus grande ville du pays, et une des plus grandes du monde. Tout ce qu'on peut désirer d'une métropole japonaise s'y trouve au centuple : restaurants inégalables, architecture audacieuse, boutiques avant-gardistes, petits bouis-bouis, écrans géants et néons clignotants. Plus qu'un site en particulier, c'est la ville même, tentaculaire, organique, infinie, qui subjugue le visiteur.

0
4 km
Promenez-vous dans les ruelles étroites de **Yanaka**, ancien quartier bohème (p. 62).
½ journée
Contemplez des chefs-d'œuvre d'art et d'artisanat au **Musée national de Tokyo** (p. 54).
½ journée
Ueno-koen
Découvrez le Tokyo traditionnel au sanctuaire shintoïste de **Meiji-jingu** (p. 46).
2 heures
LOUIS VUITTON
BVLGARI
Shinjuku-gyoen
Meiji-jingu-gyoen
Jardin impérial Fukiage
Domaine impérial d'Akasaka
Faites du shopping dans le quartier de la mode, **Ginza** (p. 58).
½-1 journée
Partez du célèbre **carrefour de Shibuya** (p. 51) pour explorer le quartier.
½ journée
Marché de Toyosu
Dînez dans une des ruelles gastronomiques pleines de cachet, comme **Ebisu-yokocho** (p. 53).
2 heures
Baie de Tokyo

Informations pratiques

WINDS/SHUTTERSTOCK ©

À L'ARRIVÉE

Aéroport de Narita Le principal aéroport de Tokyo. Comptez 1 heure à 1 heure 30 (et environ 3 000 ¥) en train express ou en bus pour rejoindre le centre ; achetez les billets aux guichets, dans le terminal des arrivées. Les bus à tarif réduit (1 000 ¥) desservent la gare de Tokyo ; les billets s'achètent à bord. Taxis à partir de 23 000 ¥.

Aéroport de Haneda Plus petit mais plus proche de Tokyo, relié au centre par train et monorail (15 minutes, 300 à 500 ¥). Taxis à tarif fixe autour de 7 000 ¥.

BUDGET

Bol de nouilles
800 ¥

Session de karaoké
2 000 ¥

Bière artisanale
1 000 ¥

QUAND Y ALLER

JAN-MARS
Temps froid et ensoleillé, idéal pour les sports d'hiver.

AVR-JUIN
Il fait bon – une période appréciée des visiteurs.

JUIL-SEPT
Saison des pluies, jours chauds et humides, typhons.

OCT-DÉC
Fin de la saison de randonnée, avec un temps plus frais.

COMMENT CIRCULER

Métro et train Le métro est le moyen le plus simple et le plus rapide de circuler dans le centre de Tokyo. Les lignes ferroviaires aériennes Yamanote (circulaire) et Chuo-Sobu (centrale) d'East Japan Railway Company (JR East) desservent aussi les gares principales. Comme le métro, elles circulent de 5 h à minuit. Trajets 170-320 ¥. Achetez des cartes prépayées (Suica ou Pasmo) aux automates.

Taxi Les tarifs commencent à 420 ¥ pour le 1er km, puis 80 ¥ par 233 m supplémentaires. Supplément de 20% entre 22h et 5h. Cartes bancaires acceptées.

À pied Dans le centre, les stations de métro sont proches : faites des économies et des découvertes en marchant au lieu de prendre le métro pour une station.

SE RESTAURER ET PRENDRE UN VERRE

La scène culinaire de Tokyo offre un éventail d'adresses à tous les prix, et on s'y régalera aussi bien dans un restaurant de sushis haut de gamme que dans un bar à nouilles. Si on trouve à peu près tout, la spécialité de la ville est le *nigiri sushi* (sushi pressé à la main). Chaque quartier compte au moins un restaurant de sushis, avec des menus à partir de 2 500 ¥. Les restaurants les plus branchés – à Harajuku, Aoyama, Tomigaya, Ebisu et Meguro – adoptent un style néo-bistrot, mêlant influences japonaises et internationales. Réservation recommandée dans les établissements de moyenne gamme et au-dessus.

Meilleurs cocktails artisanaux
SG Club (p. 69)

Ramens incontournables
Mensho (p. 66)

SE CONNECTER ET S'ORIENTER

Wi-Fi Beaucoup de hotspots gratuits, mais la connexion peut être poussive. Le meilleur moyen de rester connecté est de louer une clé Wi-Fi ou d'acheter une carte SIM Data (à l'aéroport ou dans les boutiques d'électronique).

GPS Le système d'adresses à Tokyo est compliqué, même pour les Tokyoïtes. Raison de plus pour avoir un bon Wi-Fi et se fier aux GPS.

CARTE DE TRANSPORT

Tokyo Subway Ticket Trajets illimités sur toutes les lignes de métro (24/48/72 heures 800/1 200/1 500 ¥ ; enfants : demi-tarif), sauf les lignes JR. Consultez www.tokyometro.jp.

OÙ LOGER

Tokyo est cher mais les adresses d'entrée ou de milieu de gamme sont nombreuses. Dormez dans le quartier où vous prévoyez de passer du temps.

Quartier	Pour/contre
Shinjuku	Important nœud de correspondance. Vaste choix dans toutes les gammes de prix. Bondé.
Shibuya	Vie nocturne et frénésie urbaine à votre porte (c'est aussi un inconvénient). Bien desservi par les transports.
Roppongi	Musées d'art et vie nocturne. Bruyant, peu de commodités dans les environs.
Ginza	Central, idéal pour le shopping et les restaurants. Encombré et cher.
Ueno et Yanaka	Accès facile à l'aéroport et bon rapport qualité/prix. Ambiance authentique à Yanaka ; calme la nuit.
Asakusa	Les meilleurs choix bon marché. Calme le soir ; loin des sites touristiques de l'ouest de Tokyo.

ARGENT

Ayez toujours sur vous quelques milliers de yens en espèces, certains magasins et restaurants n'acceptant pas les cartes bancaires. Bons plans et petits prix sur **Tokyo Cheapo** (tokyocheapo.com).

Les grands classiques

Pour les infos pratiques de chaque site, reportez-vous au carnet d'adresses p. 64.

Palais impérial

Cœur historique de la ville impériale, ce palais occupe l'ancien site de l'Edo-jo, château shogunal des Tokugawa (qui régnèrent de 1603 à 1868). Il ne reste aujourd'hui de ce qui fut à son apogée la plus grande forteresse du monde, que les douves et les remparts de pierre. Le palais actuel (Kyuden), résidence de la famille impériale, fut achevé en 1968, remplaçant le précédent, détruit durant la Seconde Guerre mondiale. Il trône dans un vaste domaine national (115 ha), la Kokyo-gaien, qui comprend des espaces verts et sites ouverts au public.

GOLAIZOLA/ISTOCK ©

Senso-ji

Senso-ji est le doyen des temples de Tokyo, fondé avant la ville elle-même, témoin d'un Japon ancien dont la capitale ne garde que peu de traces. Aujourd'hui, l'endroit se distingue par la ferveur qui s'en dégage et qui émane des innombrables visiteurs. La foule est moins importante le soir : profitez du répit et de la vue au coucher du soleil.

CHENG FENG CHIANG/ISTOCK ©

Kabukiza

Qui dit théâtre au Japon dit kabuki, cet art dramatique intensément visuel. Né durant la période d'Edo (1603-1868), le kabuki n'a pas de prétention réaliste. L'esthétisme y règne en maître, et l'art en appelle plus aux sens qu'à l'intellect. Inauguré en 1889, le Kabukiza est le principal théâtre de kabuki de Tokyo.

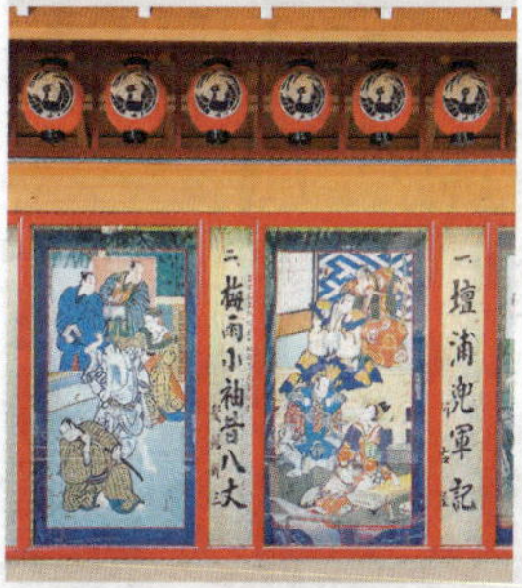

YINGHUI LIU/SHUTTERSTOCK ©

J. HENNING BUCHHOLZ/SHUTTERSTOCK ©

Sumo à Ryogoku Kokugikan

Si vous visitez Tokyo en janvier, mai ou septembre, ne manquez pas d'assister à l'un des tournois qui se déroulent sur 15 jours au Ryogoku Kokugikan, le stade national de sumo. Que vous soyez amateur de sport ou non, cette discipline séculaire et ses rituels constituent un spectacle fascinant.

Golden Gai

Le Golden Gai, institution de Shinjuku depuis plus d'un demi-siècle, est un dédale de ruelles abritant quelque 220 échoppes et bars minuscules à un seul étage, où l'on tient à une dizaine de personnes tout au plus. Chaque lieu est aussi unique et excentrique que le “master”ou la “mama” qui le tient.

JON ARNOLD IMAGES LTD/ALAMY STOCK PHOTO ©

PIANOMAN555/ISTOCK ©

Rikugi-en

(Voir p. 64) Jardin de l'époque d'Edo inspiré par un célèbre poème, le Rikugi-en est considéré comme le plus élégant jardin de Tokyo. Aménagé en 1702 sur les ordres d'un seigneur féodal, cet écrin de verdure est en tout cas le plus érudit, conçu pour évoquer des scènes de la mythologie et de la littérature classique. Mais nul besoin de maîtriser ces références pour l'apprécier.

Carrefour de Shibuya

(Voir p. 51) Vision du Tokyo des films et de notre imaginaire, illuminé de mille feux, le carrefour de Shibuya est le cœur battant de la ville. Des centaines voire des milliers de piétons venus de toutes les directions parviennent à naviguer sans heurt et avec une facilité nonchalante au même moment dans cette marée humaine. Particulièrement impressionnant à la nuit tombée.

GETTY IMAGES ©

teamLab Borderless

Ce collectif d'art numérique a imaginé 60 installations pour un musée qui brouille la frontière entre les œuvres d'art et leur public. La plupart d'entre elles sont interactives : approchez-vous pour toucher ou pour simplement observer ce qu'il se produit. Pas d'itinéraire conseillé : tout est affaire d'exploration.

52HZWHALE/SHUTTERSTOCK ©

Nezu-jinja

Situé dans le quartier de Yanaka, c'est l'un des plus anciens sanctuaires shintoïstes du pays. Ce temple vermillon et or du début du XVIIIe siècle est l'un des édifices miraculés de la ville. Dominé par une butte sur laquelle court un couloir de petits torii (portiques) rouges, le lieu est couvert d'azalées en fleur au printemps.

COWARDLION/SHUTTERSTOCK ©

Roppongi Hills

Couvrant plus de 11 ha, cet ensemble à l'architecture postmoderne ambitieuse est formé par trois musées d'art majeurs de la capitale : le musée d'Art Mori, le musée d'Art Suntory et le National Art Center Tokyo. En son milieu, se déploient d'autres espaces dédiés à l'art et au design, ainsi que des boutiques à foison et des dizaines de restaurants.

BULE SKY STUDIO/SHUTTERSTOCK ©

ARTAPARTMENT/SHUTTERSTOCK ©

Marché de Tsukiji

On s'y ravitaille aussi bien en algues nori pour les makis qu'en poisson séché ou en accessoires. Le site s'est développé autour du marché de gros de produits de la mer, fondé en 1935 et parti en 2018 à Toyosu, une île artificielle de la baie de Tokyo. Restaurants et stands de rue pour se sustenter.

LUCIANO MORTULA/SHUTTERSTOCK ©

Ueno Tosho-gu

Ce temple au cœur du parc Ueno-koen fut bâti en 1651 en l'honneur de Tokugawa Ieyasu, seigneur de guerre et unificateur du Japon. Étincelant d'or et d'éléments décoratifs, il a bénéficié de récents travaux de rénovation. Si vous ne souhaitez pas payer l'entrée, admirez-le à votre aise depuis le portail.

01 Le sanctuaire emblématique DE TOKYO

CULTURE | ARCHITECTURE | JARDINS

Le Meiji-jingu (sanctuaire Meiji) est le sanctuaire shintoïste le plus connu de Tokyo. Ce site très touristique est aussi apprécié par les Tokyoïtes : il est entouré d'une forêt de 70 ha qui offre un réel bol d'air frais, en plein cœur de la ville. Et visiter un sanctuaire est aussi un bon moyen de se plonger dans la culture japonaise.

UINO/SHUTTERSTOCK ©

En pratique

Voir p. 65

Circuler Ligne JR Yamanote jusqu'à Harajuku (sortie ouest) ou ligne Chiyoda jusqu'à Meiji-jingumae (sortie n°2).

Quand Le plus tôt possible ! Le sanctuaire est moins bondé le matin. Il est ouvert de l'aube au coucher du soleil, qui peut survenir assez tôt à Tokyo, surtout l'hiver.

Tarif Gratuit !

La photo à prendre Les tonneaux de saké colorés offerts au sanctuaire par les brasseurs – les liens entre saké et shintoïsme sont très anciens.

MATT MUNRO/LONELY PLANET ©

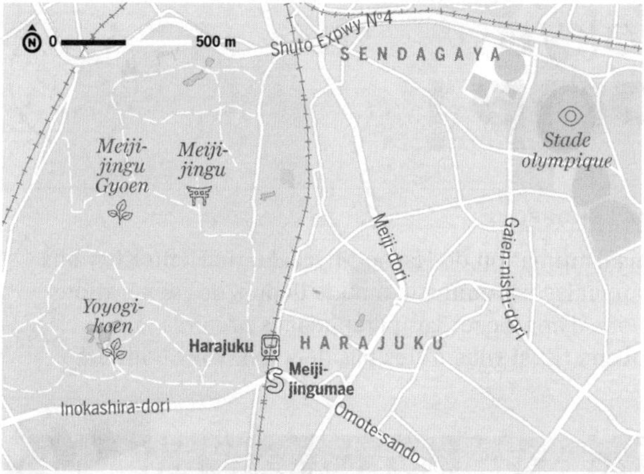

Franchir les portes Le sanctuaire est au bout d'un long sentier gravillonné (700 m). En chemin, on passe sous trois hauts torii (portes du sanctuaire) en bois. Ils marquent la frontière entre les mondes profane et sacré ; les habitants s'inclinent avant de les franchir.

Se purifier à la fontaine Avant le dernier torii se trouve le *temizuya* (fontaine) où on se purifie, suivant le rituel : plongez la louche dans l'eau, rincez d'abord votre main gauche puis la droite. Versez de l'eau dans votre main gauche, rincez-vous la bouche, puis rincez à nouveau votre main gauche. Veillez à ne pas remettre l'eau dans la fontaine !

Faire une offrande Devant le bâtiment principal du sanctuaire, aux poutres de cèdre et au toit plaqué de cuivre, il y a une urne. Pour faire une offrande (et un vœu), jetez une pièce de 5 ¥ – censée porter chance – dans la boîte, inclinez-vous deux fois, frappez deux fois dans vos mains et inclinez-vous à nouveau. (Il est interdit de faire des photos, ici et partout où il y a un toit au-dessus de votre tête.)

Se détendre dans les jardins Négligé par la plupart des visiteurs, le Meiji-jingu Gyoen, le jardin du sanctuaire (entrée 500 ¥), est en général peu fréquenté. Ce jardin de promenade japonais classique, avec un étang et des fleurs, est particulièrement réputé pour ses iris, en juin.

À gauche Torii, Meiji-jingu
En bas Tonneaux de saké, Meiji-jingu

La voie des dieux

Le shintoïsme, ou "voie des dieux", est le plus ancien système de croyance du Japon. Ses innombrables kami (divinités) sont présents le plus souvent dans la nature (arbres, rochers, cascades ou montagnes, par exemple), mais aussi dans des objets quotidiens tels que les âtres ou les puits. Historiquement, certains personnages extraordinaires pouvaient devenir kami à leur mort, comme l'empereur Meiji (1852-1912) qui, avec son épouse, est honoré au Meiji-jingu.

Le règne de l'empereur Meiji coïncida avec le passage du Japon féodal isolationniste à l'État moderne d'aujourd'hui. Toutefois, les gens ne viennent pas ici adorer l'ancien empereur ; ils viennent prier pour réussir en amour, en affaires, ou aux examens, renouer avec la culture shintoïste, s'extraire un moment de la vie quotidienne...

02 Tokyo POP !

POP CULTURE | VIE URBAINE | SHOPPING

De Godzilla aux films d'animation de Hayao Miyazaki, de Hello Kitty aux Pokémon, la pop culture japonaise passionne le monde depuis des générations. Tokyo offre bien des occasions d'approcher vos personnages préférés et de vous plonger dans leur univers. (Et si vous n'êtes pas déjà fan, vous pourriez bien le devenir.)

En pratique

Conseils Le nombre d'entrées au musée Ghibli de Mitaka est limité et les billets partent vite. Le site Internet (p. 65) explique en détail comment les acheter ; réservez plusieurs mois à l'avance. L'axe principal d'Akihabara, Chuo-dori, est interdit aux voitures le dimanche après-midi, c'est donc le meilleur moment pour visiter le musée – et le plus prisé.

La photo à prendre La statue illuminée, grandeur nature, du **Unicorn Gundam** (p. 50) à Odaiba, et celle de **Godzilla** (p. 51) à Shinjuku.

Musée Ghibli, Mitaka (p. 65) Le Studio Ghibli, cofondé par les réalisateurs Hayao Miyazaki et Isao Takahata, produit régulièrement des films d'animation qui plaisent autant au public qu'à la critique. Il est aussi à l'origine de toute une génération de nippophiles, tombés amoureux de films comme *Nausicaä de la Vallée du Vent* (1984), *Mon voisin Totoro* (1988) ou *Le Voyage de Chihiro* (2001).

Le musée restitue l'atmosphère merveilleuse qui rend ces films si enchanteurs ; certains personnages font partie du décor. Il est aussi amusant pour les adultes que pour les enfants. Il y a aussi un petit cinéma où sont projetés des courts-métrages originaux de Miyazaki, Takahata et leurs protégés. Consultez le programme sur le site Internet. Et, bien sûr, la boutique du musée est géniale.

Akihabara ("Akiba") Le quartier de Tokyo célèbre pour sa pop culture déborde de boutiques qui vendent anime (films d'animation japonais), mangas et produits dérivés, de magasins d'électronique illuminés de néons, d'arcades rétro, de cafés cosplay et de *gashapon* (distributeurs vendant des jouets). À la gare d'Akihabara Station, prenez la sortie "Electric Town".

Nakano Moins flashy et moins voyant qu'Akiba. Son point fort est **Nakano Broadway** (p. 71), un centre commercial vintage des années 1960. Il abrite le premier **Mandarake Complex** où l'on trouve tout sur les mangas et les films d'animation. (Il y a d'autres Mandarake, dont un à Akiba, mais celui de Nakano, réparti sur 25 petites boutiques spécialisées, est le meilleur.)

À gauche Akihabara
En bas Jouets rétro, Mandarake Complex

Figurines cultes

Où acheter vos personnages préférés (ou ceux de vos enfants) :

Kiddyland (p. 71) Grand magasin de jouets sur plusieurs étages à Harajuku, où on trouve tous les personnages de Sanrio (dont les Hello Kitty) et du Studio Ghibli, entre autres.

Pokémon Center Mega Tokyo (p. 71) La plus grande boutique Pokémon officielle du Japon, avec tous les produits dérivés de la série. Dans le centre commercial Sunshine City, à Ikebukuro.

Tokyo Character Street (p. 71) Plus d'une dizaine de petites boutiques (qui changent souvent) dédiées à divers personnages (d'Ultraman à Pretty Cure). Dans la gare de Tokyo.

Godzilla Store Tokyo (p. 71) Posters, figurines, T-shirts, etc. À Shinjuku.

Symboles
DE TOKYO

01 Hachiko

Le célèbre chien fidèle de Tokyo, qui venait chaque jour chercher son maître à la gare de Shibuya, même longtemps après le décès de celui-ci, a sa statue. À la sortie de la station Shibuya.

02 Tour de Tokyo

(p. 68) Inspirée de la tour Eiffel, cette tour de radiodiffusion de 1958 symbolisa la renaissance de Tokyo après la Seconde Guerre mondiale.

03 La Flamme Asahi

(p. 68) Dessiné par Philippe Starck, le siège social de la brasserie Asahi, Asahi Super Dry Hall à Asakusa, est aussi surnommé "l'étron d'or".

04 Unicorn Gundam

(p. 48) Statue haute de 19,7 m d'un Unicorn Gundam RX-0, d'après la célèbre série d'animation *Mobile Suit Gundam*.

05 Kaminarimon

La "Porte du Tonnerre" à l'entrée du plus vieux temple de Tokyo, Senso-ji (p. 64), se reconnaît immédiatement grâce à son énorme *chochin* (lanterne).

06 Carrefour de Shibuya

L'intersection la plus photographiée de Tokyo est la plus fréquentée de la ville (et peut-être du monde).

07 Tokyo Skytree

(p. 68) Mince et ajourée, la tour de radiodiffusion de la ville, inaugurée en 2012, culmine à 634 m. La nuit, elle est éclairée de bleu ou de violet.

08 Bâtiment Toho, Shinjuku

(p. 71) Surgissant du toit, un Godzilla haut de 12 m semble prêt à mordre dans ce bâtiment des studios Toho (producteurs de la série des films).

09 Gare de Tokyo

(p. 65) La gare ferroviaire centrale de Tokyo, achevée en 1914, date de la période où l'architecture européenne était très en vogue.

10 Nihonbashi

(p. 66) Ce pont en granit de 1911, gardé par des lions et des dragons de bronze, marque le centre géographique de la ville.

03 Saveurs locales au détour des RUELLES

GASTRONOMIE | BARS | VIE NOCTURNE

Un peu partout dans Tokyo, souvent près des voies ferrées ou entre les gratte-ciel, se nichent des ensembles de ruelles remplies de bars et de petits restaurants avec seulement quelques places et des tables de fortune à l'extérieur (caisses de bière retournées et tables pliantes). Les Tokyoïtes adorent, et vous aimerez probablement aussi.

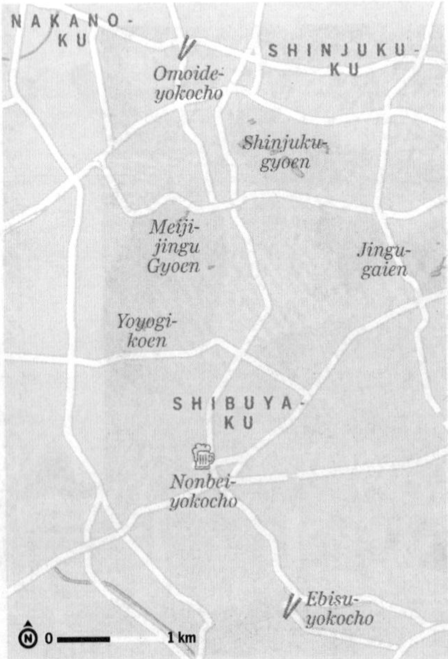

En pratique

Quand Tôt (vers 17h ou 18h) pour trouver une place dans les endroits prisés, ou plus tard en soirée, après 21h, surtout si vous êtes en groupe (l'espace est limité). Les voyageurs en solo (ou en duo, parfois) peuvent généralement espérer qu'on leur fasse une place.

Prix De nombreux restaurants facturent le service (300-1 000 ¥/personne) ; c'est toujours le cas quand un apéritif est offert.

Yokocho *Yokocho*, qui signifie "allée latérale", sert souvent à désigner ces ensembles de petites ruelles où on trouve une multitude de stands de restauration et de bars minuscules. Beaucoup ont vu le jour comme marchés noirs après-guerre, et occupent toujours les mêmes bâtiments de guingois en bois. Leur atmosphère d'un Tokyo disparu les rend chers aux Tokyoïtes. Notez qu'il est mal vu de s'attarder après le repas, à moins d'être un habitué.

Omoide-yokocho (p. 68) Le plus célèbre (et le plus photographié) des *yokocho* de Tokyo, près de la gare de Shinjuku. Ici, beaucoup

Ci-contre en haut Restaurant de rue, Omoide-yokocho
Ci-contre en bas Yakitoris, Omoide-yokocho

Yakitoris

Les yakitoris sont typiques des *yokocho*. Les restaurants qui en servent se repèrent souvent à leur *chochin* (lanterne) rouge suspendue à l'extérieur. On peut les commander en assortiment *(moriawase)* ou à l'unité, assaisonnées de sel *(shio)* ou de sauce *(tare)*. Asseyez-vous au comptoir pour voir les cuisiniers les griller.

d'échoppes servent des yakitoris (voir ci-dessus). Certaines ont des cartes en anglais, et une entrée ouverte qui permet de voir l'intérieur.

Ebisu-yokocho (p. 67) Galerie commerçante couverte reconvertie dans la restauration, à Ebisu. L'offre culinaire y est plus variée qu'à Omoide-yokocho (et la qualité un peu supérieure), avec notamment des produits de la mer (grillés ou en sashimis). Peu de cartes en anglais, mais on peut se faire une idée en regardant ce que prennent les autres clients. Parfois bondé.

Nonbei-yokocho (p. 67) Signifie littéralement "l'allée de l'ivrogne"... Deux ruelles de bars et d'*izakaya*, le long des voies ferrées aériennes de Shibuya. Pousser la porte vous demandera un peu d'audace, car de l'extérieur, n'indique vraiment ce qu'on y trouvera.

04 Sabres de samouraïs et KIMONOS

CULTURE | ART | HISTOIRE

Le Musée national de Tokyo abrite la plus grande collection d'art japonais au monde, notamment : poteries antiques, sculptures bouddhiques, sabres de samouraïs, ukiyo-e (estampes) colorées, kimonos splendides... Son agencement permet au visiteur d'en voir les plus belles pièces en 2 ou 3 heures.

NANO CALVO/ALAMY STOCK PHOTO ©

En pratique

S'y rendre Le musée est à quelques pas de la gare d'Ueno (sortie Ueno-koen).

Quand La collection permanente est en général peu fréquentée. Durant quelques semaines au printemps et en automne, le jardin à l'arrière, où se trouvent cinq maisons de thé anciennes, est ouvert au public.

Tarifs 1 000 ¥ (étudiant/enfant 500 ¥/gratuit)

Conseils Laissez vos affaires à la consigne (caution 100 ¥) et suivez la visite avec la brochure *Highlights of Japanese*.

FREDERIC SOREAU/ALAMY STOCK PHOTO ©

La galerie japonaise Le musée compte plusieurs bâtiments. Prenez vos billets devant l'entrée principale, puis allez tout droit vers le bâtiment au toit de tuiles incurvé, à l'arrière, le Honkan, qui abrite la galerie japonaise. Montez par l'escalier central à l'étage où les collections sont présentées chronologiquement, en commençant par les poteries préhistoriques.

Vous traverserez des salles présentant des mandalas bouddhiques peints, des rouleaux de calligraphie au pinceau et des poteries de cérémonie du thé avant d'arriver aux salles n°s 5 et 6. Là, des **sabres** luisants, certains très anciens, des armures laquées et des heaumes spectaculaires – avec ornements et masques destinés à terrifier l'ennemi – font revivre les samouraïs, guerriers emblématiques du Japon médiéval du XIIe au XIXe siècle. Si vous voyagez avec des enfants, ces salles les épateront à coup sûr.

Autre point fort, la salle n°10 dédiée à l'art de l'ère Edo (1603–1868), présente notamment des ukiyo-e *(estampes)* colorées et de somptueux **kimonos** que portaient les nobles ou les acteurs sur scène. Leurs motifs, minutieusement brodés à la main, évoquaient les saisons : aiguilles de pin pour l'hiver ou fleurs de cerisier pour le printemps, comme l'illustre le kimono présenté ici.

Galerie des trésors du Horyu-ji Gardez une demi-heure pour visiter cette superbe galerie, où sont exposés masques, parchemins et bouddhas dorés venus du Horyu-ji (temple datant de l'an 607, dans la préfecture de Nara). Elle est installée dans un élégant bâtiment contemporain (1999) signé Yoshio Taniguchi.

En haut Sabre de samouraï, Musée national de Tokyo
En bas Kimono de l'ère Edo, Musée national de Tokyo

Se dégourdir les jambes

Le Musée national de Tokyo se trouve dans le vaste **Ueno-koen** (p. 65). Il n'y a pas de pelouses, mais ses sentiers en font un bon endroit pour se dégourdir les jambes (ou faire courir les enfants). Le parc abrite aussi des sanctuaires, des temples, le zoo de la ville et un bassin, le **Shinobazu-ike**, couvert de fleurs de lotus en juillet.

Sur sa place principale, un Starbucks dispose de sièges en extérieur. Vers le bassin, l'**Innsyoutei** (innsyoutei.jp) est une jolie maison de thé en bois de 1875, qui sert une cuisine japonaise classique sur place ou des bentos (boîte-repas). L'endroit est idéal le midi ; réservation conseillée. On trouve en général des stands d'alimentation près du bassin.

En chantant

DONNER DE LA VOIX TOUTE LA NUIT, À LA JAPONAISE

Le karaoké, c'est plus que de la chanson : c'est un prétexte pour se lâcher, créer des liens et faire la fête jusque tard dans la nuit. C'est aussi un moyen d'exprimer qui vous êtes : plutôt du genre à chanter les derniers tubes pop (chorégraphie à l'appui), ou à vous lancer dans une ballade sentimentale ?

PETER MULLER/GETTY IMAGES ©

À gauche Micro de karaoké
Au centre Big Echo, à Maruonuchi
À droite Session de karaoké

Alors que la mode du karaoké s'est implantée récemment dans le reste du monde, le karaoké est présent depuis des dizaines d'années dans la culture japonaise. Peu importe vos qualités vocales, du moment que vous y mettez du cœur.

Au Japon, le karaoké se pratique en général entre amis dans des salles privatives, au sein d'établissements appelés *karaoke box*, qui comptent en général des dizaines de salles de différentes tailles, sur plusieurs niveaux. Toutes les grandes villes ont des karaokés souvent installés dans les quartiers de vie nocturne ou près des gares principales. Dans les plus petites villes, le karaoké peut être le seul lieu de divertissement ouvert en fin de soirée.

Règles de base du karaoké

Dans un karaoké, présentez-vous d'abord au comptoir de la réception. La réservation n'est pas impérative mais vous devrez parfois attendre qu'une salle se libère. Dans certaines chaînes, il faut être adhérent ; une personne de votre groupe devra alors s'inscrire (et donc avoir ses papiers d'identité sur elle). La première étape consiste à annoncer le nombre de participants.

Vous devrez ensuite décider de la durée de location de la salle. La plupart des karaokés facturent par tranches de 30 minutes et par personne, avec un minimum d'une heure. Dans le doute, réservez pour la première heure et prolongez d'une heure ou de 30 minutes à chaque fois (tant que personne n'attend votre salle, et avant l'heure

TERENCE TOH CHIN ENG/SHUTTERSTOCK ©

BRONEK KAMINSKI/GETTY IMAGES ©

de la fermeture). Les tarifs varient selon le jour et l'heure : du plus cher, le vendredi et le samedi soir (500 ¥ les 30 minutes environ), au moins cher, l'après-midi en semaine (150 ¥ les 30 minutes environ).

La plupart des adresses proposent des forfaits de location de salle pour une durée fixe (souvent appelée "free time") avec ou sans boissons illimitées *(nomihodai)*. Ces forfaits sont en général bien plus avantageux que l'achat de boissons et d'en-cas à la carte et la location à l'heure.

> Peu importe vos qualités vocales, du moment que vous y mettez du cœur.

Une fois dans la salle, repérez la console pour choisir les chansons et cherchez les titres par ordre alphabétique. Dans la plupart des karaokés, on peut sélectionner le menu en anglais. Sinon reportez-vous au *songbook*, énorme répertoire papier listant les chansons anglophones (s'il n'est pas dans la salle, demandez-le aux employés). Puis entrez le code de la chanson dans la console. Les paroles des chansons en anglais s'afficheront dans cette langue.

Conseil de pro : sélectionnez plusieurs chansons d'affilée pour ne pas perdre de temps entre chacune d'elles.

Un téléphone dans la salle permet de commander nourriture et boissons. On vous téléphonera une dizaine de minutes avant la fin de votre session ; vous pouvez la prolonger ou décider d'arrêter. Une fois la session terminée, repassez à la réception (avec l'addition s'il y a lieu) pour payer.

Karaoke box

Les karaokés se repèrent facilement : cherchez les enseignes lumineuses colorées affichant カラオケ (karaoké). La plupart appartiennent à des chaînes ; ils ont alors un répertoire très vaste, des salles non-fumeurs et disposent très souvent de consoles avec menus en anglais.

Big Echo (big-echo.jp) La plus grande chaîne du pays, un bon choix généraliste.

Karaoke-kan (karaokekan.jp) Partout dans le pays, bon marché.

Uta Hiroba (utahiro.com) Région de Tokyo. Boissons sans alcool gratuites ; cherchez le logo souriant.

Jankara (jankara.ne.jp) Région du Kansai (Kyoto, Osaka, Nara, etc.) et Kyushu. Bon marché, avec des forfaits boissons à volonté.

05 Sortie SHOPPING

MODE | ARTISANAT | GRANDS MAGASINS

Tokyo est un endroit fantastique pour le shopping. C'est la ville la plus avant-gardiste du pays en matière de mode, et elle a également une solide tradition artisanale : vous pourrez y dénicher un vêtement unique aussi bien qu'un couteau de cuisine parfaitement aiguisé (et à peu près n'importe quel autre objet).

PICTURE CELLS/SHUTTERSTOCK ©

En pratique

Détaxe Grands magasins, chaînes et boutiques indépendantes permettent de faire des achats détaxés – pensez à vous munir de votre passeport. Les taxes sont souvent déduites à la caisse ou, dans les grandes boutiques, remboursées à un comptoir dédié.

Cabines d'essayage Ôtez vos chaussures et enfilez le masque jetable à disposition si vous essayez un haut.

Horaires Les grandes boutiques sont ouvertes 7j/7 ; les plus petites ferment souvent en milieu de semaine. Beaucoup n'ouvrent qu'à 11h ou 12h.

CHIKAKO NOBUHARA/GETTY IMAGES ©

Quartiers de la mode

Ginza Le quartier central pour faire du shopping à Tokyo, avec de grands magasins réputés tels que **Mitsukoshi** (p. 71). Il compte aussi quelques centres commerciaux haut de gamme récents qui réunissent marques japonaises et internationales. Le meilleur, **Ginza Six** (p. 71), vaut la visite pour les installations artistiques dans son atrium.

JONLI/SHUTTERSTOCK ©

Harajuku Un quartier ouest réputé dans le monde entier pour le shopping. De prestigieuses marques japonaises tel **Comme des Garçons** ont leur magasin amiral à Harajuku ou à **Aoyama** (p. 70), le quartier voisin. Enfoncez-vous dans les rues adjacentes, de chaque côté du boulevard Omote-sando, pour découvrir petites boutiques et magasins d'occasion qui changent souvent, où les hipsters de Harajuku composent leur look extravagant.

Marchés aux puces

Le **marché aux antiquités d'Oedo** (p. 66) est le meilleur de Tokyo, avec des centaines de stands. Bimensuel, il a lieu dans la cour du Tokyo International Forum. Un marché aux puces ou d'artisanat se tient presque chaque week-end à **Commune** (commune.tokyo), un espace extérieur couvert branché d'Aoyama.

En haut à gauche Centre commercial Ginza Six
En haut à droite Panneau de détaxe
À gauche Marché aux antiquités d'Oedo

Shibuya Important quartier de centres commerciaux et de grands magasins, dont le **Shibuya Parco** (p. 71). Shibuya jouxte Harajuku – on ne sait où commence l'un ni où finit l'autre. De nombreuses boutiques bordent **Cat Street**, la rue piétonne qui relie les deux. Station la plus proche : Shibuya.

Daikanyama De nombreuses marques japonaises émergentes ont ouvert leur boutique dans ce quartier tendance mais discret, surtout résidentiel. La plupart se trouvent dans le triangle formé par l'intersection de Hachiman-dori et Kyu-Yamate-dori, non loin de la sortie principale de la gare de Daikanyama (un arrêt après Shibuya sur la ligne Tokyu Toyoko).

Artisanat

À Tokyo, on peut trouver de l'artisanat local et de tout le pays, notamment poteries, objets en laque ou en verre, théières en fonte. Les principaux **grands magasins** (p. 70) (Isetan, Mitsukoshi et Takashimaya) vendent

Où trouver...

Créateurs japonais
Isetan (p. 70) à Shinjuku présente des marques japonaises, connues ou émergentes, de mode pour homme et femme.

Artisanat traditionnel
Mi-showroom, mi-boutique, la **Japan Traditional Crafts Aoyama Square** (p. 69) présente des pièces uniques mais aussi de beaux objets à des prix raisonnables.

Cuisine et gastronomie
Achetez vos denrées et ustensiles chez **Akomeya** (p. 69) ; magasins à Shinjuku et Ginza.

Souvenirs Le grand magasin **Tokyu Hands** (p. 71) déborde d'objets désirables ; boutiques à Shinjuku et Shibuya.

Papeterie et art À Ginza, **Itoya** (p. 69) vend de la papeterie de qualité, pour toutes les occasions.

des œuvres d'artisans contemporains dans les rayons d'articles de maison.

Les quartiers plus anciens de l'est de la ville, comme **Asakusa**, recèlent des boutiques fantastiques, certaines tenues par les mêmes familles depuis plus d'un siècle. Les alentours du temple Senso-ji sont un bon point de départ (station la plus proche : Asakusa). De jeunes artisans se sont installés dans **Kuramae**, un ancien quartier d'entrepôts, juste au sud d'Asakusa (marchez ou prenez la ligne Toei Asakusa jusqu'à Kuramae).

Quartiers spécialisés

Kappabashi-dori Le quartier où se fournissent les restaurants de Tokyo. Bien que dédiées aux pros, la plupart des boutiques vendent des articles pour les cuisiniers amateurs (paniers de cuisson vapeur en bambou ou bols laqués pour la soupe miso). Vous y trouverez aussi l'excellente coutellerie **Kama-asa** (p. 70). Station la plus proche : Tawaramachi (à quelques pas d'Asakusa).

Jimbocho Le quartier des librairies d'occasion, dans le centre de Tokyo, le long de Yasukuni-dori. La majorité des titres sont en japonais. Quelques spécialistes de livres d'art, tel **Komiyama Shoten** (p. 70), de cartes anciennes et d'ukiyo-e, tel **Ohya Shobo** (p. 70), ainsi que d'agréables cafés.

À gauche Le grand magasin Tokyu Hands
En bas Bols colorés, Kappabashi-dori

06 Un après-midi à YANAKA

BALADE | ART | ARCHITECTURE

Yanaka est un des rares quartiers de Tokyo qui compte encore nombre de vieux bâtiments en bois, de petits temples calmes, de ruelles tortueuses, de galeries et d'ateliers. Tokyoïtes et visiteurs l'apprécient et viennent s'y imprégner de l'atmosphère du Tokyo d'antan.

Pause café

Yanaka ne manque pas d'agréables cafés, dont **Kayaba Coffee** (p. 69), où on vend boissons et sandwichs depuis les années 1930. Le **Yanaka Beer Hall** (p. 69) sert de la bière artisanale, dans un vieux bâtiment de bois rénové, avec des sièges dehors. S'il fait chaud, goûtez les granités au très populaire **Himitsu-do** (p. 68).

En pratique

S'y rendre Les stations de métro Nezu (départ) et Sendagi (arrivée), sur la ligne Chiyoda, sont les plus pratiques.

Circuler Yanaka se visite très bien à pied.

Quand Il peut y avoir du monde le week-end, mais certains sites ferment un jour ou deux en semaine.

Notre conseil Yanaka est à quelques pas du Musée national de Tokyo ; passez la matinée au musée, et explorez Yanaka l'après-midi.

01 À l'**Art Sanctuary Allan West** (p. 65), on peut voir l'artiste peindre de somptueux paravents ou des rouleaux à la japonaise, dans un garage ingénieusement transformé.

02 Continuez jusqu'à **SCAI the Bathhouse** (p. 66), ancien bain public devenu galerie d'art contemporain, qui met à l'honneur des artistes japonais et internationaux.

03 **Yanaka-reien** (p. 65) est un des plus grands et des plus prestigieux cimetières de Tokyo ; le dernier shogun, Tokugawa Yoshinobu, y est enterré. (C'est aussi l'endroit préféré des chats pour se réchauffer au soleil.)

04 Le petit **musée Asakura de sculpture** (p. 65) est l'ancien atelier du sculpteur Fumio Asakura (1883-1964). Fermé lundi et mardi.

05 De retour sur l'artère principale, descendez les "escaliers du soleil couchant" jusqu'à **Yanaka Ginza**, une rue commerçante typique des années 1950, bordée de boucheries, de marchands de légumes, etc.

Carnet d'adresses

Les grands classiques (voir p. 42)

Golden Gai

(goldengai.jp ; 1-1 Kabukicho, Shinjuku-ku ; ligne JR Yamanote jusqu'à Shinjuku, sortie est)

Kabukiza

(03-3545-6800 ; www.kabukiweb.net ; 4-12-15 Ginza, Chuo-ku ; place 4 000-20 000 ¥, pour 1 acte 800-2 000 ¥ ; Hibiya jusqu'à Higashi-Ginza, sortie 3)

Marché de Tsukiji

Ancien marché rempli d'étals et de stands de restauration. Ouvert seulement le matin ; près de Ginza. (Jogai Shijo ; www.tsukiji.or.jp ; 6-chome Tsukiji, Chuo-ku ; le plus souvent 5h-14h ; ligne Hibiya jusqu'à Tsukiji, sortie 1)

Nezu-jinja

(03-3822-0753 ; www.nedujinja.or.jp ; 1-28-9 Nezu, Bunkyo-ku ; 24h/24 ; ligne Chiyoda jusqu'à Nezu, sortie 1)

Palais impérial

Pour entrer dans le domaine impérial privé, il faut obligatoirement participer à une visite guidée (gratuite, 1 heure 15), organisée par l'Agence impériale. Réservez jusqu'à un mois à l'avance. (03-5223-8071 ; sankan.kunaicho.go.jp ; 1 Chiyoda, Chiyoda-ku ; 9h-11h15 et 13h30-14h45. Visites guidées à 10h et 13h30, mar-sam ; Chiyoda jusqu'à Ōtemachi, sorties C13b et C10 GRATUIT

Roppongi Hills

Voir aussi musée d'Art Mori. (03-6406-6000 ; www.roppongihills.com ; 6-chome Roppongi,Minato-ku 24h/24 ligne Hibiya jusqu'à Roppongi, sortie 1 ou ligne Oedo jusqu'à Roppongi, sortie 8)

Ryogoku Kokugikan

(03-3623-5111 ; www.sumo.or.jp ; 1-3-28 Yokoami, Sumida-ku ; billet 3 800-14 800 ¥ ; JR Sobu jusqu'à Ryogoku, sortie ouest)

Senso-ji

(03-3842-0181 ; www.senso-ji.jp ; 2-3-1 Asakusa, Taito-ku ; 24h/24 ; ligne Ginza jusqu'à Asakusa, sortie 1) GRATUIT

Carrefour de Shibuya

(Shibuya Scramble ; ligne JR Yamanote jusqu'à Shibuya, sortie Hachiko)

Ueno Tosho-gu

(03-3822-3455 ; www.uenotoshogu.com ; 9-88 Ueno-koen, Taito-ku ; plein/réduit 500/200 ¥ ; 9h-16h30 ; lignes JR jusqu'à Ueno, sortie Shinobazu)

Parcs et espaces verts

Hama-rikyu Onshi-teien

Ce jardin paysager au bord de la baie faisait jadis partie de la résidence d'été du shogun. Points d'orgue : le pavillon de thé et un splendide pin noir tricentenaire. Près de Ginza. (Jardin du domaine du shogun ; 03-3541-0200 ; www.tokyo-park.or.jp/teien ; 1-1 Hama-rikyu-teien, Chuo-ku ; tarif plein/enfant 300 ¥/gratuit ; 9h-17h ; ligne Oedo jusqu'à Shiodome, sortie A1)

Rikugi-en

Un joli jardin de promenade avec des allées arborées, des ponts de pierre et une maison de thé donnant sur l'étang central. Dans un

Marché de Tsukiji

quartier résidentiel calme du nord de Tokyo, il est rarement bondé. (☎03-3941-2222 ; teien.tokyo-park.or.jp/en/rikugien ; 6-16-3 Hon-Komagome, Bunkyō-ku ; tarif plein/réduit/enfant 300/150 ¥/gratuit ; ⏲9h-17h)

Shinjuku-gyoen

À Shinjuku, ce parc aux pelouses soignées (plantées de cerisiers) est un des plus élégants lieux de pique-nique de Tokyo. Serre abritant de magnifiques orchidées. (☎03-3350-0151 ; www.env.go.jp/garden/shinjukugyoen ; 11 Naito-cho, Shinjuku-ku ; tarif plein/enfant 200/50 ¥ ; ⏲9h-16h30 mar-dim ; Ⓜligne Marunouchi jusqu'à Shinjuku-gyoenmae, sortie 1)

Ueno-koen

Voir p. 55. (www.ueno-bunka.jp ; Ueno-koen, Taito-ku ; 🚆ligne JR jusqu'à Ueno, sorties Ueno-koen ou Shinobazu)

Yanaka-reien

Voir p. 63. (☎03-3821-4456 ; www.tokyo-park.or.jp/reien ; 7-5-24 Yanaka, Taito-ku ; 🚆ligne JR Yamanote jusqu'à Nippori, sortie ouest)

Yoyogi-koen

Sans être le plus beau, ce parc est le plus populaire de Tokyo, où on vient en nombre le week-end pour pique-niquer, jouer au frisbee, etc. La place, de l'autre côté de la rue, accueille des festivals. Ouvert sans interruption. Proche de Meiji-jingu. (www.yoyogipark.info ; Yoyogi-kamizono-cho, Shibuya-ku ; 🚆ligne JRYamanote jusqu'à Harajuku, sortie Omote-sando) GRATUIT

Musées et édifices remarquables

Art Sanctuary Allan West

Voir p. 63. (☎03-3827-1907 ; www.allanwest.jp ; 1-6-17 Yanaka, Taito-ku ; ⏲13h30-16h30 lun-mer et ven-sam, 15h-16h30 dim ; Ⓜligne Chiyoda jusqu'à Nezu, sortie 1) GRATUIT

Gare de Tokyo

Voir p. 51. (www.tokyostationcity.com ; 1-9 Marunouchi, Chiyoda-ku ; 🚆ligne JR jusqu'à Tokyo Station)

Meiji-jingu

Voir p. 46. (www.meijijingu.or.jp ; 1-1 Yoyogi Kamizono-cho, Shibuya-ku ; ⏲aube-crépuscule ; 🚆ligne JR Yamanote jusqu'à Harajuku, sortie Omote-sando) GRATUIT

Musée d'Art mémorial Ukiyo-e Ota

Expositions temporaires présentant une sélection thématique *d'*ukiyo-e (estampes). La boutique vend des reproductions de qualité. À Harajuku. (☎03-3403-0880 ; www.ukiyoe-ota-muse.jp ; 1-10-10 Jingumae, Shibuya-ku ; 700-1 000 ¥ selon expo, gratuit pour les enfants ; ⏲10h30-17h30 mar-dim ; 🚆ligne JR Yamanote jusqu'à Harajuku, sortie Omote-sando)

Musée d'art Mori

Expositions à succès d'art et d'artistes contemporains, japonais et étrangers. Bonus : ouvert tard. Dans la tour Mori, Roppongi Hills. (www.mori.art.museum ; tour Mori, 6-10-1 Roppongi, Minato-ku ; billet combiné avec le City View tarif plein/enfant 1 800/600 ¥ ; ⏲10h-22h, fermeture à 17h mar)

Musée Asakura de sculpture, Taito

Voir p. 63. (☎03-3821-4549 ; www.taitocity.net/zaidan/english/asakura ; 7-16-10 Yanaka, Tai-to-ku ; tarif plein/enfant 500/250 ¥ ; ⏲9h30-16h30 mar-mer et ven-dim ; 🚆ligne JR Yamanote jusqu'à Nippori, sortie nord)

Musée Ghibli

Voir p. 49. (www.ghibli-museum.jp ; 1-1-83 Shimo-Renjaku, Mitaka-shi ; tarif plein/enfant 1 000/100-700 ¥ ; ⏲10h-18h mer-lun ; 🚆ligne JR Chuo-Sobu jusqu'à Mitaka, sortie sud)

Musée Nezu

Collection réputée d'antiquités japonaises, chinoises et coréennes, dans un bâtiment dessiné par l'architecte contemporain Kuma Kengo, avec un jardin à l'arrière. À Aoyama. (☎03-3400-2536 ; www.nezu-muse.or.jp ; 6-5-1 Minami-Aoyama, Minato-ku ; tarif plein/enfant 1 100 ¥/gratuit, supplément expos temporaires

200 ¥ ; 10h-17h mar-dim ; ligne Ginza jusqu'à Omote-sando, sortie A5)

Nihonbashi

Voir p. 51. (1 Nihombashi, Chuo-ku ; ligne Ginza jusqu'à Mitsukoshimae, sorties B5 et B6).

SCAI the Bathhouse

Voir p. 63. (03-3821-1144 ; www.scaithebathhouse.com ; 6-1-23 Yanaka, Taito-ku ; 12h-18h mar-sam ; ligne Chiyoda jusqu'à Nezu, sortie 1) GRATUIT

teamLab Borderless

Une expérience immersive, interactive, par le collectif d'art numérique teamLab. Les enfants adorent ; les occasions de faire des photos ne manquent pas. À Odaiba ; achetez vos billets en ligne. (03-6406-3949 ; borderless.teamlab.art ; 1-3-8 Aomi, Koto-ku ; tarif plein/enfant 3 200/1 000 ¥ ; 10h-19h lun-jeu et dim, 10h-21h ven-sam, fermé 2e et 4e mar du mois ; ; ligne Yurikamome jusqu'à Aomi)

TOP Museum

Le principal musée de la photo à Tokyo, avec une vaste collection d'œuvres de photographes japonais. Dans Ebisu Garden Place, à Ebisu. (Tokyo Photographic Arts Museum ; 03-3280-0099 ; www.topmuseum.jp ; 1-13-3 Mita, Meguro-ku ; 500-1000 ¥ ; 10h-18h mar-dim, jusqu'à 20h jeu-ven ; ligne JR Yamanote jusqu'à Ebisu, sortie est)

Marchés

Ameya-yokocho

Marché en plein air à l'ancienne (à l'origine, lieu de marché noir après-guerre) où on trouve tout, des fruits de mer frais aux jeans vintage. À Ueno. (www.ameyoko.net ; 4 Ueno, Taito-ku ; 10h-19h, certaines boutiques fermées mer ; ligne JR jusqu'à Okachimachi, sortie nord)

Marché aux antiquités d'Oedo

Voir p. 59. (03-6407-6011 ; www.antique-market.jp ; Tokyo International Forum, 3-5-1 Maru-nouchi, Chiyoda-ku ; 9h-16h 1er et 3e dim du mois)

Marché de Toyosu

Le marché de gros central de Tokyo, où se déroulent les fameuses enchères du thon, presque chaque matin. Le site Internet vous explique comment y aller. Proche de la baie. (Toyosu Shijo ; www.shijou.metro.tokyo.jp/english/toyosu/ ; 6-chome Toyosu, Koto-ku ; 5h-17h lun-sam, fermé certains mer ; ligne Yurikamome jusqu'à Shijo-mae)

Sushis, ramens et plats japonais

Afuri ¥

Le spécialiste des ramens *yuzu-shio* (bouillon léger, salé, parfumé au *yuzu*, un agrume). Afuri a des antennes dans toute la ville, mais l'original est à Ebisu. Carte en anglais. (www.afuri.com ; 1-1-7 Ebisu, Shibuya-ku ; ramen à partir de 980 ¥ ; 11h-5h ; ; ligne JR Yama-note jusqu'à Ebisu, sortie est)

Delifucious ¥

Burgers de poisson haut de gamme, inventés par un ancien maître des sushis. À Shibuya (dans le Shibuya Parco). Carte en anglais. (03-6874-0412 ; www.delifucious.com ; 1-9-13 Higashiyama, Meguro-ku ; burgers à partir de 1 000 ¥ ; 12h-21h mar-jeu ; ligne Hibiya jusqu'à Naka-Meguro, sortie principale)

Mensho ¥

Le chouchou de Tokyo pour les ramens. Carte en anglais. Une antenne près du Tokyo Dome City (gare de Kasuga). (03-3830-0842 ; menya-shono.com/tokyo ; 1-15-9 Kasuga, Bunkyo-ku ; nouilles à partir de 750 ¥ ; 11h-15h et 17h-23h lun-mer ; ligne Namboku jusqu'à Korakuen, sorties 5 et 6) Et une autre avec options végétaliennes dans le Shibuya Parco. (03-6902-2878 ; me-nya-shono.com/mensho ; 1-17-16 Otowa, Bunkyo-ku ; nouilles à partir de 1 000 ¥ ; 11h-15h et 17h-21h ven-dim)

Sahsya Kanetanaka ¥¥

Kaiseki (haute cuisine japonaise) abordable : menus fixes avec mets fins de saison, le midi, et dîners plus complets, le soir (réservation impérative). À Harajuku ; carte en anglais. (03-6450-5116 ; 2e niv, Oak Omotesando, 3-6-1 Kita-Aoyama, Minato-ku ; plat déj/dîner 3 080/5 500-8 800 ¥ ; 11h30-20h30)

Sushi Dai ¥¥

L'endroit classique pour un petit-déjeuner de sushis sur le marché au poisson. Attention : c'est au marché de Toyosu, pas à celui de Tsukiji. Venez très tôt – ou faites la queue. (03-6633-0042 ; 3e niv, Bldg 6, marché de Toyosu, 6-5-1 Toyosu, Koto-ku ; assortiment 4 500 ¥ ; 5h30-13h, fermé dim et jours de fermeture du marché ; ; ligne Yurikamome jusqu'à Shijo-mae)

sushi m ¥¥¥

Sushis inventifs, associés à des vins ou des sakés raffinés (dont quelques bouteilles très rares). Une folie mémorable, à Aoyama. Réservation requise ; carte en anglais. (03-6803-8436 ; www.sushi-m.com ; 2e niv, 4-24-8 Minami-Aoyama, Minato-ku ; assortiment dégustation 22 000 ¥ ; 18h-22h, jour de fermeture variable)

Tensuke ¥¥

Restaurant prisé des Tokyoïtes pour son tempura d'œuf, croustillant dehors et coulant à l'intérieur. Attendez-vous à faire la queue ; à Koenji (ouest de Shinjuku). (03-3223-8505 ; 3-22-7 Koenji-kita, Suginami-ku ; repas 1 500-4 900 ¥ ; 12h-14h et 18h-22h mar-dim)

Tonki ¥

Une institution à Tokyo, qui sert des *tonkatsu* (côtelette de porc panée) depuis plus de 80 ans. À Meguro ; carte en anglais. (03-3491-9928 ; 1-2-1 Shimo-Meguro, Meguro-ku ; repas 1 800 ¥ ; 16h-22h45 mer-lun, fermé 3e lun du mois ; ligne JR Yamanote jusqu'à Meguro, sortie ouest)

Izakaya, bistrots et gastronomie

Ebisu-yokocho ¥

Voir p. 53. (www.ebisu-yokocho.com ; 1-7-4 Ebisu, Shibuya-ku ; plats 500-1 500 ¥ ; 17h-tard ; ligne JR Yamanote jusqu'à Ebisu, sortie est)

KORKUSUNG/SHUTTERSTOCK ©

Ameya-yokocho

Eatrip ¥¥¥

Leader du mouvement "de la ferme à la table" à Tokyo, proposant une cuisine japonaise aux accents internationaux. Dans une maison de bois d'une ruelle de Harajuku. Réservation recommandée ; carte en anglais. (03-3409-4002 ; restaurant-eatrip.com ; 6-31-10 Jingumae, Shibuya-ku ; menu 5 400-8 640 ¥ ; 18h-minuit mar-sam, 11h30-15h sam, 11h30-17h dim ; ligne JR Yamanote jusqu'à Harajuku, sortie Omote-sando)

Kabi ¥¥¥

Alliance de cuisines japonaise et nordique, qui fait la part belle aux produits fermentés, associée à des vins naturels et des sakés. À Meguro. Réservation requise ; carte en anglais. (03-6451-2413 ; kabi.tokyo ; 4-10-8 Meguro, Meguro-ku ; plat 12 000 ¥ ; places assises à 19h ou 20h, jour de fermeture variable)

Narukiyo ¥¥¥

Izakaya très prisée, proposant de délicieuses revisites de classiques japonais, servies avec un humour punk rock ! À Aoyama. Réservation recommandée. (03-5485-2223 ; 2-7-14 Shibuya, Shibuya-ku ; plats 700-4 800 ¥ ; 18h-0h30 ; ligne JR Yama-note jusqu'à Shibuya, sortie est)

Nonbei-yokocho ¥

Voir p. 53. (www.nonbei.tokyo ; Shibuya 1-chome, Shibuya-ku ; ligne JR Yamanote jusqu'à Shi-buya, sortie Hachiko)

Omoide-yokocho ¥

Voir p. 52. (Nishi-Shinjuku 1-chome, Shinjuku-ku ; brochettes à partir de 150 ¥ ; 24h/24 ; ligne JR Yamanote jusqu'à Shinjuku, sortie ouest)

Shinsuke ¥¥

Izakaya (bistrot) presque centenaire, avec un long comptoir en cèdre, une carte de saison et du très bon saké. À Ueno. Réservation recommandée ; carte en anglais. (03-3832-0469 ; 3-31-5 Yushima, Bunkyo-ku ; plats 500-2 500 ¥, couvert 300 ¥ ; 17h-21h30 lun-ven, 17h-21h sam ; ligne Chiyoda jusqu'à Yushima, sortie 3)

Café, thé et goûters

Fuglen Tokyo ¥

Café très fréquenté avec jolie déco scandinave années 1950 où le café signature de la maison, grains d'appellation légèrement torréfiés, est servi à la perfection. À Tomigaya (près de Shibuya). (www.fuglen.no ; 1-16-11 Tomigaya, Shibuya-ku ; 8h-22h lun-mar, 8h-1h mer-jeu, 8h-2h ven, 9h-2h sam, 9h-minuit dim ; W ; ligne Chiyoda jusqu'à Yoyogi-koen, sortie 2)

Himitsu-do ¥

Voir p. 62. (03-3824-4132 ; himitsudo.com ; 3-11-18 Yanaka, Taito-ku ; 10h-18h mar-dim juin-juil et sept mer-dim oct-mai ; à partir de 1 100 ¥)

Kayaba Coffee ¥

Voir p. 62. (03-3823-3545 ; taireki.com/kayaba ; 6-1-29 Yanaka, Taito-ku ; cafés 450 ¥ ; 8h-21h lun-sam, 8h-18h dim ; ligne Chiyoda jusqu'à Nezu, sortie 1)

Sakurai Japanese Tea Experience ¥¥

Ateliers de dégustation alliant thés japonais de différents styles et origines à des desserts traditionnels ; réservez votre atelier. À Aoyama. (03-6451-1539 ; www.sakurai-tea.jp ; 5e niv, Spiral Bldg, 5-6-23 Minami-Aoyama, Minato-ku ; thé à partir de 1 400 ¥, dégustation de thés à partir de 4 800 ¥ ; 11h-23h ; ligne Ginza jusqu'à Omote-sando, sortie B1)

Turret Coffee ¥

Le meilleur *latte* de Tokyo (prenez le "Turret"), dans Tsukiji. Nommé d'après les triporteurs qui sillonnaient l'ancien marché de Tsukiji (vous en verrez un dans la boutique). (2-12-6 Tsukiji, Chuo-ku ; 7h-18h lun-sam, 12h-18h dim)

Panoramas et bars avec vue

Asahi Sky Room (Asahi Beer Hall)

Voir p. 50. (www.asahibeer.co.jp/aboutus/summary/#headQuarter ; 1-23-1 Azuma-bashi, Sumida-ku ; ligne Ginza jusqu'à Asakusa, sortie 4)

New York Bar ¥¥¥

C'est LE bar pour voir Tokyo de nuit, au 52e étage du Park Hyatt de Shinjuku. Vue panoramique grâce aux grandes baies vitrées. (03-5323-3458 ; restau-rants.tokyo.park.hyatt.co.jp ; 52e niv, Park Hyatt Tokyo, 3-7-1-2 Nishi-Shinjuku, Shinjuku-ku ; 17h-minuit, jusqu'à 1h jeu-sam ; ligne Oedo jusqu'à Tochomae, sortie A4)

Tokyo Metropolitan Government Building

Monument emblématique à Shinjuku, la mairie de Tokyo a des observatoires (à 202 m) au sommet des tours nord et sud du bâtiment 1, qui offrent des panoramas de la ville. (www.metro.tokyo.jp/english/offices ; rez-de-chaussée, Tokyo Metropolitan Government Bldg 1, 2-8-1 Nishi-Shinjuku, Shinjuku-ku ; 9h30-23h ; ligne Oedo jusqu'à Tochomae, sortie A4) GRATUIT

Tokyo Skytree

Voir p. 51. (0570-55-0102 ; www.tokyo-skytree.jp ; 1-1-2 Oshiage, Sumida-ku ; plateformes à 350/450 m 2 060/3 090 ¥ ; 8h-22h ; ligne Hanzomon jusqu'à Oshiage, sortie Skytree)

Tour de Tokyo

Voir p. 50. (www.tokyotower.co.jp/english ; 4-2-8 Shiba-koen, Minato-ku ; tarif plein/enfant plateforme principale 900/500 ¥, avec plateforme spéciale 2 800/1 800 ¥ ; 9h-22h ; ligne Oedo jusqu'à Akabanebashi, sortie Akabanebashi)

Two Roms ¥¥

La meilleure terrasse de Tokyo, qui domine Harajuku. Appelez pour réserver votre place sous les étoiles, le vendredi ou le samedi soir. (☎03-3498-0002 ; www.tworooms.jp ; 5e niv, AO Bldg, 3-11-7 Kita-Aoyama, Minato-ku ; ⏲11h30-2h lun-sam, 11h30-22h dim ; Ⓜligne Ginza jusqu'à Omote-sando, sortie B2)

Bière artisanale, saké et cocktails

Another 8 ¥¥

Bière artisanale japonaise et saké de petits producteurs, dans un garage rénové de Meguro. DJ la plupart des vendredis et samedis soir. (☎03-6417-9158 ; sakahachi.jp ; 1-2-18 Shimo-Meguro, Meguro-ku ; ⏲17h-1h, jour de fermeture variable)

Gem by Moto ¥¥

Gem est le spécialiste des sakés méconnus. Réservation recommandée ; à Ebisu. (☎03-6455-6998 ; 1-30-9 Ebisu, Shibuya-ku ; droit d'entrée 800 ¥ ; ⏲17h-minuit mar-ven, 13h-21h sam-dim ; Ⓡligne JR Yamanote jusqu'à Ebisu, sortie est)

Mikkeller Tokyo ¥¥

Bières du "brasseur nomade" pionnier, Mikkel Borg Bjergsø. Dans les petites rues de Shibuya. (☎03-6427-0793 ; mikkeller.jp ; 2-19-11 Dogenzaka, Shibuya-ku ; ⏲15h-0h30 lun-mar, 15h-1h30 jeu, 12h-1h30 sam, 12h-0h30 dim)

SG Club ¥¥¥

Des cocktails inventifs de Shingo Gokan, barman primé, à Shibuya. Réservez un siège dans le "bar clandestin" au sous-sol. (☎03-6427-0204 ; 1-7-8 Jinan, Shibuya-ku ; sg-management.jp ; ⏲11h30-2h, jour de fermeture variable)

Yanaka Beer Hall

Voir p. 62. (☎03-5834-2381 ; www.facebook.com/yanakabeerhall ; 2-15-6 Ueno-sakuragi, Tai-to-ku ; ⏲12h-20h30 mar-ven, 11h-20h30 sam-dim ; Ⓜligne Chiyoda jusqu'à Nezu, sortie 1)

SEANPAVONEPHOTO / ISTOCK ©

Tokyo Skytree, vue sur la ville

Artisanat et spiritueux

Akomeya

Voir p. 60. (☎03-6758-0271 ; www.akomeya.jp ; 2-2-6 Ginza, Chuo-ku ; ⏲boutique 11h-20h dim-jeu, 11h-21h ven-sam, restaurant 11h-22h ; Ⓜligne Yurakucho jusqu'à Ginza-itchome, sortie 4)

d47 design travel store

Vitrine de l'artisanat remarquable de toutes les régions du pays, présentée par la marque branchée D&D Department. À Shibuya. (☎03-6427-2301 ; 8e niv, Shibuya Hikarie, 2-21-1 Shibuya, Shibuya-ku ; ⏲11h-20h ; Ⓡligne JR Ya-manote jusqu'à Shibuya, sortie est)

Imadeya

Excellente petite boutique de vins et spiritueux, avec un très bon choix de sakés et alcools japonais. Au sous-sol du centre commercial Ginza Six. (2e niv sous-sol, Ginza Six, 6-10-1Ginza, Chuo-ku, ⏲10h30-20h30)

Itoya

Voir p. 60. (☎03-3561-8311 ; www.ito-ya.co.jp ; 2-7-15 Ginza, Chuo-ku ; ⏲10h30-20h lun-sam, 10h30-19h dim ; Ⓜligne Ginza jusqu'à Ginza, sortie A13)

Japan Traditional Crafts Aoyama Square

Voir p. 60. (☎03-5785-1301 ; kougeihin.jp ; 8-1-22 Akasaka, Minato-ku ; ⏲11h-19h ; Ⓜligne Ginza jusqu'à Aoyama-itchome, sortie 4)

Kama-asa

L'endroit où trouver couteaux de cuisine forgés à la main et ustensiles en fonte. Près d'Asakusa. (☎03-3841-9355 ; www.kama-asa.co.jp ; 2-24-1 Matsugaya, Taito-ku ; ⏲10h-17h30 ; Ⓜ ligne Ginza jusqu'à Tawaramachi, sortie 3)

Livres

Komiyama Shoten

Voir p. 61. (☎03-3291-0495 ; www.book-komiyama.co.jp ; 1-7 Kanda-Jimbocho, Chiyoda-ku ; ⏲11h-18h30 lun-sam, 11h-17h30 dim)

Ohya Shobo

Voir p. 61. (☎03-3291-0062 ; www.ohya-shobo.com ; 1-1 Kanda-Jimbocho, Chiyoda-ku ; ⏲10h-18h lun-sam)

Mode et vintage

Beams Japan

Des maisons de mode japonaises, des œuvres d'art originales et des objets artisanaux contemporains sur plusieurs niveaux. À Shinjuku. (www.beams.co.jp ; 3-32-6 Shinjuku, Shinjuku-ku ; ⏲11h-20h ; Ⓡ ligne JR Yamanote jusqu'à Shinjuku, sortie est)

Comme des Garçons

Magasin phare de Comme des Garçons, la marque novatrice du designer Kawakubo Rei. À Aoyama. (www.comme-des-garcons.com ; 5-2-1 MinamiAoyama, Minato-ku ; ⏲11h-20h ; Ⓜ ligne Ginza jusqu'à Omote-sando, sortie A5)

House @Mikiri Hassin

Caché dans les petites rues de Harajuku, House propose un choix toujours renouvelé de labels expérimentaux nippons. Cherchez l'enseigne de néon verticale affichant : "ハウス". (☎03-3486-7673 ; house.mikirihassin.co.jp ; 5-42-1 Jingumae, Shibuya-ku ; ⏲12h-21h jeu-mar ; Ⓜ ligne Ginza jusqu'à Omote-sando, sortie A1)

Isetan

Voir p. 60. (☎03-3352-1111 ; www.isetan.co.jp ; 3-14-1 Shinjuku, Shinjuku-ku ; ⏲10h30-20h ; Ⓜ ligne Marunouchi jusqu'à Shinjuku-sanchome, sortie B3, B4 ou B5)

Okura

T-shirts et sweats à capuche contemporains, et vêtements rappelant des lignes anciennes comme les longues manches des kimonos, le tout teint à l'indigo. À Daikanyama. (☎03-3461-8511 ; www.hrm.co.jp ; 20-11 Sarugaku-cho, Shibuya-ku ; ⏲11h30-20h, jusqu'à 20h30 sam-dim ; Ⓡ ligne Tokyu Toyoko jusqu'à Daikanyama)

Pass the Baton

Vêtements d'occasion (dont des pièces vintage de créateurs) et stocks de détaillants ayant fermé boutique. À Harajuku (au sous-sol de l'Omotesando Hills). (☎03-6447-0707 ; www.pass-the-baton.com ; 4-12-10 Jingumae, Shibuya-ku ; ⏲11h-21h lun-sam 11h-20h dim)

RagTag

Dépôt-vente où on trouve des marques appréciées à Harajuku : Vivienne Westwood, Junya Watanabe, etc. (☎03-6419-3770 ; www.ragtag.jp ; 6-14-2 Jingumae, Shibuya-ku ; ⏲11h-20h)

Centres commerciaux et grands magasins

Coredo Muromachi

Sur plusieurs bâtiments, l'accent est mis sur la maison et la gastronomie. (www.mitsui-shopping-

Comme des Garçons

park.com/urban/muromachi ; 2-2-1 Nihombashi-Muromachi, Chuo-ku ; en majorité 10h-21h ; ligne Ginza jusqu'à Mitsukoshimae, sortie A4)

Ginza Six

Centre commercial haut de gamme, avec des installations artistiques, où se trouve une antenne de la librairie Tsutaya Books (livres d'art, de design ou de voyage). (03-6891-3390 ; ginza6.tokyo ; 6-10-1 Ginza, Chuo-ku ; 10h-22h ; ligne Ginza jusqu'à Ginza, sortie A2)

Mitsukoshi

Grand magasin classique de Ginza doté d'un bel étage dédié aux articles de maison, et d'un espace alimentation gastronomique au sous-sol. (03-3241-3311 ; www.mitsukoshi.co.jp ; 1-4-1 Nihombashi-Muromachi, Chuo-ku ; 10h-19h ; ligne Ginza jusqu'à Mitsukoshimae, sortie A2)

Shibuya Parco

Grand magasin tendance avec des marques japonaises et internationales, plus des boutiques éphémères par des créateurs qui montent. (shibuya.parco.jp ; 15-1 Udagawa-cho, Shibuya-ku ; 10h-21h)

Tokyu Hands

Voir p. 60. (shibuya.tokyu-hands.co.jp ; 12-18 Udagawa-cho, Shibuya-ku ; 10h-21h ; ligne JR Yamanote jusqu'à Shibuya, sortie Hachiko)

Jouets, jeux vidéo, mangas...

Nakano Broadway

Voir p. 49. (www.nbw.jp ; 5-25-15 Nakano, Nakano-ku ; variables selon les boutiques)

Mandarake Complex

Voir p. 49. (03-3252-7007 ; www.mandarake.co.jp ; 3-11-12 Soto-Kanda, Chiyoda-ku ; 12h-20h)

KiddyLand

Voir p. 49. (03-3409-3431 ; www.kiddyland.co.jp ; 6-1-9 Jingumae, Shibuya-ku ; 11h-21h lun-ven, 10h30-21h sam-dim ; ligne JR Yamanote jusqu'à Harajuku, sortie Omote-sando)

PICTURE CELLS/SHUTTERSTOCK ©

Coredo Muromachi

Pokémon Center Mega Tokyo

Voir p. 49. (03-5927-9290 ; www.pokemon.co.jp/gp/pokecen/english/megatokyo_access.html ; 2e niv, Sunshine City, 3-1-2 Higashi-Ikebukuro, Toshima-ku ; 10h-20h)

Tokyo Character Street

Voir p. 49. (First Avenue, sous-sol gare de Tokyo, 1-9-1 Marunouchi, Chiyoda-ku ; www.tokyoeki-1bangai.co.jp ; 10h-20h30)

Godzilla Store Tokyo

Voir p. 49. (03-6709-9652 ; godzilla.store/tokyo ; 3-1-26 Shinjuku, Shinjuku City ; 11h-20h30)

Onsen et spas

Spa LaQua

Immense spa avec des bains extérieurs et intérieurs, alimentés par une source chaude, et des saunas. Dans le complexe du Tokyo Dome City. (www.laqua.jp ; 5e-9e niv, Tokyo Dome City, 1-1-1 Kasuga, Bunkyo-ku ; semaine/week-end 2 850/3 174 ¥ ; 11h-9h ; ligne Marunouchi jusqu'à Korakuen, sortie 2)

Kamata Onsen

Bain public à l'ancienne, réputé pour son eau noire riche en minéraux, grâce à sa source souterraine filtrée à la cendre volcanique. (03-3732-1126 ; kamataonsen.on.coocan.jp ; 2-23-2 Kamatahoncho, Ota ; tarif plein/enfant 480/180-80 ¥ ; 10h-0h30)

07 Excursion à NIKKO

CULTURE | AVENTURE | NATURE

Une escapade inoubliable vous attend à seulement 2 heures de train de Tokyo. La ville historique de Nikko et la station thermale voisine de Kinugawa Onsen comptent parmi les meilleurs endroits du Kanto où admirer les feuillages en automne. La région comblera aussi ceux qui recherchent culture, activités ou détente.

En pratique

S'y rendre La ligne Tobu Nikko relie directement la gare d'Asakusa, dans le centre de Tokyo, à Nikko et Kinugawa Onsen.

Quand À l'automne, début novembre.

Budget Tobu Railway (tobu.co.jp/foreign) propose diverses cartes de transports à partir de 2 040 ¥. Pour une nuit dans un *ryokan*, comptez au minimum 10 000 ¥ par personne.

Collation Passez au Nikko Sakaeya, près de la gare de Tobu Nikko, pour goûter aux *ageyuba manju*, beignets fourrés, une spécialité locale.

Selon vos envies

Spiritualité Sur fond de forêt luxuriante, le **Tosho-gu** (www. toshogu.jp ; 2301 Sannai ; adulte/enfant 1 300/450 ¥ ; 8h-16h30 avr-oct, 8h-15h30 nov-mars) est la dernière demeure de Tokugawa Ieyasu, fondateur du shogunat Tokugawa. Classé au patrimoine mondial de l'Unesco, ce vaste complexe shintoïste mêlé d'éléments bouddhiques est le plus important de tous les *tosho-gu* du pays. Richement décoré, il éblouit de ses ors dans son splendide écrin de nature. Le **Yomei-mon**, la pagode à cinq niveaux et le **Honji-do** sont les pièces maîtresses du sanctuaire.

Merveilles de la nature À 1 heure de la gare de Nikko en bus, le **Kegon-no-taki** (2479-2 Chugushi ; adulte/enfant 550/330 ¥ ; 7h30-18h mai-sept, 8h-17h oct-avr) est l'une des trois plus belles cascades du Japon, haute de 97 m. Depuis un belvédère, les visiteurs peuvent la voir dévaler d'un lac jusqu'aux

En haut Tosho-gu
En bas Kegon-no-taki

Shin-kyo

Symbole de Nikko, le **Shin-kyo** ("pont sacré"), passerelle arquée rouge qui relie la route principale à la zone boisée, compte parmi les plus beaux ponts du pays. La construction actuelle date de 1636, mais il aurait été édifié bien avant. Empruntez-le pour une somme modique (500 ¥).

rochers en contrebas. La chute d'eau gèle complètement en hiver.

Détente Après une journée de tourisme et de randonnée, relaxez-vous à **Kinugawa Onsen**, station thermale près de Nikko. Le centre est traversé par la longue et rocailleuse Kinu-gawa, bordée d'hôtels et de *ryokan*. Immergez-vous dans les sources chaudes naturelles, avant de vous offrir un dîner *kaiseki* (haute gastronomie japonaise) au service exceptionnel.

Sur l'eau **Kinugawa Line Kudari** (linekudari.com) propose des excursions à bord de longs bateaux en bois sur la Kinu-gawa, dominée par des forêts colorées et des falaises déchiquetées. La rivière est de temps en temps agitée, promettant une expérience exaltante. Des gilets de sauvetage sont fournis.

RÉGION DES CINQ LACS DU MONT FUJI

RANDONNÉE | NATURE | TRADITIONS

RÉGION DES CINQ LACS DU MONT FUJI

à la carte

La région des Cinq Lacs du mont Fuji est une destination prisée des amateurs de plein air. Si la célèbre montagne s'escalade en été, on peut l'admirer toute l'année, dans le reflet des lacs, du haut des sommets environnants ou plongé dans des sources chaudes.

0 — 5 km

Kawaguchi-ko
Kawaguchi-ko
Sai-ko
Shoji-ko
Fuji-Yoshida
Motosu-ko
Parc national de Fuji-Hakone-Izu
Yamanaka-ko
Subashiri

Dégustez la spécialité locale, le *hoto* (nourrissante soupe de nouilles) au **Tenka-chaya** (p. 97).
2 heures

Gravissez le **Mitsutoge-yama** pour une vue sur le mont Fuji et le Kawaguchi-ko (p. 85).
½-1 jour

Vivez des sensations fortes sur les montagnes russes de **Fuji-Q Highland** (p. 96).
½-1 jour

Campez sur les rives du paisible Motosu-ko au **Koan** (p. 96).
1-2 jours

Découvrez l'histoire du culte du mont Fuji dans l'auberge de pèlerins restaurée **Togawa-ke Oshi-no-ie** (p. 95).
2 heures

Partez à la conquête du plus célèbre sommet du Japon, le **mont Fuji** (p. 80).
1-2 jours

JAMOO/SHUTTERSTOCK ©, OLIVIER BRUCHEZ/ FLICKR, CREATIVE COMMONS BY-SA 2.0 ©

Informations pratiques

À L'ARRIVÉE

Gare de Kawaguchi-ko Grand pôle de transports de la région, avec trains et bus express depuis/vers Tokyo (Shinjuku). Dans le centre de la localité de Kawaguchi-ko.

S'ORIENTER

L'office du tourisme situé à côté de la gare de Kawaguchi-ko, au personnel anglophone, fournit entre autres itinéraires de bus et cartes de randonnée.

ARGENT

Avant de partir pour le mont Fuji, prévoyez assez d'espèces pour couvrir vos besoins (et un peu plus, au cas où).

OÙ LOGER

Localité	Pour/contre
Kawaguchi-ko	Le plus grand choix d'hébergements et de services. Bons transports publics. Très construit.
Fuji-Yoshida	Plus ville que lieu de villégiature. Sites historiques. Loin des sites naturels.
Sai-ko et Motosu-ko	Meilleurs choix pour le camping. Peu pratiques sans voiture.

COMMENT CIRCULER

Train Liaisons entre Kawaguchi-ko, Fuji-Q Highland et Fuji-Yoshida (gare Fujisan).

Bus Les lignes touristiques à code couleur au départ de la gare de Kawaguchi-ko sont le meilleur moyen de se déplacer autour du lac éponyme (autres services peu fréquents).

Voiture Le meilleur moyen d'explorer la région, en particulier les lacs les plus éloignés.

SE RESTAURER ET PRENDRE UN VERRE

On trouve des restaurants au Kawaguchi-ko, à Fuji-Yoshida et au Yamanaka-ko. Si vous campez, la région compte plusieurs supermarchés (voiture nécessaire).

Hoto Épaisses nouilles coupées à la main servies dans un bouillon avec des légumes ; une spécialité de la région.

Udon de Yoshida Nouilles de blé et d'orge servies dans un bouillon relevé avec du miso.

Café avec vue
Tenka-chaya (p. 97)

Nouilles à goûter absolument
Hoto Fudo (p. 97)

JAN-MARS
Journées fraîches mais ensoleillées ; possibilité de neige.

AVR-JUIN
Période douce et verdoyante dans les collines.

JUIL-SEPT
Idéale pour le camping, les sports nautiques et l'ascension du Fuji.

OCT-DÉC
Période prisée pour les couleurs automnales et la randonnée.

Les grands classiques

Pour les infos pratiques de chaque site, reportez-vous au carnet d'adresses p. 94.

Fuji Sengen-jinja

Avant toute ascension du mont Fuji, il convient de visiter ce sanctuaire du VIIIe siècle (reconstruit au XIXe) consacré à Sakuya-hime, la déesse de la Montagne. Une allée de cèdres mène à l'entrée principale, reconstruite tous les soixante ans (un peu plus grande chaque fois), et à ses deux *mikoshi* (châsses) d'une tonne que l'on sort chaque année pour la fête Yoshida no Himatsuri. Le temple est accessible en 20 minutes à pied de la gare Fujisan ou en 5 minutes par le bus jusqu'à Sengen-jinja-mae (150 ¥). (voir p. 94)

ERIC'S LIBRARY/STOCK.ADOBE.COM ©

Mitake-san, Takao-san et OkuTama

Accessible uniquement à pied ou en funiculaire, ce mont culminant à 939 m est le remède idéal à un trop-plein d'agitation tokyoïte. Près du sommet s'étale un charmant hameau montagnard organisé autour d'un sanctuaire, acmé d'un magnifique chemin de pèlerinage jalonné de cèdres.

NAOKITA/STOCK.ADOBE.COM ©

TRAVEL-FR/SHUTTERSTOCK ©

Kencho-ji, Kamakura

L'âge d'or de Kamakura, première capitale féodale du pays (1185-1333), a coïncidé avec l'expansion du bouddhisme au Japon, et le grand nombre de temples que l'on y trouve témoigne de ce riche passé. Fondé en 1253 et toujours en activité, le Kencho-ji est le plus ancien temple d'obédience zen du Japon. (voir p. 91)

GG-FOTO/SHUTTERSTOCK ©

Musée en plein air de Hakone

Installé sur le flanc d'une colline verdoyante de Hakone, ce musée d'art moderne dévoile en pleine nature un florilège de sculptures et d'installations des XIXe et XXe siècles, signées par des artistes japonais renommés ainsi que des pointures comme Henry Moore, Rodin et Miró. L'énorme pavillon Picasso réunit plus de 300 œuvres de l'artiste. (voir p. 95)

TK KURIKAWA/SHUTTERSTOCK ©

Archives de Yokohama

Ce musée incontournable de la ville, situé dans l'ancien consulat britannique, renvoie à l'époque de l'ouverture du Japon consécutive à l'arrivée, au port de Yokohama, de la flotte américaine du commodore Perry, décidé à imposer au Japon de s'ouvrir au commerce.

08 La montagne ICONIQUE

RANDONNÉE | MONT SACRÉ

Cône volcanique emblématique s'élevant au-dessus des nuages, le Fujisan ou mont Fuji (3 776 m) est le point culminant du Japon, objet de culte depuis des temps immémoriaux. Son ascension, que la plupart des Japonais estiment devoir entreprendre une fois dans leur vie, tient du rite de passage estival.

DAILY TRAVEL PHOTOS/SHUTTERSTOCK ©

En pratique

Tarifs Un don de 1 000 ¥ est demandé à chaque grimpeur pour l'entretien.

Conseils Suivez l'actualité et les prévisions météo (fujisan-climb.jp). Tenter l'ascension par mauvais temps est au mieux décevant, au pire dangereux.

Quand La saison d'ascension va du 1er juillet au 10 septembre ; essayez d'éviter les week-ends et O-Bon (fête des Morts) à la mi-août, quand les sentiers sont les plus fréquentés.

Se connecter Wi-Fi gratuit dans les refuges du sentier Yoshida.

JAMOO/SHUTTERSTOCK ©

Les itinéraires

Le mont Fuji est divisé en 10 "stations" de la base au sommet, mais les principaux sentiers commencent à mi-chemin, à la 5e station (les routes ne vont pas plus loin). Des quatre itinéraires – Subashiri, Fujinomiya, Gotemba et Yoshida –, ce dernier, qui part de la 5e station de la Fuji Subaru Line, est de loin le plus populaire, car c'est le plus facilement accessible en transports publics depuis Tokyo. C'est aussi celui qui offre le plus de commodités en cours de route (toilettes, postes de secours, refuges où l'on peut acheter de l'eau, etc.). Pour cet itinéraire, prévoyez 6 à 8 heures jusqu'au sommet et 3 à 4 heures pour redescendre.

Le Subashiri est célèbre pour sa *sunabashiri* ("piste de sable") qui descend de la 7e station (lunettes de soleil et foulard

DOWRAIK/SHUTTERSTOCK ©

Gagner les sentiers

Pendant la saison d'ascension, des bus directs desservent la 5e station de la Fuji Subaru Line (sentier Yoshida) depuis la gare routière de Shinjuku (2 heures 30) et la gare de Kawaguchi-ko (1 heure). On rejoint les sentiers Subashiri et Gotemba en bus depuis la gare de Gotemba ; pour le sentier Fujinomiya, les bus partent de la gare de Mishima.

En haut à gauche Mont Fuji et Kawaguchi-ko
En haut à droite Arrivée au sommet par le sentier Yoshida
À gauche Randonnée sur le sentier Subashiri

ou bandana recommandés pour se protéger de la poussière). Le Fujinomiya, l'itinéraire le plus court, est pratique si vous vous dirigez vers l'ouest (Kyoto par exemple) ou en venez. Le Gotemba, le plus long et le moins bien équipé, est le moins fréquenté.

Notez que l'ascension et la descente se font souvent par des sentiers différents. La montagne est bien signalisée en anglais, mais on peut facilement rater un panneau au sommet à cause du brouillard.

L'ascension

Une grande partie de l'ascension se fait au-dessus de la limite des arbres, sur des scories brun foncé à rouge vif. Plus on monte, plus le sentier devient raide, obligeant les randonneurs à escalader des rochers par endroits.

Refuges de montagne

Il est fortement recommandé de couper la randonnée avec une nuit en refuge,

À emporter

Les conditions peuvent changer brutalement sur le Fuji et il peut geler au sommet. Prévoyez des vêtements adaptés au froid et à l'humidité et des gants pour protéger vos mains des roches acérées. Si vous randonnez de nuit, emportez une lampe frontale. Bien que rares, les chutes de pierres ont causé des accidents ; on peut emprunter des casques au Mt Fuji Safety Guidance Center, à la 6e station du sentier Yoshida. Les refuges de chaque station vendent nourriture et eau (500 ¥ pour une bouteille de 500 ml ; espèces uniquement). Ils disposent aussi de toilettes (200 ¥) et du Wi-Fi gratuit. Emportez vos déchets.

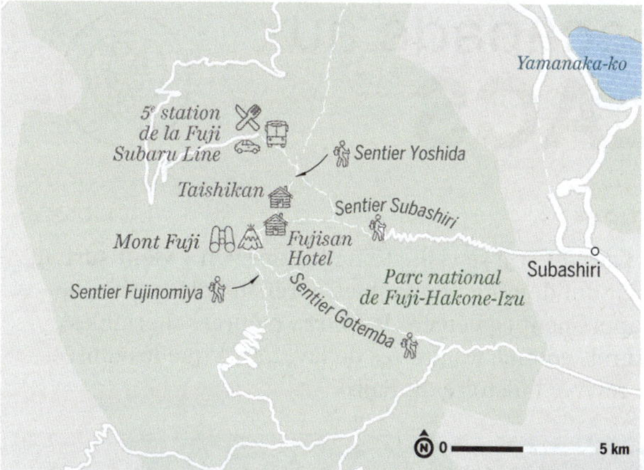

À gauche Lever de soleil au sommet du mont Fuji
Ci-dessous Refuges de la 7e station du mont Fuji

notamment pour s'acclimater à l'altitude. Le **Fujisan Hotel** (voir p. 97), à la 8e station d'origine, où se rejoignent les sentiers Yoshida et Subashiri, et le **Taishikan** (voir p. 97), à la 8e station inférieure du sentier Yoshida, sont prisés. Le second peut préparer des repas végétariens et halal. Réservation indispensable.

Lever du soleil au sommet

Beaucoup ont pour objectif d'assister au lever du soleil depuis le sommet (*goraiko*) entre 4h30 et 5h30. Avant l'aube, la montagne atteint son pic d'affluence et le rythme ralentit sur le Yoshida, surtout au-dessus de la 8e station. Pour arriver à temps, vous devrez partir de la 5e station à 20h ou 21h. Si vous faites halte dans un refuge, quittez la 8e station vers minuit ou la 8e station d'origine (Hon-Hachigome) à 2h.

Sachez toutefois qu'il y a souvent trop de brouillard au sommet pour voir grand-chose. De plus, il y fait froid et il y a du vent. Vous aurez plus de chances de profiter d'une vue dégagée (et d'une foule moins dense) aux stations inférieures. Par temps clair, le lever du soleil est visible sur tout l'itinéraire Yoshida au-dessus de la 6e station.

09 Escapade aux LACS

MARCHE | NATURE | TRADITIONS

La région des Cinq Lacs du Fuji se visite toute l'année. On y vient surtout pour admirer le cône parfait qui domine l'horizon et se reflète à la surface de l'eau, mais les visiteurs y apprécient également les *onsen* (sources thermales) et autres phénomènes naturels comme les grottes de lave, ainsi que les musées et les sanctuaires qui font revivre l'histoire du Fuji.

IAMDOCTOREGG/SHUTTERSTOCK ©

En pratique

Quand Toute l'année. La région est particulièrement fréquentée durant la Golden Week (fin avril à début mai), en été et à la fin de l'automne (lorsque les feuilles changent de couleur). En hiver, certains sentiers peuvent être enneigés à haute altitude.

Circuler Si vous prenez les transports publics, vérifiez les horaires de bus à l'avance, car certaines lignes sont peu fréquentes.

DARKZ DIESEL/SHUTTERSTOCK ©

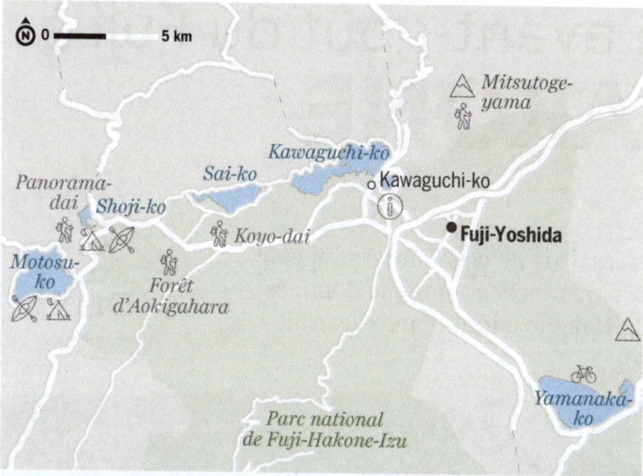

En haut à gauche Couleurs d'automne au Sai-ko
En bas à gauche À vélo sur les rives du Yamanaka-ko

Les lacs

Kawaguchi-ko C'est le mieux aménagé et le plus facile d'accès en transports publics, ce qui en fait la meilleure base d'exploration si vous n'avez pas de voiture. De nombreux sentiers de randonnée sont accessibles en bus et la rive nord du lac offre une belle vue sur le mont Fuji.

Sai-ko Juste à l'ouest du Kawaguchi-ko, ce lac plus calme constitue le point de départ des excursions aux grottes formées par d'anciennes coulées de lave et dans la forêt d'**Aokigahara**. Un sentier plat de 3 km à travers cette dernière relie deux grottes, Sai-ko Komoriana et Fugaku Fukestu.

Plus à l'ouest se trouvent le **Shoji-ko** (le plus petit des lacs) et le **Motosu-ko** (le plus profond). Ce coin paisible ne compte que quelques petits hôtels et campings, dont beaucoup louent des canoës ou kayaks en été. Si la baignade est interdite dans tous les lacs, en raison des températures extrêmement froides juste sous la surface, le Shoji-ko possède une petite plage de sable où l'on peut tremper ses orteils.

Le mont Fuji se reflète superbement sur le Shoji-ko et le Motosu-ko ; la vue qu'offre la rive nord-ouest de Motosu-ko est représentée au dos du billet de 1 000 ¥.

Yamanaka-ko Le plus grand lac se trouve à l'est du Kawaguchi-ko. Ses rives sont très construites, en particulier sa rive sud. Il est intéressant de louer un vélo pour parcourir les 14 km de piste cyclable qui entourent le lac.

Les plus belles randonnées

Panorama-dai (1 328 m) Courte randonnée (6 km) pour tout niveau, avec vue imprenable sur le Fuji à l'arrivée. Le sentier part de l'arrêt de bus Panorama-dai-shita, sur la rive du Shoji-ko.

Koyo-dai (1 165 m) Randonnée sur terrain vallonné d'une demi-journée (12 km), avec vues sur le Fuji, le Sai-ko et Aokigahara. Encore plus spectaculaire sous les couleurs automnales. Arrêt de bus le plus proche : Koyo-dai-iriguchi.

Mitsutoge-yama (1 785 m) Randonnée prisée à travers une jolie forêt de feuillus indigènes, avec vue sur le Fuji et le Kawaguchi-ko depuis le sommet. Plusieurs sentiers, dont un qui part de la plateforme panoramique du mont Fuji, permettent d'adapter l'itinéraire selon son niveau.

10 Un avant-goût du Fuji à HAKONE

DÉTENTE | MUSÉES | BAINS

Paisibles *onsen*, musées d'art de classe internationale, auberges traditionnelles et paysages de montagne dominés par le Fujisan : la région de Hakone a tout d'une escapade idyllique non loin de Tokyo.

OLUOLU3 / ISTOCK ©

En pratique

Quand L'endroit est très fréquenté, en particulier les week-ends et jours fériés. Pour éviter la foule, planifiez votre excursion en semaine.

Circuler La région de Hakone séduit les voyageurs par la variété de ses *norimono* (modes de transport) : ligne ferroviaire à voie étroite (depuis Hakone-Yumoto jusqu'à Gora), funiculaire, téléphérique, bateau et bus. Pour plus d'informations, consultez www.odakyu.jp/english/sightseeing/hakone.

TANYA JONES / SHUTTERSTOCK ©

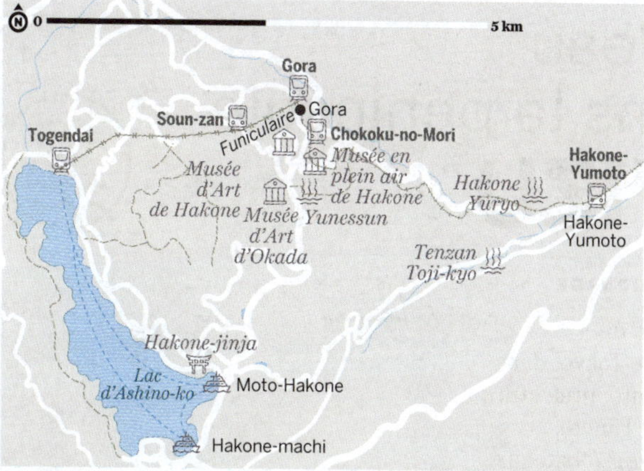

Les étapes

Miyanoshita et Kowakidani Première étape intéressante sur la ligne ferroviaire Hakone-Tozan en direction de Gora, Miyanoshita réunit des magasins d'antiquités, de bons restaurants (p. 97) et un sentier de randonnée. Seconde halte notable, Kowakidani associe l'attrait d'un *onsen*, **Yunessun** (p. 95), à celui de l'impressionnant **musée d'Art d'Okada** (p. 94).

Chokoku-no-Mori et Gora Faites étape à Chokoku-no-Mori pour visiter le **musée en plein air de Hakone** (p. 95), l'une des curiosités majeures de la région. Un superbe jardin vaut aussi le détour dans le petit **musée d'Art de Hakone** (p. 94). Un arrêt plus loin, la ligne Hakone-Tozan s'achève à Gora, petite communauté de montagne de caractère et point de départ du funiculaire pour Togendai.

Soun-zan et Ashino-ko C'est à Soun-zan, sur les hauteurs, que le funiculaire de Hakone rejoint le téléphérique de Hakone, qui fend les airs au-dessus de la remarquable (et malodorante) vallée volcanique d'Owakudani avant de poursuivre son chemin jusqu'à Ashino-ko. Situé entre Togendai, Hakone-machi et Moto-Hakone, le lac d'**Ashino-ko** est présenté comme le premier site touristique de Hakone. Le reflet du Fuji constitue l'essentiel de la poésie du lieu. Un agréable sentier aux environs du lac le contourne jusqu'au **Hakone-jinja** (9h-16h), sanctuaire connu pour son torii qui émerge des eaux.

Hakone-machi et Moto-Hakone Les bateaux touristiques kitsch sur l'Ashino-ko vous déposeront dans une de ces deux localités, aussi riches sur le plan historique que prisées des visiteurs.

En haut à gauche Lac d'Ashino-ko, Hakone-jinja et mont Fuji
En bas à gauche La route du mont Komagatake à Hakone

Les meilleurs onsen

Hakone-Yumoto Onsen Cette station thermale, sur les deux rives de la Sokomo-gawa, est le point de départ de la plupart des visites de Hakone. Ses *onsen* de qualité ont contribué à sa renommée.

Tenzan Toji-kyo (p. 95) Son paisible *rotemburo* (bain extérieur) affiche des bains à différentes températures et dans des cadres variés (notamment dans une reconstitution de grotte naturelle, réservée aux femmes).

Hakone Yuryo (p. 95) Relaxez-vous dans le vaste *rotemburo* sous les arbres de ce centre idyllique niché dans la forêt, ou réservez un bain privé. Vous pourrez aussi y déjeuner avant ou après le bain (forfait repas et *onsen* 2 500 ¥). Tatouages interdits.

11 À l'eau dans la péninsule D'IZU

SOURCES THERMALES | BAIGNADE

C'est à une centaine de kilomètres au sud-ouest de Tokyo, dans la péninsule d'Izu (Izu-hanto, préfecture de Shizuoka), que jetèrent l'ancre, en 1854, les fameux *kurofune* ("bateaux noirs") du commodore américain Perry. Aujourd'hui, ce sont l'ambiance décontractée, les sources thermales, le littoral accidenté et sa vue sur le mont Fuji depuis la côte ouest qui attirent.

En pratique

S'y rendre Les trains JR de la ligne Tokaido (*shinkansen* Kodama 4 270 ¥, 46 minutes ; train touristique Odoriko 3 800 ¥, 1 heure 15 ; kaisoku 1 980 ¥, 1 heure 30) relient la gare de Tokyo à Atami. L'express limité (*tokkyu*) JR Odoriko relie la gare de Tokyo à Ito (4 600 ¥, 1 heure 40). Ito est reliée à Atami par la ligne JR Ito (330 ¥, 22 minutes).

Conseil Vous pourrez admirer confortablement le littoral escarpé en vous plaçant côté fenêtre, à gauche, dans les trains venant de Tokyo.

Stations balnéaires et thermales **Atami** est à la fois la porte d'entrée de la péninsule et sa plus grande agglomération. Même si son cadre pittoresque sur la baie a souffert de la prolifération urbaine dans les années 1980, elle offre largement de quoi se détendre. Avec ses constructions basses, **Ito** compte quelques *onsen* notables (p. 95). Au sud d'Ito, les falaises volcaniques de la côte de **Jogasaki-kaigan** sont l'une des plus belles portions du littoral d'Izu, à parcourir sur un sentier d'environ 6,5 km. L'ambiance sympathique du petit port de **Shimoda**

En haut à droite Falaises Jogasaki-kaigan
En bas à droite Surfeurs à Shimoda

DK PHOTOGRAPHY / STOCK.ADOBE.COM ©

GETTY IMAGES

Surf À Shimoda

Les plages autour de Shimoda comptent parmi les meilleurs spots du Japon. De juin à septembre, la beauté des vagues draine encore plus de surfeurs que le reste de l'année. Spot le plus couru pour son break constant, Shirahama attire la foule en été. Juste au sud de Shimoda, les plages de Kisami sont parmi les plus belles. Celle d'Ohama présente la plus vaste étendue de sable et des vagues constantes. Celle d'Irita est parfaite quand les rouleaux viennent du sud. Malgré tout, les vagues les plus constantes de la péninsule baignent la plage de Tatado. Location de planches à Shirahama et Kisami. (p. 96)

se prête à la découverte des plages environnantes, parmi les plus belles de la péninsule. À 5 km au nord de Shimoda, la séduisante cité balnéaire de **Shirahama** ("plage de sable blanc") draine une foule d'étudiants l'été. **Kisami**, décontractée à souhait, est connue pour la longue plage d'Ohama, un spot de surf réputé. **Shuzen-ji Onsen**, une pittoresque localité thermale, se niche à l'intérieur des terres, dans une luxuriante vallée traversée par le Katsuragawa, et compte des *ryokan* avec *onsen* parmi les plus raffinés du Japon.

12 Calme et sérénité à KAMAKURA

TEMPLES | BOUDDHISME | NATURE

L'âge d'or de la première capitale féodale du pays (1185-1333) a coïncidé avec l'expansion du bouddhisme zen au Japon, et le grand nombre de temples que l'on y trouve encore témoigne de ce riche passé. Une atmosphère simple et décontractée émane aujourd'hui de la ville.

En pratique

S'y rendre Kamakura est à environ 1 heure de la gare de Tokyo, via la ligne JR Yokosuka, ou la ligne Shonan Shinjuku au départ de Shinjuku ou Shibuya.

Circuler La plupart des temples et sanctuaires se trouvent autour des gares de Kamakura et Kita-Kamakura.

Se restaurer Kamakura a un vaste choix de restaurants et cafés, dont plusieurs végétariens.

Double attrait En été, installez-vous sur la plage de Kamakura, Yuigahama, et commandez plats et boissons dans les paillotes.

Visites de temples

Parmi les bouddhas Le **Daibutsu** (p. 94) est le monument le plus célèbre de Kamakura. C'est une statue en bronze du Bouddha Amida (Amitabha en sanskrit) qui se dresse dans le Kotoku-in, temple du courant bouddhiste Jodo. Coulé après une visite de Yoritomo à Nara (où s'élève le plus grand Daibutsu du Japon) à la suite de la victoire du clan Minamoto sur le clan Taira, ce bronze de 1252 mesure 11,4 m de haut. Le pavillon gigantesque qui l'abritait ayant été détruit par un tsunami en 1498, il a depuis pris place à l'extérieur. L'intérieur de ce bouddha de 850 tonnes se visite moyennant un supplément de 20 ¥, ce qui permet d'observer les techniques d'assemblage des différentes parties. Fondé en 1253 et toujours en activité, le **Kencho-ji** (p. 94) est le plus

Ci-contre à gauche Hase-dera
Ci-contre en bas Statues de Jizo

ancien temple d'obédience zen du Japon. Au centre, le Butsuden (pavillon du Bouddha) fut apporté morceau par morceau de Tokyo en 1647. Sa statue de Jizo Bosatsu, inhabituelle dans un temple zen, rappelle que la vallée fut autrefois un lieu d'exécution – Jizo console les âmes perdues. Remarquez aussi la cloche fondue en 1253 (un Trésor national) et le bosquet de genévriers, dont la plantation remonterait au fondateur du Kencho-ji, revenu de Chine il y a sept siècles avec des graines. Parmi les temples les plus connus de la région, **Hase-dera** (p. 94), sanctuaire de l'école Jodo, abrite une statue en bois haute de 9 m, représentant un bodhisattva aussi aimé que Jizo, Kannon Juichimen (Kannon aux onze visages). Ce bodhisattva de l'Infinie Compassion aurait échoué sur le rivage près de Kamakura, d'où la construction du temple, en 736, pour en conserver l'effigie.

Chemin de randonnée du Daibutsu

Ce sentier boisé de 3 km relie Kita-Kamakura au **Daibutsu** (p. 94), à Hase (comptez environ 1 heure 30). En chemin, vous passerez devant plusieurs petits temples paisibles et autres lieux sacrés. La randonnée part de l'escalier en haut de la ruelle qui donne sur le joli **Jochi-ji**, à quelques minutes du **Tokei-ji** (ci-contre). On y pénètre près du **Zeniarai-benten** par une sorte de grotte, qui mène au sanctuaire, où les visiteurs plongent de l'argent dans une source naturelle dans l'espoir de devenir riches. Si vous couvrez la randonnée en sens inverse, suivez la route au-delà du Daibutsu et vous verrez le départ du sentier sur la droite, juste avant un tunnel.

Méditation zen

Le Kencho-ji (p. 94) propose des séances ouvertes de zazen (méditation assise, pratique du bouddhisme zen) adaptées aux débutants. Les consignes sont données en japonais, mais vous vous en sortirez très bien en observant vos voisins. Renseignez-vous sur le site du temple pour connaître les dates et les horaires.

F1PHOTO / STOCK.ADOBE.COM ©

Se recueillir Le sanctuaire le plus important de Kamakura, **Tsurugaoka Hachiman-gu** (p. 95), est consacré à Hachiman, le dieu de la Guerre. Minamoto no Yoritomo lui-même ordonna sa construction en 1191 et dessina la promenade centrale bordée de pins reliant le sanctuaire à la côte. Les symboles historiques abondent dans ses vastes jardins : le bassin Gempei, entrecoupé de ponts, symboliserait la division entre les clans Minamoto (Genji) et Taira (Heike). Fondé en 1282 afin que les moines puissent prier pour les soldats japonais tombés face aux troupes mongoles de Kubilaï Khan, l'**Engaku-ji** (p. 94) est l'un des cinq grands temples zen de l'école Rinzai de Kamakura. De tous les édifices du temple, reconstruits au fil du temps, le plus ancien reste le Shariden, un reliquaire de style Song datant du XVIe siècle – il renfermerait une dent du Bouddha. Au sommet d'une série de marches, la cloche de l'Engaku-ji, la plus grosse de Kamakura, fut fondue en 1301.

La fondation du **Sugimoto-dera** (p. 95), en 734, désigne ce petit temple comme le plus ancien à Kamakura. Gravissez les marches abruptes jusqu'aux divinités gardiennes, d'aspect féroce, et aux statues de Kannon.

CI-CONTRE : E185RPM / STOCK.ADOBE.COM ©, À GAUCHE : MANUEL / STOCK.ADOBE.COM ©

Ci-contre à gauche Kencho-ji (pavillon du Bouddha)
Ci-dessus en haut Daibutsu
Ci-dessus en bas Tsurugaoka Hachiman-gu

Carnet d'adresses

Les grands classiques (voir p. 78)

Archives de Yokohama

(045-201-2100 ; www.kaikou.city.yokohama.jp ; 3 Nihon-odori, Naka-ku ; adulte/enfant 200/100 ¥ ; 9h30-17h mar-dim ; M Nihon-odori).

Espaces verts et belles vues

Forêt d'Aokigahara

Cette forêt mixte moussue a poussé sur un plateau de lave formé à la suite d'une éruption du mont Fuji au IXe siècle. Ne vous éloignez pas du sentier ; il est très facile de se perdre.

Komi-koen

Pique-niquez ou laissez vos enfants gambader sur cette étendue herbeuse de la rive sud-ouest du lac Kawaguchi-ko.

Churei-to

À quelques pas de la gare de Shimo-Yoshida, cette pagode à cinq niveaux, avec le mont Fuji en arrière-plan, est très photographiée.

Plateforme panoramique du mont Fuji

Le sommet du Tenjo-yama (1 104 m), montagne qui domine le Kawaguchi-ko, offre une excellente vue sur le Fuji. On y accède en téléphérique (téléphérique de Kachi-Kachi Yama ; www.kachikachiyama-ropeway.com ; 1163-1 Azagawa ; aller simple/aller-retour tarif plein 450/800 ¥, enfant 230/400 ¥ ; 9h-17h) ou par un sentier de randonnée (2 à 3 heures aller-retour).

Musées, temples et sanctuaires

Daibutsu

Voir p. 91. (0467-22-0703 ; www.kotoku-in.jp ; Kotoku-in, 4-2-28 Hase ; adulte/enfant 200/150 ¥ ; 8h-17h30 avr-sept, 8h-17h oct-nov)

Engaku-ji

Voir p. 93. (0467-22-0478 ; www.engakuji.or.jp ; 409 Yamanouchi ; adulte/enfant 300/100 ¥ ; 8h-16h30 mars-nov, 8h-16h déc-fév)

Fujisan World Heritage Center

Les installations interactives de ce centre d'accueil des visiteurs (gratuit), près du Kawaguchi-ko, présentent l'histoire spirituelle et géologique du Fuji. (0555-72-5502 ; www.fujisan-whc.jp ; 6663-1 Funatsu ; tarif plein/enfant 420 ¥/gratuit ; 8h30-17h, jusqu'à 18h ou 19h en haute saison, fermé le 4e mar du mois)

Fuji Sengen-jinja

Les pèlerinages au mont Fuji commencent par une visite de ce sanctuaire historique de Fuji-Yoshida. (0555-22-0221 ; www.sengenjinja.jp ; 5558 Kami-Yoshida ; jardins 24h/24, accueil 9h-17h) GRATUIT

Hase-dera

Voir p. 92. (0467-22-6300 ; www.hasedera.jp ; 3-11-2 Hase ; adulte/enfant 300/100 ¥ ; 8h-17h mars-sept, 8h-16h30 oct-fév)

Kencho-ji

Voir p. 91. (www.kenchoji.com ; 8 Yamanouchi ; adulte/enfant 300/100 ¥ ; 8h30-16h30)

Musée d'Art d'Okada

Minutieuses peintures sur paravent et poteries délicates, dont la découverte est rendue intéressante par les installations interactives multilingues. Jardin luxuriant assorti d'un petit bois à flanc de colline et source chaude où se délasser les pieds avant d'aller déguster un café. En face de l'arrêt de bus Kowakien. (0460-87-3931 ; www.okada-museum.com ; 483-1 Kowakidani ; tarif plein/réduit 2 800/1 800 ¥ ; 9h-17h)

Musée d'Art de Hakone

Certaines des céramiques exposées dans ce petit musée remontent à l'ère Jomon (il y a quelque 5 000 ans), mais c'est son superbe jardin couvert de mousses qui concentre tous les regards. Maison de thé (matcha et pâtisserie pour 700 ¥). Juste en face de la station Koenkami du funiculaire. (☎0460-82-2623 ; www.moaart.or.jp/hakone ; 1300 Gora ; adulte/enfant 900 ¥/gratuit ; ⏲9h30-16h30 ven-mer, 9h30-16h en hiver)

Musée en plein air de Hakone

La collection rassemblée par l'industriel Kazuo Okada est consacrée à l'art japonais, chinois et coréen. (☎0460-82-1161 ; www.hakone-oam.or.jp ; 1121 Ninotaira ; adulte/enfant 1 600/800 ¥ ; ⏲9h-17h)

Sugimoto-dera

Voir p. 93. (sugimotodera.com ; 903 Nikaido ; adulte/enfant 200/100 ¥ ; ⏲8h-16h30)

Togawa-ke Oshi-no-ie (auberge de pèlerins restaurée)

À l'apogée du culte du mont Fuji à l'ère Edo (1603-1868), Fuji-Yoshida abondait en auberges comme celle-ci, depuis transformée en petit musée. (3-14-8 Kami-Yoshida ; tarif plein/enfant 100/50 ¥ ; ⏲9h30-16h30, fermé mar)

Tsurugaoka Hachiman-gu

Voir p. 93. (www.tsurugaoka-hachimangu.jp ; 2-1-31 Yukinoshita ; ⏲5h-20h30 avr-sept, à partir de 6h oct-mars) GRATUIT

♨ Onsen

Benifuji-no-yu

Ensemble thermal avec divers bains intérieurs et extérieurs, saunas et magnifique vue sur le Fuji, près du Yamanaka-ko. Tatouages interdits. (☎0555-20-2700 ; www.benifuji.co.jp ; 865-776 Yamanaka, Yamanaka-ko ; tarif plein/étudiant/enfant 800/600/300 ¥ ; ⏲10h-21h fermé mar)

Fuji Chobo-no-yu Yurari

Bains intérieurs et extérieurs, donnant sur le Fuji et privatisables (moyennant un supplément) pour certains. Sur la route principale, au sud du Sai-ko. Tatouages interdits. (☎0555-85-3126 ; www.fuji-yurari.jp ; 8532-5 Narusawa ; lun-ven/sam-dim 1 300/1 500 ¥ avec location de serviette ; ⏲10h-21h lun-ven, 10h-22h sam-dim et jours fériés)

TSUCHI/SHUTTERSTOCK ©
Forêt d'Aokigahara

Hakone Yuryo

Voir p. 87. (☎0460-85-8411 ; www.hakoneyuryo.jp ; 4 Tonosawa ; adulte/enfant 1 400/700 ¥, bain privé à partir de 4 000 ¥ ; ⏲10h-21h lun-ven, 10h-22h sam-dim)

Ryokufuen

Goûtez à la tranquillité de ce *rotemburo* avec sa cascade au milieu des rochers sous un dais d'arbres, non loin du sanctuaire d'Otonashi. (☎37-1885 ; www.ryokufuen.com ; 3-1 Otonashi-Cho ; 1 000 ¥ ; ⏲13h30-22h)

Tenzan Toji-kyo

Voir p. 87. (☎0460-86-4126 ; www.tenzan.jp ; 208 Yumoto-chaya ; adulte/enfant 1 300/650 ¥ ; ⏲9h-22h)

Yokikan

Perché sur le toit d'un hôtel, un *rotemburo* uniquement accessible par le funiculaire maison, hors d'âge. Mixtes, les bains ont une vue plongeante sur la ville d'Ito et la mer. Tatouages discrets tolérés. (☎0557-37-3101 ; www.yokikan.co.jp ; 2-24 Suehiro-cho ; 1 000 ¥ ; ⏲11h-15h)

Yunessun Onsen

Cet ensemble moderne axé sur une clientèle familiale tient plus du parc de loisirs que de l'*onsen*, avec ses toboggans et son choix de bains (notamment au café, au thé vert et même au saké !), ainsi que ses piscines extérieures évoquant un centre sportif d'antan. Bains mixtes, prévoyez un maillot. En revanche, dans le Mori-no-Yu attenant (11h-20h), hommes et femmes sont séparés. (www.yunessun.com ; 1297 Ninotaira ; Yunessun adulte/enfant 2 900/1 600 ¥, Mori-no-Yu adulte/enfant 1 900/1 200 ¥, les deux 4 100/2 100 ¥ ; 9h-19h mars-oct, 9h-18h nov-fév)

Activités et loisirs

Fuji-Q Highland

L'un des meilleurs parcs d'attractions du Japon, en particulier si l'on aime les montagnes russes. Il possède sa propre gare, un arrêt à l'ouest de la gare Fujisan. (www.fujiq.jp ; 5-6-1 Shin-Nishihara ; forfaits journaliers tarif plein/enfant 5 700/4 300 ¥ ; 9h-17h lun-ven, 9h-20h sam-dim)

Fujiten Snow Resort

Petite station appréciée des familles (espace de luge et de jeux pour les enfants) sur les contreforts nord du Fuji, aux pistes donnant sur celui-ci. (☎0555-85-2000 ; www.fujiten.net ; 8545-1 Fujisan, Narusawa-mura ; forfait remontées tarif plein/réduit 4 800/3 800 ¥/jour ; 8h30-17h lun-ven, 8h-17h sam-dim mi-déc à déb avr)

Real

Location de planches, cours de surf et de stand-up paddle à Ohama. Le site contient quantité d'informations en anglais sur les spots locaux. Boutique. (☎0558-27-0771 ; www.realsurf.jp ; 1612-1 Kisami ; location de planche 4 000 ¥, cours de 1 heure 30 9 720 ¥ ; 10h-19h)

Shirahama Mariner

Cette école de surf, en front de plage, loue des planches et assure des cours ; sa boutique attenante vend matériel et magazines. (☎0558-22-6002 ; www.mariner.co.jp ; 2752-16 Shirahama ; location de planche 1 000-4 000 ¥, cours à partir de 9 000 ¥ ; 9h-21h)

Pensions et campings

Hitsuki Guesthouse ¥

Plus de quatre fois centenaire, cette auberge de pèlerins de Fuji-Yoshida a été réaménagée en pension par son propriétaire de la 18e génération. (☎080-1525-9125 ; hitsukiguesthouse@gmail.com ; 7-12-16 Kami-Yoshida ; ch à partir de 4 000 ¥/pers ;)

K's House Mt Fuji ¥

Pension simple mais confortable du Kawaguchi-ko, où rencontrer des randonneurs et échanger des informations. Anglais parlé. (☎0555-83-5556 ; www.kshouse.jp ; 6713-108 Funatsu ; dort à partir de 2 500 ¥, d avec/sans sdb à partir de 8 800/7 200 ¥ ; P @)

Koan ¥

Camping décontracté au bord du pittoresque Motosu-ko. Pas de réservation nécessaire, mais consultez la page d'accueil avant d'y aller. (☎0556-38-0117 ; www.kouan-motosuko.com ; 2926 Nakanokura ; empl 600 ¥/pers, emplacement de tente 1 000 ¥, bungalow 6 places à partir de 17 280 ¥ ; P)

Plats traditionnels

Sakurada Udon ¥

Goûtez aux "*udon de Yoshida*" dans ce restaurant sans prétention (mais réputé).

SMOLAW/SHUTTERSTOCK ©

Fujiten Snow Resort

Dans la rue principale de Fuji-Yoshida. (☎0555-22-2797 ; 5-1-33 Shimo-Yoshida ; nouilles 350 ¥ ; ⏰10h-14h lun-sam)

Tenka-chaya ¥¥

Dans les montagnes qui dominent le Kawaguchi-ko, donnant sur le Fuji, ce restaurant établi de longue date sert un *hoto* aux champignons locaux. (☎0555-76-6659 ; www.tenkachaya.jp ; 2739 Kawaguchi ; ⏰10h-17h)

Hoto Fudo ¥¥

Cette enseigne, dont une succursale est installée en face de la gare Kawaguchi-ko, sert son *hoto* dans un bouillon épaissi avec de la patate douce et du potiron. (☎0555-72-8511 ; www.houtou-fudou.jp ; 707 Kawaguchi ; hoto 1 080 ¥ ; ⏰11h-19h)

Miyafuji

Un restaurant de sushis accueillant, réputé pour ses *aji-don* (truite de rivière sur du riz). ☎0460-82-2139 ; www.miyanoshita.com/miyafuji ; 310 Miyanoshita ; repas à partir de 1 680 ¥ ; ⏰11h30-15h et 17h30-20h ven-mer)

Sanrokuen ¥¥

Grillez vos brochettes au-dessus d'un *irori* (foyer traditionnel au charbon) dans un vieux bâtiment au toit de chaume. Réservation recommandée. Au Kawaguchi-ko. (☎0555-73-1000 ; 3370-1 Funatsu ; menus prix fixes 2 160-4 320 ¥ ; ⏰11h-19h30 ven-mer)

Yamagusuri

Une adresse prisée pour ses menus sains et nourrissants, avec du *tororo* (igname râpée) à saupoudrer sur l'orge et le riz. La salle donne sur la gorge boisée en contrebas. (☎0460-82-1066 ; 224 Miyanoshita ; repas 2 300 ¥ ; ⏰7h-20h)

Saké, souvenirs et marchés

Brasserie Ide Sake

Réservez une visite en anglais de cette brasserie du Kawaguchi-ko établie de longue date (21 générations !), qui utilise l'eau de source du Fuji. (☎0555-72-0006 ; www.kainokaiun.jp ; 8 Funatsu ; visites 500 ¥)

Michi-no-Eki Fuji-Yoshida

Halte routière avec marché de producteurs, artisanat local et autres souvenirs. Excellentes glaces également. Entre les lacs Kawaguchi-ko et Yamanaka-ko.

Guides de randonnée

Fuji Mountain Guides

Randonnées sur le sentier Subashiri, privées ou en groupe, avec des guides bilingues professionnels expérimentés. Transport depuis Tokyo et nuit en refuge compris. Matériel à louer. (☎042-445-0798 ; www.fujimountainguides.com ; circuits de 2 jours au mont Fuji à partir de 49 500 ¥/pers)

Fujiyama Guides

Grimpez le mont Fuji à votre rythme, sur deux ou trois jours, avec un guide de montagne privé, certifié, anglophone et versé dans la culture locale. (☎0555-23-7554 ; www.fujiyamaguides.com ; circuit 2 jours 1/2 pers à partir de 84 000/92 000 ¥, circuit 3 jours 149 000/156 000 ¥)

SORA no SHITA Kawaguchiko

Matériel de randonnée et vélos à louer, bagagerie, souvenirs cool et matériel d'occasion à acheter. Près de la gare Kawaguchi-ko. (☎080-5882-8850 ; soranoshita.net/kawaguchiko ; 3631-2 Funatsu ; ⏰9h-18h)

Refuges

Fujisan Hotel ¥

Voir p. 83. (☎fin juin-début sept 0555-24-6512, réservations 055-22-0237 ; www.fujisanhotel.com ; avec/sans 2 repas à partir de 8 350/5 950 ¥/pers ; ⊖)

Taishikan ¥

Voir p. 83. (☎0555-22-1947 ; www.mfi.or.jp/w3/home0/taisikan ; avec 2 repas à partir de 8 500 ¥ par pers)

ALPES JAPONAISES CENTRALES

PLEIN AIR | RANDONNÉE | HISTOIRE

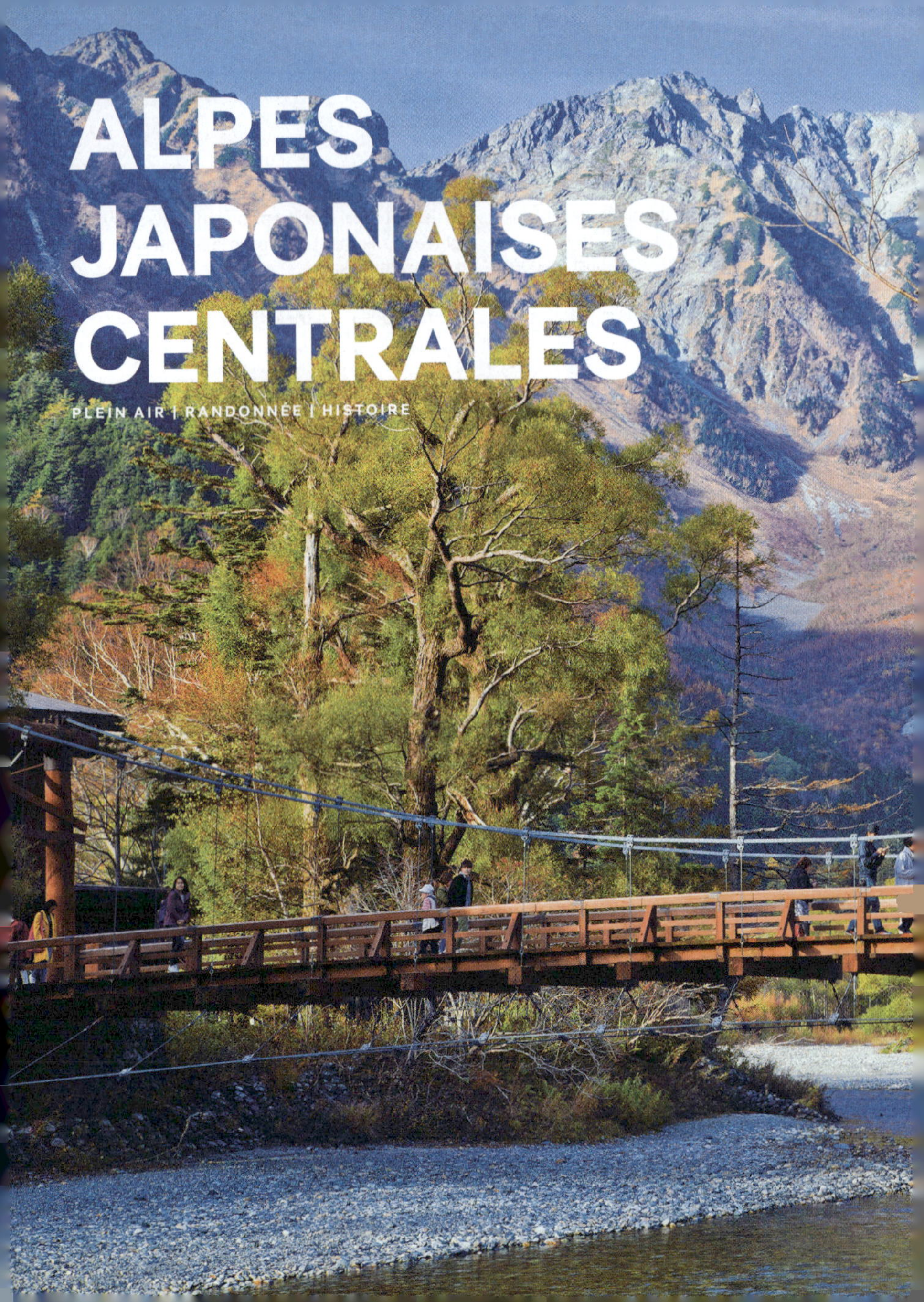

ALPES JAPONAISES CENTRALES
à la carte

Quittez l'agitation urbaine pour partir à l'aventure : vous apprécierez la beauté séculaire du Japon en empruntant des sentiers forestiers anciens, en escaladant les montagnes et en traversant des villages de l'ère Edo.

Toyama-wan
Uozu
Toyama
Tateyama
Kuronagi Onsen
Admirez les feuilles d'automne et les ravins à bord du **train des gorges de Kurobe** (p. 118).
1 jour
Hakuba
Obuse
Nagano
Parc national de Chubu-Sangaku
Shinano-omachi
Ueda
Azumino
Kamikochi
Randonnez dans les montagnes, campez dans les prairies et assistez à la fête des bateaux du sanctuaire Hotaka à **Kamikochi** (p. 110).
2-4 jours
Hida
Matsumoto
Takayama
Shiojiri
Suwa
Dégustez des sakés de premier choix dans le **quartier Sanmachi-suji** de Takayama (p. 106).
½ journée
Narai
Yabuhara
Suivez les pas des voyageurs d'antan sur le **Nakasendo** (p. 108).
1 jour
Nagiso
Tsumago
Magome
Nakatsugawa
Iida
Échappez au monde moderne dans les villes relais de l'ère Edo **Magome** et **Tsumago** (p. 108).
1 jour

Informations pratiques

WIRE DOG/SHUTTERSTOCK ©

À L'ARRIVÉE

Aéroport international du Chubu Rejoignez le centre de Nagoya en bus (1 200 ¥, 1 heure 20) ou en train (1 230 ¥, 30 minutes). Achetez vos billets en arrivant (pas de réservation). Le bus vous conduit à la gare routière Meitetsu, où vous pouvez prendre un bus autoroutier. Le train arrive à la gare ferroviaire Meitetsu, reliée au réseau JR.

Gare JR de Nagoya Des trains express et des *shinkansen* (trains à grande vitesse) desservent les Alpes japonaises.

BUDGET

Un menu
1 500 ¥

Un café
500 ¥

Bouteille de saké
2 000 ¥

QUAND Y ALLER

MARS-MAI
Réouverture des parcs nationaux en avril ; cerisiers en fleur à partir de fin mars.

JUIN-AOÛT
Climat tempéré idéal pour les activités de plein air ; affluence à la fin de l'été.

SEPT-NOV
Temps agréable avec brise fraîche ; feuillage automnal à partir de fin octobre.

DÉC-FÉV
Chutes de neige abondantes à partir de fin décembre ; haute saison touristique à Shirakawa-go.

COMMENT CIRCULER

Train Un moyen rapide de voyager entre les préfectures. On trouve les horaires en ligne et une place est généralement garantie. Cependant, les trains peuvent être moins fréquents dans les zones plus rurales et vous devrez marcher un peu.

Autocars Les bus peuvent souvent vous emmener jusqu'à votre destination. C'est le meilleur moyen de gagner Shirakawa-go et Kamikochi. Les places ne pouvant être réservées, arrivez tôt.

Marche Vous devrez marcher un peu entre les gares, les arrêts de bus et votre destination. Prévoyez suffisamment de temps pour le trajet retour, car les transports publics partent à l'heure tapante.

SE RESTAURER ET PRENDRE UN VERRE

Takayama Le paradis culinaire des Alpes japonaises, où déguster du bœuf de Hida superbement marbré, suivi d'un exquis saké local. Gardez de la place pour les délicieuses spécialités de rue de toutes sortes.

Yaki-zakana Le *yaki-zakana* (poisson grillé) est un plat courant dans la région. Il est servi entier, avec la tête. De nombreux restaurants traditionnels grillent les poissons sur des brochettes plantées autour d'un *irori* (foyer), leur donnant une saveur boisée et carbonisée.

Cuisine de rue à goûter absolument
Hida Kotte-ushi (p. 121)

Meilleurs soba
Keiseian (p. 121)

SE CONNECTER ET S'ORIENTER

Wi-Fi Gratuit dans les gares et la plupart des sites touristiques. Pour rester connecté, louez un routeur Wi-Fi portable ou achetez une carte SIM à l'aéroport ou sur japan-wireless.com.

Orientation Consultez horaires de transport et itinéraires de marche détaillés sur Google Maps. On trouve aussi de grandes cartes un peu partout en ville.

FORFAIT TRANSPORTS RÉGIONAUX

Profitez de trajets illimités pendant 5 jours sur le réseau JR avec l'Alpine-Takayama-Matsumoto Area Tourist Pass (18 850 ¥ ; touristpass.jp/en), vendu dans les agences de voyages et les grandes gares JR.

OÙ LOGER

Séjournez dans des localités accessibles pour vous éviter de multiplier les hôtels.

Localité	Pour/contre
Nagoya	Grand centre de transports. Hôtels et pensions pour tous les budgets.
Takayama	Accessible depuis Nagoya. Bonne base pour gagner Shirakawa-go et Gokayama en bus.
Kamikochi	Le parc national comprend campings, gîtes et hôtels.
Shirakawa-go	Pour une expérience rurale unique, séjournez dans une maison au toit de chaume *gassho-zukuri*.
Magome ou Tsumago	Pour une halte sur le Nakasendo.

ARGENT

Dans les zones rurales, les magasins acceptent rarement les cartes. Ayez toujours sur vous au moins 10 000 ¥ en espèces. Billets à prix réduit et forfaits de transport sont proposés dans les centres d'accueil des visiteurs.

Les grands classiques

Pour les infos pratiques de chaque site, reportez-vous au carnet d'adresses p. 120.

Matsumoto-jo

Situé dans la ville du même nom, le plus ancien château en bois du Japon est l'un des quatre édifices du genre classés Trésors nationaux. Son étonnant donjon noir et blanc à trois tourelles, achevé vers 1595, lui valut le surnom de *Karasu-jo* (château du Corbeau). Un escalier raide conduit au sommet, offrant une vue superbe et présentant des objets historiques à chaque étage. Ne manquez pas le *tsukimi yagura* (pavillon d'observation de la Lune).

PIUS LEE/SHUTTERSTOCK ©

Shin-Hotaka Onsen

Cette ravissante station thermale assoupie est célèbre pour son téléphérique – il serait le plus long du Japon –, ses vastes *rotemburo* et sa poignée d'hébergements féeriques. De la station basse (1 308 m), le téléphérique vous mène à 2 156 m sur les flancs du mont Nishihotaka. De là, le panorama est époustouflant.

NONCHANON/ISTOCK ©

Kenroku-en

Situé à Kanazawa, une riche cité féodale et un des centres culturels du pays au XVIIe siècle, Kenroku-en est l'un des plus beaux jardins du Japon. Ce parc paysager de la période d'Edo dont le nom *kenroku* signifie "les six combinés", car il possède les six attributs de la perfection, fut amélioré des années 1620 aux années 1840.

JOAQUIN OSSORIO-CASTILLO/ISTOCK ©

PHUONG D. NGUYEN/SHUTTERSTOCK ©

Zenko-ji

Fondé au VIIe siècle, ce temple de Nagano abrite la première représentation du Bouddha qui aurait été introduite au Japon en 552. L'immense popularité du Zenko-ji vient en partie du fait qu'il accueille de longue date des pèlerins de toutes obédiences. Le bâtiment actuel date de 1707 et fait partie des Trésors nationaux.

Togakushi

Située à haute altitude au nord-ouest de la ville de Nagano, la région de Togakushi est connue de longue date des fidèles shintoïstes, qui viennent prier au Togakushi-jinja. Si la plupart des visiteurs aujourd'hui sont encore des pèlerins, cette jolie région couverte de cédraies est appréciée des randonneurs.

THIRAWATANA PHAISALRATANA/ISTOCK ©

HACHI888/SHUTTERSTOCK ©

La route alpine Tateyama-Kurobe

Ouverte de mi-avril à novembre, cette route de 90 km relie Tateyama à Shinano-omachi en traversant des paysages de toute beauté, alternant montagnes, gorges et sources chaudes. Composée de neuf sections, elle se parcourt grâce à différents modes de transport, qu'il est conseillé de réserver.

13 Éveil des sens à TAKAYAMA

SAKÉ | CUISINE | ARTISANAT

Qu'est-ce qui fait un bon saké ? Takayama, la Terre sainte du saké, vous invite à venir le découvrir. Le vin de riz y est produit depuis des centaines d'années. Une promenade dans la ville comblera vos sens de bien d'autres manières. Voici quelques idées de ce qu'il faut voir, goûter et toucher.

© KAPI NG/SHUTTERSTOCK

En pratique

S'y rendre Takayama est facilement accessible depuis le Kansai (Nagoya, Kyoto, Osaka) sur la ligne JR Hida (express limité). Si vous venez de Tokyo, un JR Pass (33 610 ¥) est recommandé.

Quand Les amateurs de saké ne manqueront pas le festival de Nombe, en mars, pour enchaîner les dégustations.

Sanmachi-suji Ce joli quartier constitué de trois rues principales (Ichino-machi, Nino-machi et Sanno-machi) réunit la plupart des brasseries, des magasins et des bâtiments historiques de l'ère Edo.

© ITHITMHA/SHUTTERSTOCK

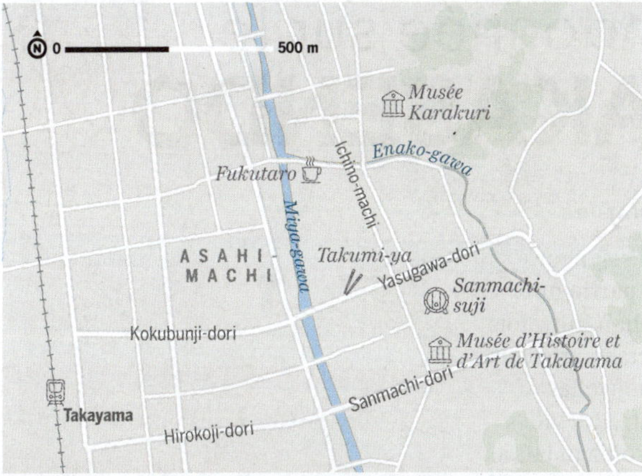

Ci-contre en haut Magasin de laques
Ci-contre en bas *Goheimochi*

Festival sensoriel dans la vieille ville

Grands crus Les sakés exceptionnels de Takayama sont produits à partir de riz local et d'eau claire recueillie dans le nord des Alpes japonaises. Les six brasseries de la ville proposent des séances de dégustation. Repérez les grosses boules de cèdre suspendues qui marquent leur entrée, les *sugidama*.

Cuisine de rue L'odeur de barbecue et de grillades flotte à travers Takayama, rêve de tout amateur de cuisine de rue. Les brochettes de bœuf de Hida et les *goheimochi* (gâteau de riz enrobé de miso sucré, planté sur un bâtonnet) font partie des incontournables. D'autres délices sont à découvrir, notamment brioches au bœuf de Hida juteux, croquettes de bœuf croustillantes et adorables *manju* (gâteau fourré de pâte de haricots sucrée) en forme de tête de chat.

Sculptures sur bois et laques Les laques caractéristiques de Takayama, pièces de vaisselle en bois dont la beauté naturelle est magnifiée par une couche de laque transparente, sont nommées *Hida shunkei*. À travers la ville, des boutiques vendent aussi des objets décoratifs en bois d'if sculptés aux ciseaux, une technique appelée *ichii ittobori*.

Poupées mécaniques Le **musée Karakuri** (p. 122) de Takayama est la vitrine de l'artisanat local. On peut y admirer les gracieux mouvements des *karakuri ningyo*, petits automates représentant des personnages célèbres de l'histoire et de la mythologie japonaises. Ils paradent également sur des chars lors des fêtes de printemps et d'automne de la ville.

Sugidama

On peut identifier les brasseries aux grosses boules végétales suspendues au-dessus de l'entrée des bâtiments. Mais les *sugidama* revêtent une autre signification.

Fabriqués à partir de branchettes de cèdre fraîches, ils sont d'un vert éclatant quand ils sont accrochés. Lorsqu'ils deviennent bruns, les passants savent que l'année de brassage est terminée et que le saké est prêt à être dégusté.

Les *sugidama* sont ensuite remplacés à la même période de l'année.

14 Randonnée sur le NAKASENDO

HISTOIRE | RANDONNÉE | NATURE

Voyagez comme un seigneur féodal en parcourant une partie du Nakasendo, sentier qui reliait autrefois Edo (Tokyo) à Kyoto. Si certains tronçons ont disparu au profit de nouvelles constructions, la route entre les villes relais de Magome et de Tsumago laisse toujours entrevoir des bribes du passé.

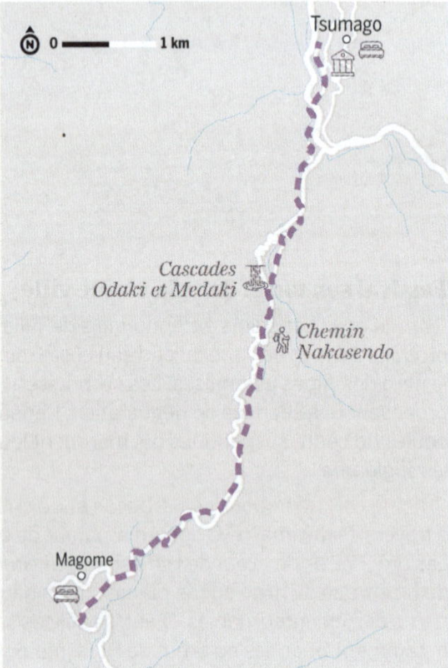

En pratique

S'y rendre Le moyen le plus facile de rejoindre la vallée de Kiso est de prendre la ligne JR Chuo à Nagoya. Depuis la gare de Nakatsugawa, des bus gagnent Magome en 30 minutes.

Quand Toute l'année. En hiver, matériel adapté conseillé.

Randonnée facile Dans le sens Magome-Tsumago, l'itinéraire est essentiellement en descente. Service de transport de bagages disponible pour 1 000 ¥ par pièce.

Certificat Achetez une carte (300 ¥) au centre d'accueil des visiteurs de Magome et faites-la tamponner à Tsumago.

Sur les traces des shoguns

Edo revisité Visiter **Magome** et **Tsumago**, c'est comme voyager dans le temps. Passez un après-midi à vous imprégner de l'atmosphère historique dans les rues bordées de bâtiments centenaires bien conservés, qu'occupent boutiques, auberges et salons de thé.

Sentier forestier Le Nakasendo s'étend sur 530 km, mais on peut se faire une idée de ce qu'était voyager à l'ère Edo sur les 9 km reliant Magome à Tsumago. Cet agréable itinéraire de 3 heures, adapté aux randonneurs peu expérimentés, suit des chemins pavés à travers des forêts paisibles parsemées de monuments anciens, passant par les cascades grondantes **Odaki** et **Medaki**.

Gîtes historiques Les villes relais, et leurs auberges, étaient

Ci-contre en haut Panneaux sur le Nakasendo
Ci-contre en bas Certificats d'accomplissement de Tsumago

PEGASUS_NX/SHUTTERSTOCK ©

DOWRAI/SHUTTERSTOCK ©

Les villes relais, qu'est-ce que c'est ?

Les *shukuba* (villes relais) jouaient un rôle crucial à l'ère Edo, quand on se déplaçait à travers le pays à cheval.

Ces localités jalonnant les Cinq routes d'Edo avaient été désignées comme haltes pour les voyageurs par le shogunat. Les villes relais avaient pour autre fonction, tout aussi importante, de faire parvenir marchandises et lettres du gouvernement à leurs destinataires.

Le nom des villes relais était suivi du suffixe *-juku* (par exemple, Magome-juku), indiquant aux voyageurs qu'ils y seraient logés.

autrefois essentielles aux voyageurs. Tsumago possède un *honjin* (auberge pour les hôtes de haut rang) reconstruit et un *waki-honjin* (bâtiment séparé pour les voyageurs ordinaires) bien préservé, aujourd'hui un musée (p. 121).

Pour la nuit Certains bâtiments anciens des villes relais ont été convertis en auberges et pensions. Si leur façade a conservé leur aspect traditionnel, leurs équipements sont modernes. On en compte une douzaine à Magome et Tsumago ; certains sont réservables en ligne (japaneseguesthouses.com).

15 Aventures à KAMIKOCHI

PANORAMAS ALPINS | NATURE | RANDONNÉE

L'expression "Alpes japonaises" est née ici, à Kamikochi, où les panoramas de montagnes enneigées, les étangs réfléchissants et les prairies verdoyantes convergent en un paradis surréaliste. Préparez vos affaires de randonnée – il est temps de gravir des montagnes, de barboter dans les rivières et de camper à la belle étoile.

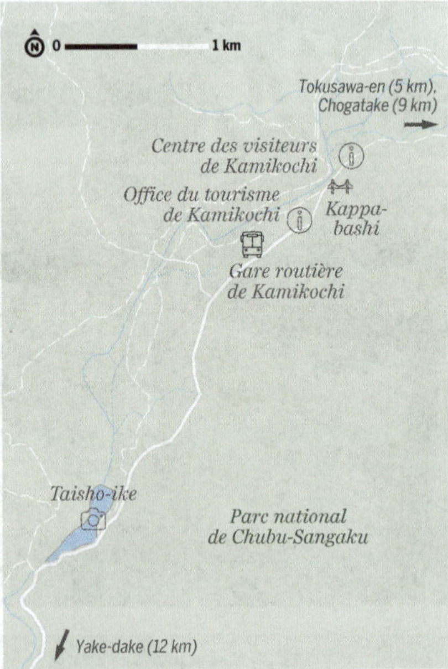

En pratique

S'y rendre Bus direct à la gare de Nagano (2 heures 30), ou bus depuis Takayama, marquant d'abord l'arrêt à Hirayu Onsen (1 heure 30).

Quand L'été, frais et verdoyant. Le parc est ouvert d'avril à novembre.

Conseil Même en été, les températures peuvent descendre en dessous de 10°C. Prévoyez une veste chaude et des vêtements de pluie.

Où loger Campez dans les zones désignées, ou réservez un gîte ou un hôtel aux alentours.

Splendeurs naturelles

La nature de Kamikochi est à couper le souffle. Le ciel et les montagnes se reflètent dans une parfaite symétrie sur le **Taisho-ike**, formé par l'éruption du Yake-dake, et le **Kappa-bashi**, pont emblématique sur l'Azusa-gawa, près de la gare routière, donne sur de spectaculaires panoramas alpins de chaque côté.

Randonnée Dans le vaste parc national, de nombreux itinéraires s'offrent aux randonneurs expérimentés comme débutants. Un itinéraire tranquille mène à **Tokusawa** à travers un décor

Ci-contre en haut Randonneur, Alpes japonaises
Ci-contre en bas Taisho-ike

BLUE PLANET STUDIO/SHUTTERSTOCK ©

PJARUWAN/SHUTTERSTOCK ©

Conseils d'expert

Si vous recherchez un défi sérieux, tentez la montée au **col de Karasawa** – au début du printemps et avec des crampons ! – ou l'ascension du **Yariga-take**, suivie d'une traversée vertigineuse de la crête **Daikiretto**. Les alpinistes techniques peuvent se confronter à la paroi rocheuse du **Byobu Iwa**.

William Habington
auteur, traducteur et expert sur Kamikoch. @nokori3byo

de prairie alpine dominé par le rocheux Mae-hotaka-dake. Les plus expérimentés peuvent tenter l'ascension du **Chogatake** ou du **Yake-dake**, entre autres sommets. D'autres itinéraires nécessitent de passer la nuit sous tente ou dans un refuge et de remplir un formulaire (go-nagano.net/climbing).

Festivals Le **Kaizansai** (ouverture des montagnes), en avril, lorsque le parc s'ouvre aux visiteurs, et le **Myojin-ike Ofune Matsuri** (festival des bateaux du Hotaka-jinja sur le Myojin-ike), en octobre, sont les événements les plus importants. Ces cérémonies shintoïstes sont destinées à prier pour la sécurité dans les montagnes et à rendre grâce.

Les créatures mythiques du Japon

PLONGEZ DANS LE MONDE MYSTÉRIEUX DES YOKAI

Un majestueux pont en bois s'étend au centre de Kamikochi, le Kappa-bashi. Si sa date de construction reste floue, il a été immortalisé en 1927 dans la nouvelle de Ryûnosuke Akutagawa, *Kappa*, qui fait partie de *Rashômon et autres contes*. Ce pont tire son nom d'une créature des profondeurs aquatiques, l'un des nombreux esprits des mythes du Japon.

À gauche *Tanuki*
Au centre Illustration du *Yotsuya kaidan*, histoire de fantômes du XIXe siècle
À droite *Kappa*

Le monde des yokai

Le terme *yokai* recouvre entre autres les apparitions fantomatiques, les phénomènes inexplicables et les animaux qui ne sont pas ce qu'ils semblent être. Si chaque culture possède ses fantômes et autres esprits, le Japon est particulièrement riche en la matière. Les *yokai* semblent pouvoir prendre n'importe quelle forme, des monstres complètement inventés aux objets quotidiens en passant par les créatures à fourrure.

Objets hantés

Le succès des *kaidan* (histoires de fantômes) remonterait à l'ère Edo. Les spectres étaient représentés dans les écrits, les dessins et les ukiyo-e (estampes). Les histoires d'objets du quotidien possédés étaient répandues. Une lanterne un peu étrange ? Il s'agit peut-être d'un *chochin-obake* (fantôme lanterne), avec des yeux, une bouche ouverte et une langue pendante. Les *yokai* peuvent aussi prendre la forme d'un parapluie, comme en témoigne un personnage populaire à travers les âges : le *kasa-obake* (fantôme parapluie), cyclope à deux bras et une jambe. Si certains monstres conservent une aura mystérieuse, les Japonais ne croyaient vraisemblablement pas à ces histoires, qui n'étaient peut-être même pas destinées à effrayer mais simplement à divertir.

Esprits animaux

Même les animaux peuvent obtenir le statut de *yokai*. C'est le cas du *tanuki*, chien viverrin japonais. Selon les légendes, cette créature réputée pour son espièglerie peut se transformer en bouilloire, en être humain, voire

ARTOKOLORO/ALAMY STOCK PHOTO ©

AKSARA.K/SHUTTERSTOCK ©

en moine bouddhiste. Des contes populaires célèbres comme *Kachi-kachi Yama* et *Bunbuku Chagama* mettent en scène un *tanuki* farceur et généralement mauvais.

Apparitions fantomatiques

Il n'existe pas d'histoire de fantômes sans apparitions spectrales, et les mythes populaires japonais, modernes ou anciens, en sont remplis. Femme aux longs cheveux flottants vêtue d'un kimono blanc, la *yuki-onna* (femme des neiges) erre seule par de froides nuits d'hiver, prête à attirer les hommes dans sa tombe. Sadako, personne du célèbre film d'horreur *Ring*, est, elle, inspirée de l'*onryo*, esprit qui revient de l'au-delà pour se venger.

> Les *yokai* semblent pouvoir prendre n'importe quelle forme, des monstres complètement inventés aux objets quotidiens en passant par les créatures à fourrure.

Monstres imaginaires

Le *kappa*, qui donne son nom au Kappa-bashi, est sans doute le *yokai* le plus populaire. Dans les anime et les jeux vidéo, il apparaît souvent mignon et inoffensif. Cette créature aquatique dotée d'un bec, d'une carapace et d'une assiette sur la tête (avec un penchant pour les concombres) ne semble pas très effrayante – jusqu'à ce que vous entendiez les histoires sordides qu'on raconte à son sujet. On dit qu'il aspire les âmes humaines, noie adultes comme enfants et consomme même leur chair. Pourquoi le pont pittoresque de Kamikochi porte-t-il le nom de ce monstre ? Selon les légendes, un *kappa* habitait autrefois les eaux qu'enjambe le pont...

Les yokai dans la culture populaire

Les *yokai* sont omniprésents dans les livres et les médias. La série de mangas culte *GeGeGe no Kitaro* de Shigeru Mizuki les a fait connaître au public moderne. Plus récemment, les jeux vidéo et les anime *Yo-kai Watch* ont fait fureur auprès des écoliers.

Les livres *Kwaidan* et *Fantômes du Japon* du spécialiste de la culture japonaise Lafcadio Hearn constituent une excellente introduction aux histoires de fantômes traditionnelles japonaises en français. Les films d'animation du Studio Ghibli offrent aussi de remarquables exemples de *yokai*, notamment la vieille dame Yubaba dans *Le Voyage de Chihiro* et les petits fantômes Kodama dans *Princesse Mononoké*.

16 Les villages enneigés de SHIRAKAWA-GO

HIVER | ARCHITECTURE | SÉJOUR RUSTIQUE

Des villages millénaires à l'architecture rustique sur fond de paysages hivernaux féeriques se nichent dans une vallée des régions montagneuses de Shirakawa-go et Gokayama. Séjournez dans une maison au toit de chaume pentu, *gassho-zukuri*, et goûtez à la vie tranquille de ce coin reculé.

TANWA KANKANG/SHUTTERSTOCK ©

En pratique

Circuler Shirakawa-go est accessible en bus depuis Nagoya, Takayama, Toyama et Kanazawa. Des bus relient aussi Shirakawa-go à Gokayama.

Quand En hiver (de décembre à février), le village couvert de neige offre un spectacle extraordinaire. En été (de juin à août), le temps est frais et agréable.

Café et artisanat Achetez des objets artisanaux locaux et réchauffez-vous avec un café au Shinkado, dans le village d'Ogimachi. Cherchez l'enseigne aux caractères 心花洞.

LOGAN BUSH/SHUTTERSTOCK ©

Une nuit au village

Plusieurs types d'hébergement sont disponibles à Shirakawa-go. Beaucoup séjournent dans un *ryokan* (auberge traditionnelle), un hôtel ou une pension, mais pour une expérience vraiment spéciale, optez pour le séjour à la ferme.

PHOTONONSTOP/ALAMY STOCK PHOTO ©

Immersion Le *minshuku*, que l'on peut traduire littéralement par "logement populaire", est la version japonaise de la maison d'hôtes, mais à Shirakawa-go, vous passez la nuit dans une ferme *gassho-zukuri* plusieurs fois centenaire.

Programme Profitez de la journée pour explorer le village, puis rejoignez votre hébergement et réchauffez-vous près de l'*irori* (foyer) pendant que votre hôte prépare le repas à base de produits de la rivière et des fermes voisines. Il se peut que vous partagiez

Gassho-zukuri

On ne trouve ces maisons villageoises au toit de chaume très pentu nulle part ailleurs au Japon. Leur nom provient de *gassho*, "mains jointes", leur architecture évoquant deux mains l'une contre l'autre en prière.

En haut à gauche Village de Shirakawa-go
En haut à droite *Gassho-zukuri*, Gokayama
À gauche *Irori* dans un *minshuku*

la ferme avec d'autres voyageurs et la famille de l'hôte – l'occasion de nouer des liens autour d'un dîner près du feu. Le soir, pelotonnez-vous dans votre futon déroulé sur les tatamis. Vous vous réveillerez au chant des oiseaux, devant une vue splendide sur les montagnes.

Commodités Si toutes les maisons *gassho-zukuri* conservent un intérieur traditionnel rustique, la plupart sont équipées de bonnes installations sanitaires, notamment de toilettes modernes à l'occidentale.

Réservation Dans les fermes, le séjour se limite à une nuitée et le règlement se fait en espèces (japaneseguesthouses.com).

Villages au patrimoine mondial

Trois villages à la frontière des préfectures de Gifu et de Toyama composent l'un des sites classés par l'Unesco les plus importants du Japon. Ogimachi, le plus célèbre, se trouve dans le district de Shirakawa-go. Les deux autres, Ainokura

Cuisine locale

Shioyaki de poisson Poisson fraîchement pêché dans la Sho-gawa voisine, généreusement salé, embroché entier et grillé autour d'un *irori* (foyer) traditionnel.

Goheimochi Boulettes de riz enrobées de pâte miso sucrée locale, et grillées en brochette sur du charbon de bois. À la fois sucré, salé et parfumé !

Hoba-miso Viande et légumes couverts de pâte miso sucrée placés sur une feuille de magnolia séchée et cuits sur un petit gril à charbon. À goûter absolument !

Bœuf de Hida Bœuf joliment persillé et fondant, provenant de bovins de premier choix élevés dans la région. Goûtez-le grillé, en sukiyaki ou avec du *hoba-miso*.

À gauche *Hoba-miso*
Ci-dessous Fabrication du *washi*, Gokayama

et Suganuma, appartiennent à la région de Gokayama.

Ogimachi Ce village, qui compte le plus grand nombre de *gassho-zukuri*, est le plus visité. L'hiver étant la haute saison touristique, il peut être intéressant de s'y rendre en été ou en automne, quand l'affluence est moindre. Des illuminations sont organisées certains week-ends de janvier et février. Ces événements sont très prisés et les réservations obligatoires. Passer la nuit dans une ferme d'Ogimachi vous garantit une place.

Ainokura Dans ce village de *gassho-zukuri* moins peuplé, découvrez l'art de la fabrication du *washi* (papier fait main) traditionnel de Gokayama, puis essayez vous-même.

Suganuma Ce village paisible compte neuf maisons *gassho-zukuri*. Le musée du folklore **Gokayama Minzoku-kan** (p. 122) présente des objets de la vie quotidienne du village, et le musée du Salpêtre conserve des outils utilisés pour la production de la poudre à canon, industrie autrefois importante à Gokayama.

17 Explorer les gorges DE KUROBE

PRENDRE DE LA HAUTEUR | VOYAGE EN TRAIN | PLEIN AIR

Montez à bord du train des gorges de Kurobe pour un voyage spectaculaire. Les falaises déchiquetées dominent le paysage, les profondes gorges se parent de couleurs en automne et le grondement du train résonne dans les profondeurs des tunnels. L'une des expériences les plus mémorables qu'offre le Japon !

PHUBET JUNTARUNGSEE/SHUTTERSTOCK ©

Instantané

On peut prendre de beaux clichés des magnifiques gorges de Kurobe tout au long de la ligne ferroviaire. En revanche, pour immortaliser le train roulant sur l'emblématique pont Shin-Yamabiko-bashi, photographes et ferroviphiles se postent sur le **belvédère de Yamabiko**, devant la gare d'Unazuki.

En pratique

S'y rendre Gagnez en *shinkansen* la gare de Kurobe Unazuki Onsen, dans la préfecture de Toyama. Le train part de là et rejoint Keyaki-daira.

Quand La ligne est en service de mi-avril à novembre. La meilleure période pour admirer les feuillages d'automne débute mi-octobre.

Quel wagon choisir La voiture standard sans vitres est appréciée des mordus de photos. Pour un petit supplément, les voitures vitrées de 1re et de 2e classes offrent plus de confort et de protection contre les éléments (kurotetu.co.jp).

01 Le **Shin-Yamabiko-bashi**, d'un rouge vif, est le premier pont que le chemin de fer traverse et le plus long. Le grondement résonne dans les montagnes jusqu'à la station thermale voisine quand le train passe.

03 De 60 m de haut et 64 m de long, l'**Atobiki-bashi** enjambe la plus profonde vallée de la voie ferrée. Regardez en bas si vous n'avez pas le vertige !

02 Détendez-vous dans la source thermale entourée de forêt de **Kuronagi Onsen**, découverte en 1645. Ce joyau se cache à 25 minutes de marche de la gare de Kuronagi.

04 À **Kurobe Mannen Yuki**, littéralement "neiges éternelles de Kurobe", il y a de la neige toute l'année – elle tombe d'une montagne voisine.

05 La partie la plus étroite de la Kurobe-gawa, des formations rocheuses escarpées et des forêts aux couleurs saisonnières vous attendent à **Sarutabikyo**, à 20 minutes de marche de la gare de Keyaki-daira.

Carnet d'adresses

Les grands classiques (voir p. 104)

Kenroku-en

(☎076-234-3800 ; www.pref.ishikawa.jp/siro-niwa/kenrokuen/e ; 1-1 Marunouchi ; tarif plein/réduit 310/100 ¥ ; ⏲8h-16h30, 7h-18h mars à mi-oct)

Matsumoto-jo

Le panorama montagneux est à couper le souffle en haut du château chargé de l'histoire de Matsumoto. (☎0263-32-9202 ; www.matsumoto-castle.jp ; 4-1 Marunochi ; adulte/enfant 610/300 ¥ ; ⏲8h30-17h, jusqu'à 18h mi-juil à déb sept)

Route alpine Tateyama-Kurobe

On la suit indifféremment dans un sens ou dans l'autre ; nous vous suggérons plutôt d'aller de Toyama à Nagano. Comptez au moins 6 heures et 10 850 ¥ l'aller (18 260 ¥ pour l'aller-retour). Des tickets pour des sections séparées sont également disponibles, ainsi que des forfaits couvrant l'itinéraire, notamment l'Alpines-Takayama-Matsumoto Area Tourist Pass (touristpass.jp/en/alpine ; adulte/enfant 17 830/8 910 ¥).Valable cinq jours, il couvre la route alpine Tateyama-Kurobe, Matsumoto, la vallée de Kiso et certains secteurs à l'ouest. Acheté au Japon, il coûte 1 020 ¥ de plus.

Téléphérique de Shin-Hotaka

De la station basse (1 308 m), ce téléphérique en 2 tronçons vous mène à 2 156 m sur les flancs du mont Nishihotaka (Nishihotaka-dake ; 2 909 m). De là, le panorama est époustouflant. En saison, à condition de disposer d'un équipement adapté (cloche à ours, chaussures étanches, notamment), il est possible de randonner sur les sentiers qui partent d'ici : on peut gagner Kamikochi en 3 heures environ (une marche plus simple dans ce sens-ci). En hiver, la neige peut être très abondante. (☎0578-89-2252 ; www.shinhotaka-ropeway.jp ; aller/aller retour 1 600/2 900 ¥ ; ⏲8h30-16h30)

Togakushi-jinja

Du sanctuaire supérieur Togakushi-Okusha, les alpinistes chevronnés entreprennent l'éprouvante ascension jusqu'au sommet du mont Togakushi. (☎026-254-2001)

Zenko-ji

Assister à l'office au lever du soleil (horaire sur le site Internet) permet de goûter pleinement la solennité du lieu. Deuxième temple du pays derrière le Todai-ji. (☎026-234-3591 ; www.zenkoji.jp ; 491 Motoyoshi-cho ; ⏲4h30-16h30 été, 6h-16h hiver, horaires variables le reste de l'année)

Saveurs locales

Gosenjaku Kitchen ¥¥

Ce restaurant familial, dans l'Hotel Kamikochi, offre une vue imprenable sur le Kappa-bashi de Kamikochi. Le *sanzokuyaki*, tranches de poulet frit, est la spécialité, mais d'autres plats sont proposés. Déjeunez-y tôt, ou tard, pour éviter l'affluence. (☎0263-95-2111 ; www.gosenjaku.co.jp/english/kitchen ; 4468 Azumi Kamikochi ; menu déj 980-1 580 ¥ ; ⏲11h-15h)

Porte Sanmon, Nagano, Zenko-ji

Hida Kotte-ushi ¥

Le bœuf gras et juteux de Hida est ici servi sous forme de *nigiri-zushi*, sur une galette de riz maison, garni de ciboulette et de sauce spéciale. À déguster dans le coin repas simple ou en se baladant dans la vieille ville de Takayama. (☎0577-37-7733 ; takayama-kotteushi.jp ; 34 Kamisannomachi, Takayama ; ⏲10h-17h)

Irori ¥¥

Goûtez au célèbre *hoba-miso* et à d'autres copieux *teishoku* (menus) dans ce restaurant installé dans le village d'Ogimachi. (☎05769-6-1737 ; 374-1 Ogimachi ; plats à partir de 432 ¥, menu à partir de 1 296 ¥ ; ⏲11h-15h ; ✎)

Kamonji-goya ¥

Savourez de l'*iwana* (truite) grillée au-dessus d'un foyer traditionnel dans ce lieu emblématique de Kamikochi, établi il y a plus de 140 ans. Elle est servie dans un bol, avec un saké de la maison. (☎0263-95-2418 ; www.kamonjigoya.wordpress.com ; plats à partir de 600 ¥, menu iwana 1 500 ¥ ; ⏲8h30-16h)

Keiseian ¥

Dînez de *soba* frais faits à la main dans ce bâtiment rustique de style Edo de Magome, avec un foyer traditionnel central. (☎0573-69-2311 ; 5438-1 Magome, Nakatsugawa ; ⏲11h30-14h30)

Tohoen ¥

Cette pâtisserie de la vieille ville de Takayama vend des *manju* (brioches garnies de pâte de haricot sucrée) en forme de tête de chat. Une petite boîte en contient cinq, aux saveurs différentes. Le parfait souvenir ! (☎0577-32-1008 ; tohoen.com ; 2 Asahimachi, Takayama, ⏲9h-18h fermé mar)

Cafés cosy et salons de thé

Cafe Ao ¥

Dans la vieille ville de Takayama, ce café de style japonais donne sur une jolie cour. Appréciez le cadre confortable et détendu avec une tasse de café ou de thé vert. Excellent choix de douceurs japonaises ; essayez le roulé crémeux au matcha (thé vert en poudre). (☎0577-57-9210 ; 67 Kamisannomachi, Takayama ; ⏲10-17h)

Cafe Grindelwald ¥¥

Éclairage chaleureux, esthétique européenne classique et feu crépitant dans la cheminée géante en font l'adresse la plus agréable de Kamikochi, parfaite pour une pause thé et douceur. Dans le Kamikochi Imperial Hotel. (☎0263-95-2001 ; www.imperialhotel.co.jp/j/kamikochi/restaurant/grindelwald ; Azumi Kamikochi ; ⏲9h-16h30)

Chabo Ebiya ¥

À Tsumago, dans un bâtiment de style ancien, ce café sert des boissons et différentes douceurs japonaises. En été, allez-y pour un *kakigori* (glace râpée au sirop). (☎0264-57-3054 ; 2176-1 Azuma, Nagiso ; ⏲8h-17h)

Yomogiya ¥

Anciens logements transformés en café pittoresque (et boutique d'artisanat local) dans le quartier historique de Magome. Prenez place dehors pour observer les passants. (☎0573-69-2006 ; 4257 Magome, Nakatsugawa ; ⏲10h-16h30)

Hébergements traditionnels

Fujioto ¥¥

Ce *ryokan* de Tsumago, aux baignoires en cyprès et aux chambres donnant sur un beau jardin japonais, date de l'ère Edo. (☎0264-57-3009 ; www.tsumago-fujioto.jp ; 858-1 Tsumago ; ch avec 2 repas à partir de 11 000 ¥/pers ; ⊖❄☷)

Jyuemon ¥¥

Cette maison *gassho-zukuri* trois fois centenaire vous accueille dans un cadre paisible au bout d'Ogimachi. Le soir, écoutez du shamisen (instrument à trois cordes) près du foyer avec les autres pensionnaires. (☎0576-96-1053 ; www.jyuemon.com ; 2653 Ogimachi)

Shiroyama-kan ¥¥¥

Ce *ryokan* du village d'Ogimachi, construit à l'ère Meiji, est aujourd'hui entièrement géré par une seule famille. Seuls quatre groupes étant reçus en même temps, il est recommandé de réserver. (☎0576-96-1007 ; shiroyamakan.jp ; 1168-1 Ogimachi)

Yarimikan ¥¥¥

Ce bel *onsen ryokan*, installé quelques kilomètres avant le téléphérique de Shin-Hotaka, abrite 2 bains intérieurs, 8 *rotemburo* au bord de la rivière (usage privatif possible) et 15 chambres. La clientèle de l'auberge peut se baigner 24h/24. Les visiteurs (600 ¥ avec location de serviette) sont acceptés entre 10h et 14h. (☎0578-89-2808 ; www.yarimikan.com ; Okuhida Onsen-gun Kansaka ; ch avec repas à partir de 17 000 ¥/pers ; P ❄ 📶).

Aventures en plein air

Canyoning dans les gorges de Kurobe

Unazuki Onsen organise des sorties de canyoning d'une demi-journée dans les eaux bleues des gorges de Kurobe d'avril à novembre. Emportez un maillot de bain !

Chemin de fer des gorges de Kurobe

Voir p. 118. (☎0765-62-1011 ; www.kurotetu.co.jp ; 11 Kurobe Kyokoku-guchi, Kurobe ; aller simple Unazuki jusqu'à Keyaki-daira 1 980 ¥ ; ⏲9h-17h mai-nov)

Satoyama Experience

Ce prestataire vous emmène voir les rivières, les *sakura* (cerisiers) et les rizières sur fond de montagnes de la préfecture de Gifu. En saison chaude, participez à une excursion guidée à vélo. En hiver, randonnez à travers d'épaisses couches de neige. Circuits au départ de Hida-Furukawa, près de Takayama. (☎0577-73-5715 ; satoyama-experience.com ; 8-11 Furukawa-cho Nino-machi ; circuit demi-journée à partir de 4 900 ¥ ; ⏲9h-18h)

Musées et immersion historique

Gokayama Minzoku-kan

Voir p. 117. (☎0763-67-3652 ; 436 Suganuma, Suganuma ; adulte/enfant 300/150 ¥ ; ⏲9h-16h30)

Village folklorique de Hida

Ce musée en plein air de Takayama regroupe des maisons traditionnelles de la région de Hida. Des ateliers vous donnent l'occasion de vous essayer à l'artisanat local (sans réservation). (Hida-no-sato ; ☎0577-34-4711 ; www.hidanosato-tpo.jp ; 1-590 Kamiokamoto-cho ; tarif plein/enfant 700/200 ¥ ; ⏲8h30-17h)

Musée d'Histoire locale de Nagiso

Ce musée de Tsumago est composé de trois parties : deux auberges historiques (*honjin* et *waki-honjin*) et un musée d'histoire locale. Le *waki-honjin* – en bois de cyprès, dont la récolte était autrefois interdite – est particulièrement populaire. (2190 Azuma, Nagiso ; billet combiné pour les 3 sites tarif plein/enfant 700/350 ¥ ; ⏲9h-17h)

Musée Karakuri

Plus de 300 masques de *shishi* (lion), instruments et tambours liés aux danses festives sont exposés ici. Deux fois par heure, vous pourrez admirer les automates en action. (☎0577-32-0881 ; www.takayamakarakuri.jp/english ; 53-1 Sakura-machi ; adulte/enfant 600/400 ¥ ; ⏲9h-16h30)

Village folklorique de Hida

Musée du Folklore Kusakabe

Reconstruite en 1879 après un incendie, cette belle *machiya* (demeure de marchand) est un superbe exemple du savoir-faire des charpentiers de Takayama. L'intérieur abrite une collection d'art folklorique, et témoigne de la vie d'une famille de négociants dans le Japon rural de la fin de la période d'Edo. (Kusakabe Mingeikan ; ☎0577-32-0072 ; www.kusakabe-mingeikan.com/english.html ; 1-52 Ojin-machi ; adulte/enfant 500/300 ¥ ; ⏲9h-16h30 mars-nov, 9h-16h mer-lun déc-fév)

Murakami-ke

Entre Suganuma et Ainokura, dans le hameau de Kaminashi, se trouve l'une des plus vieilles maisons *gassho* de la région (1578), aujourd'hui transformée en petit musée. (☎0763-66-2711 ; www.murakamike.jp ; 742 Kaminashi, Kaminashi ; adulte/enfant 300/150 ¥ ; ⏲8h30-17h mer-lun avr-nov, 9h-16h mer-lun déc-mars)

Musée de la sériciculture de la résidence Tajima

Le seul bâtiment du village Ogimachi de Shirakawa-go où est présentée la sériciculture, la culture des vers à soie. Vous y apprendrez à quoi servaient réellement les maisons *gassho-zukuri*. (☎090-2682-5281 ; shirakawa-go.gr.jp/en ; 2643-2 Nakaya, Ogimachi ; tarif plein/-12 ans 300 ¥/gratuit ; ⏲9h-16h30, fermé en hiver)

Takayama Showa-kan

Remontez le temps jusqu'à l'ère Showa (1926-1989) dans ce musée de Takayama, aménagé comme une petite ville, où ont été recréés boutiques, restaurants et même une salle de classe. (☎0577-33-7836 ; www.takayama-showakan.com ; 6 Shimoichino-machi ; tarif plein/enfant 800/500 ¥ ; ⏲9h-18h)

MOREGALLERY/SHUTTERSTOCK ©

Takayama Showa-kan

Wada-ke

Classée Trésor national, c'est la plus grande demeure à toit de chaume de Shirakawa-go. Construite au milieu de la période d'Edo, elle appartenait autrefois à une riche famille de négociants en soie.(☎05769-6-1058 ; adulte/enfant 300/100 ¥ ; ⏲9h-17h)

Waki-honjin (musée d'histoire de Magome)

Dans cette ancienne auberge destinée aux voyageurs de rang inférieur, divers objets racontent l'histoire de Magome en tant que ville relais. (☎0573-69-2108 ; kiso-magome.com/spots/39 ; 4253-1 Magome ; tarif plein/étudiant 300/100 ¥ ; ⏲9h-17h)

Maison Yoshijima

Les amateurs d'architecture traditionnelle ne manqueront pas de parcourir cette maison cossue, construite en 1907. Ancienne résidence d'une riche famille de brasseurs de saké, elle témoigne par ses volumes du statut social de ses propriétaires. (☎0577-32-0038 ; 1-51 Ojin-machi ; adulte/enfant 500/300 ¥ ; ⏲9h-17h mars-nov, 9h-16h30 mer-dim déc-fév)

KYOTO ET NARA

HISTOIRE | CULTURE | ARCHITECTURE

平成十六年十月吉日建之
平成十六年初午建之
平成十九年五月吉日建之
平成十八年五月吉日建之
平成十三年二月二十四日建之

Visitez le **Kinkaku-ji** et d'autres sites célèbres de Kyoto à votre rythme (p. 148).
1-2 jours

UKYO-KU

Osawa-no-ike

Kitano Tenman-gu

Allez admirer les cerisiers en fleur à vélo, notamment au **Hirano-jinja**, très renommé (p. 144).
1 jour

SAGA

Kameyama-koen

Parc des singes d'Arashiyama-Iwatayama

NISHIKYO-KU

KYOTO ET NARA
à la carte

Les traditions de Kyoto symbolisent le raffinement, comme l'illustre un somptueux dîner *kaiseki*, un paisible jardin de temple ou une soirée avec une geisha. Le Grand Bouddha de Nara est superbement encadré par l'écrin naturel de l'ancienne capitale.

Tenjin-gawa

Katsura-gawa

MINAMI-KU

MUKO-SHI

KITA-KU
Jardins botaniques de Kyoto
0
2 km
Organisez votre séjour autour de la **culture culinaire** de Kyoto : *kaiseki*, *obanzai-ryori* ou *shojin-ryori* (p. 140).
2-3 heures
Takano-gawa
Funaokayama-koen
Tadasu-no-mori
KAMIGYO-KU
SAKYO-KU
Méditez sur les saisons sur le **chemin de la Philosophie** (p. 144).
½-1 jour
Parc du Palais impérial de Kyoto
Shira-kawa
Okazaki-koen
Encart Nara
Pont Sanjo
Pontocho
GION
NAKAGYO-KU
Trouvez la sérénité devant le plus grand **bouddha** en bronze du monde (p. 154).
¼ jour
Nara-koen
Giro Giro Hitoshina
Kamo-gawa
Observez le monde dans un bol de **thé**, sur son lieu de naissance (p. 134).
1-2 heures
Shosei-en
SHIMOGYO-KU
Passez l'après-midi à flâner dans la luxuriance historique du **Nara-koen** (p. 156).
½-1 jour
Fushimi Inari-Taisha
Suivez l'ancien sentier **Yamanobe-no-michi** jusqu'au berceau du saké (p. 158).
½-1 jour
FUSHIMI-KU
Nara (40 km ; voir l'encart)
0
5 km

Informations pratiques

LEXOSN/SHUTTERSTOCK ©

À L'ARRIVÉE

Trains De l'aéroport du Kansai, des trains partent pour Kyoto deux fois par heure (1 heure 15, environ 3 500 ¥). On peut acheter les billets sans réservation près des portiques d'accès aux quais. De la gare de Tokyo, des *shinkansen* (trains à grande vitesse) gagnent Kyoto en un peu plus de 2 heures (14 000 ¥). D'Osaka, des trains express fréquents partent pour Kyoto (30 minutes, 500 ¥). Des lignes Keihan et JR relient la gare de Kyoto à Nara (45 minutes, environ 700 ¥).

BUDGET

Glace au matcha
350 ¥

Bento
900-1 200 ¥

Visite d'un temple
500 ¥

QUAND Y ALLER

DÉC-FÉV
Les hivers kyotoïtes sont réputés froids ; faites vos bagages en conséquence.

MARS-MAI
Les beaux jours apportent une multitude de fleurs ; sans doute la meilleure saison à Kyoto.

JUIN-SEPT
Kyoto compte parmi les régions les plus chaudes et humides du Japon.

OCT-NOV
Une période très agréable, malgré des typhons occasionnels.

COMMENT CIRCULER

Suica et Pasmo Ces cartes prépayées rechargeables sont utilisables dans tous les trains, métros et bus de Kyoto. Tous les distributeurs de billets à écran tactile en vendent. Le dépôt de 500 ¥ est remboursé (de même que tout crédit restant) à n'importe quel guichet en échange de la carte.

Vélo Offre ferroviaire limitée, bus bondés et terrain plat font de Kyoto une ville idéale pour le vélo. On peut louer des vélos un peu partout pour 1 000 ¥ par jour. Nombre d'hôtels en prêtent à leurs clients.

Taxi Les taxis sont nombreux à Kyoto. Les chauffeurs parlent rarement anglais, mais ils peuvent trouver votre destination en saisissant son numéro de téléphone dans leur GPS.

SE RESTAURER ET PRENDRE UN VERRE

Pont Sanjo Les boulevards et petites rues à l'ouest du pont Sanjo regroupent des centaines de restaurants. Laissez-vous guider par les cartes et les modèles de plats en plastique.

Pontocho Cette étroite ruelle est bordée de petits restaurants donnant sur la rivière. En été, prenez un repas sur une terrasse en bois *yuka*, construite au-dessus d'un ruisseau rafraîchissant. Nous recommandons Karyu, restaurant de *kaiseki* dans une maison de thé restaurée.

À goûter absolument
Beignets de tofu au marché de Nishiki (p. 163)

Meilleures glaces au matcha
Vous avez l'embarras du choix.

OÙ LOGER

Grande destination touristique, Kyoto propose des hébergements pour tous les budgets. Partagez votre séjour entre un Airbnb pittoresque et un hôtel classique de la ville.

Quartier	Pour/contre
Gion	Quartier de geishas traditionnel. Fréquenté, mais restaurants nombreux et rues calmes le soir.
Karasuma	Nombreux hôtels, vie nocturne animée à proximité et bonne situation sur la ligne de métro Karasuma.
Quartier de la gare de Kyoto	Bonne base d'excursion à Osaka, Kobe ou Nara. Restaurants et magasins à proximité, mais un peu d'affluence.
Arashiyama	Ce quartier apprécié de la périphérie ouest de Kyoto se vide à la nuit tombée. Une promenade matinale dans la forêt de bambous promet des photos sans touristes.
Higashiyama	Pour un plus long séjour, louez un Airbnb dans cet arrondissement semi-rural.

SE CONNECTER ET S'ORIENTER

Wi-Fi La ville compte plus de 600 points d'accès gratuits KYOTO_WiFi. Pour obtenir un code d'accès, inscrivez-vous avant votre arrivée à Kyoto.

Orientation Il est aisé de s'orienter à Kyoto, ville construite en damier.

ÉVITER LA FOULE

Visitez les temples et les sanctuaires – la plupart ouvrent tôt – avant la foule. Les sites étant souvent regroupés, visitez la ville par zone, à pied.

ARGENT

Les espèces restent le principal – et souvent le seul – moyen de paiement, même si le règlement par carte progresse. Déjeunez dans un restaurant de quartier et faites-vous plaisir pour le dîner.

Les grands classiques

Pour les infos pratiques de chaque site, reportez-vous au carnet d'adresses p. 160.

Nijo-jo, Kyoto

Les imposants remparts et les fortifications de pierre de ce château édifié en 1603 disent toute la puissance militaire du shogunat Tokugawa. Construit par le fondateur de la dynastie, Ieyasu, il affiche avec ostentation son prestige en même temps qu'il annonce le renoncement au pouvoir de l'empereur.

COWARD_LION/ISTOCK ©

Chion-in, Kyoto

Majestueux ensemble de bâtiments, de cours et de jardins, le siège de l'école bouddhique Jodo, la plus importante du pays, est le lieu de pèlerinage le plus couru de Kyoto. Il fut construit en 1234, sur le site où le moine Honen, l'une des figures du bouddhisme japonais, enseigna sa doctrine de l'école de la Terre pure (Jodo) avant de mourir en s'imposant le jeûne.

KOSHIRO KIYOTA/ISTOCK ©

Fushimi Inari-Taisha

Avec son chapelet sans fin de torii (portails) vermillon, disséminés dans la montagne, ce site est l'un des plus impressionnants de Kyoto. Il fut bâti au VIIIe siècle par le clan Hata, qui le dédia à Inari, divinité associée à la protection des récoltes. C'est aujourd'hui l'un des lieux les plus visités du Japon. (Voir p. 165)

LKUNL/SHUTTERSTOCK ©

Parc de Nara (Nara-koen)

(Voir p. 156) Le vaste parc de Nara regroupe la plupart des sites majeurs, entre lesquels flânent ses plus célèbres habitants : quelque 1 200 daims – en réalité des cerfs sika –, considérés ici comme les messagers des dieux et à ce titre sacrés. Peu farouches et gourmands, ces derniers n'hésitent pas à solliciter des friandises.

WWW555WWW/STOCK.ADOBE.COM ©

GUITAR PHOTOGRAPHER/SHUTTERSTOCK ©

Gion, Kyoto

Sur la rive est de la Kamo-gawa, une immersion dans le monde des geishas. Regroupant à l'origine des maisons de thé destinées aux visiteurs fatigués du Yasaka-jinja (un sanctuaire des environs), Gion était devenu vers le milieu du XVIIIe siècle le plus grand quartier des plaisirs de Kyoto. (Voir p. 160)

Marché de Nishiki, Kyoto

Vous trouverez tous les délices – et quelques produits étranges – qui font la cuisine de Kyoto sur ce marché grouillant de monde, repaire des gastronomes locaux. (Voir p. 163)

PHIL WEYMOUTH/LONELY PLANET ©

EVERGREENPLANET/ISTOCK ©

Sanjusangen-do, Kyoto

Le nom de ce superbe temple fait référence aux 33 travées (*sanjusan*) qui s'ouvrent entre les piliers de ce long bâtiment. Ce dernier abrite 1 001 statues en bois de Kannon (déesse de la Compassion). La représentation principale, Senju-Kannon aux mille bras, fut sculptée par le célèbre Tankei en 1254. Elle est flanquée de 500 Kannon parfaitement alignées.

Kinkaku-ji, Kyoto

Le pavillon d'Or est le plus célèbre des temples de la ville. Il s'agissait à l'origine, en 1397, de la villa de Yoshimistu, troisième shogun Ashikaga. En 1950, l'édifice disparut dans l'incendie qu'alluma un jeune moine dévoré par la folie. Il fut rebâti à l'identique en 1955, si ce n'est qu'on le recouvrit entièrement de feuilles d'or – auparavant, seul l'étage était doré. (Voir p. 166)

SOMJORK/SHUTTERSTOCK ©

Katsura Rikyu, Kyoto

Propriété impériale, c'est l'un des meilleurs exemples d'architecture et d'art du jardin japonais. Au cœur d'un quartier par ailleurs morne, c'est une île de toute beauté. La villa fut construite en 1624 pour le frère de l'empereur, le prince Toshihito. Chaque détail a été pensé avec minutie, dans les pavillons de thé ou dans le jardin.

LEEYIUTUNG/STOCK.ADOBE.COM ©

Musée national de Kyoto

Le principal musée des arts de Kyoto qui expose œuvres classiques, objets historiques et trésors de temples. Il fut fondé en 1895 en tant que dépôt impérial d'œuvres d'art et de trésors des temples et sanctuaires de la cité. Si la collection permanente mérite la visite, les expositions temporaires sont toujours des événements d'exception.

TWOKIM IMAGES/SHUTTERSTOCK ©

JOSHUA HAWLEY/SHUTTERSTOCK ©

Horyu-ji, près de Nara

Le temple le plus ancien du pays fut fondé en 607 par le prince Shotoku, qui joua un rôle majeur dans l'implantation du bouddhisme au Japon. Certains de ses bâtiments seraient les plus vieilles constructions en bois du monde, ce qui lui valut d'être le premier site japonais à être inscrit à l'Unesco.

EVERYTHING/SHUTTERSTOCK ©

Kiyomizu-dera, Kyoto

Perché sur une colline, ce temple bouddhique est l'un des plus appréciés de Kyoto. Il n'est sans doute pas le havre de tranquillité rêvé, mais il représente l'expression populaire de la foi au Japon. Ce sanctuaire remonte à 798, bien que les bâtiments actuels ne datent que de la reconstruction de 1633.

LEE YIU TUNG/SHUTTERSTOCK ©

Palais impérial de Kyoto

Autrefois résidence officielle de l'empereur, le Kyoto Gosho ne peut rivaliser avec les autres sites majeurs de la ville, mais l'ensemble fortifié reste imposant. L'entrée se fait par la Seishomon. Le Palais impérial est ceint d'un vaste parc agréable.

18 Participer à une CÉRÉMONIE DU THÉ

RITUEL | TRADITION | THÉ

La culture de Kyoto s'est en grande partie développée autour du thé, et tout visiteur se doit de participer à une cérémonie du thé. Regardez votre hôte fouetter vigoureusement la poudre verte pour la transformer en mousse, servie avec des friandises pour équilibrer les saveurs. Une pause rafraîchissante, à mille lieues du monde extérieur.

En pratique

Organiser une cérémonie du thé Nombre d'hôtels de Kyoto peuvent le faire, mais pour une expérience plus authentique, contactez directement l'un des prestataires de la ville.

Budget Pour une cérémonie d'une heure typique, comptez environ 2 500 ¥ (en kimono 5 000 ¥).

Bon plan Un matcha en fin d'après-midi vous fournira la dose de théine nécessaire pour tenir toute la soirée.

Dans sa forme la plus simple, la cérémonie du thé consiste à boire du matcha chaud après avoir mangé des friandises japonaises. Les gestes – la façon de tenir le bol, la préparation de l'eau chaude, la manipulation des ustensiles – n'en sont pas moins exécutés avec le plus grand raffinement. Autrefois dépositaire d'art en lieu et place des musées, le salon de thé est toujours agrémenté de fleurs, d'encens et de peintures sur rouleau soigneusement choisis, souvent en fonction

Ci-contre en haut Friandises japonaises
Ci-contre en bas Cérémonie du thé

KEI SHOOTING/SHUTTERSTOCK ©

TUUL ET BRUNO MORANDI/ALAMY STOCK PHOTO ©

Thé à rapporter

Kyoto foisonne de magasins de thé. **Ippodo**, dont l'histoire remonte à 1717, est probablement le plus connu. Trois fois centenaire, **Marukyu Koyamaen** propose du thé cultivé sur sa plantation, à Uji. **Yamashita**, dans Teranouchi-dori, vend de magnifiques ustensiles de cérémonie du thé depuis 1850.

de la saison. Dans sa forme la plus raffinée, l'expérience devient méditative. "En partageant un bol de thé, l'hôte et l'invité cherchent à saisir l'essence de l'harmonie, du respect et de la pureté", explique Randy Channell Soei, propriétaire du Ran Hotei. Il estime néanmoins que le plaisir doit primer sur le rituel. "Idéalement, il s'agit de partager du temps avec les autres et d'apprécier le moment présent."

Au **Maikoya Kyoto** (p. 162), les visiteurs, en kimono, apprennent à préparer leur tasse de thé, et diverses installations expliquent la culture du thé. L'**En** (p. 162) organise des cérémonies du thé simples à différents moments de la journée. Au **Ran Hotei** (p. 162), café qui propose nourriture, boissons et thés originaux à emporter, l'expérience est plus détendue et personnalisée.

Par Peter MacIntosh
Canadien installé à Kyoto, Peter est photographe, artiste, entrepreneur et expert de la culture geisha. petermacintosh.com, @kyotopmac

Une soirée dans le "monde flottant"

ARTS | VIE NOCTURNE | DIVERTISSEMENT

À l'instar de Kyoto, l'attrait des geishas réside en partie dans leur côté mystique, cultivé. Vous pouvez partager une soirée avec ces artistes classiques, autour d'un dîner ou d'un simple verre, selon votre budget.

MORUMOTTO/SHUTTERSTOCK ©

Les geishas sont le véritable symbole de Kyoto. Appelées localement *geiko* (leurs jeunes apprenties sont les *maiko*), elles sont aujourd'hui environ 240, réparties entre les cinq quartiers de geishas de la ville, nommés *hanamachi* (villes de fleurs).

Leur formation commence après le collège. Elles suivent d'abord un cursus de cinq ans, comprenant danse, musique, poésie et calligraphie, puis perfectionnent leurs arts (*gei* en japonais) tout au long de leur carrière. Il n'existe pas de formation plus complète sur la culture japonaise.

Autrefois extrêmement fermé, le "monde flottant" n'était accessible que sur recommandation. Les geishas étaient non seulement engagées pour des fêtes privées dans des salons de thé et des restaurants, mais aussi pour de grandes manifestations. En raison des récentes difficultés économiques, les restrictions ont été assouplies afin de maintenir la tradition vivante.

Où le visiteur peut-il voir des geishas ? La probabilité d'en rencontrer une par hasard dans une ville de 1,5 million d'habitants est faible. Vous aurez de meilleures chances d'apercevoir une *geiko* ou une *maiko* qui se rend à son premier engagement en vous promenant dans l'un des *hanamachi* en début de soirée. Les attroupements de touristes étrangers autour des geishas ont par le passé provoqué des réactions hostiles ; laissez-leur de l'espace. Les *maiko* se distinguent des *geiko* par leurs kimonos colorés aux manches longues et leurs épingles à cheveux ornées. Les *geiko* portent, elles, des kimonos plus simples aux manches plus courtes et moins d'accessoires dans les cheveux.

À gauche *Geiko*, Gion
Au centre *Maiko*, Gion
À droite *Maiko* se produisant lors d'un *ozashiki*

PR IMAGE FACTORYE/SHUTTERSTOCK ©

IRINA WILHAUK/SHUTTERSTOCK ©

Les cinq festivals de danse annuels, généralement au printemps et en automne, offrent l'occasion d'assister à un spectacle de geishas sans trop dépenser. Des *maiko* se produisent également tous les jours au Gion Corner.

Une soirée privée pour deux personnes autour d'un dîner *ozashiki* avec une *maiko*, une *geiko* et un joueur de shamisen coûte environ 90 000 ¥. "C'est cher effectivement, admet Peter MacIntosh. Mais compte tenu des compétences de ces femmes dédiées aux arts, vous ne serez pas déçu." Certaines auberges proposent des dîners de groupe plus abordables de 2 heures avec une *maiko* pour environ 20 000 ¥ par personne.

Les *maiko* portent des kimonos colorés et des épingles à cheveux ornées, les *geiko* des kimonos plus simples et moins d'accessoires dans les cheveux.

La plupart des soirées *ozashiki* se déroulent dans un cadre formel ; prévoyez une tenue élégante mais confortable. "Pour apprécier pleinement le spectacle et s'imprégner de la culture traditionnelle du 'monde flottant', le visiteur étranger doit mettre de côté toutes ses idées préconçues et laisser ces femmes l'emmener dans leur univers", recommande MacIntosh.

Vous sera d'abord servi un repas *kaiseki*, au cours duquel votre hôte vous fera la conversation. Vient ensuite le spectacle, généralement des chansons et des danses du répertoire des arts de la scène traditionnels japonais. Mais la partie la plus mémorable de la soirée est sans nul doute les jeux traditionnels, comprenant jeux de mots et jeux à boire. "Mes clients sont souvent surpris par le caractère amusant de ces soirées et par le naturel des *maiko/geiko*", rapporte MacIntosh.

Ouvrages sur les geishas

Si le roman d'Arthur Golden *Geisha* est célèbre, *Ma vie de geisha*, autobiographie de Mineko Iwasaki, qui a inspiré le romancier, est bien plus fidèle à la réalité. *Geisha* de l'anthropologue américaine Liza Dalby décrit son immersion sans statut officiel dans un *ozashiki*. *Le Monde secret des geishas* de Lesley Downer dépeint la vie à Miyagawa-cho, l'un des cinq quartiers de geishas de Kyoto. De la même auteure, *Madame Sadayakko* (non traduit en français) raconte l'histoire de la plus célèbre geisha du Japon, qui a diverti les hommes d'État européens et la famille royale britannique au début du XXe siècle, avant de parcourir le monde en tant qu'actrice.

19 Maisons et création À NISHIJIN

ARCHITECTURE | HABITAT | TEXTILE

Les étoffes des kimonos et leurs *obi* (ceintures) sont produits à Nishijin, quartier textile traditionnel de Kyoto, célèbre pour sa technique de tissage (*Nishijin-ori*). Si le centre textile de Nishijin en est l'attrait phare, il est aussi agréable de flâner dans ses rues bordées de *machiya*, ces maisons mitoyennes en bois, qui servaient à la fois de lieu d'habitation et de travail.

En pratique

Circuler Le meilleur moyen d'apprécier le quartier est de se perdre à pieds dans les ruelles de Nishijin pour voir des *machiya* et observer la vie quotidienne des habitants.

Conseil Des démonstrations de tissage ont lieu au 2e niveau du Centre textile de Nishijin.

Se restaurer **Café Bibliotec Hello!** (p. 162) est l'adresse parfaite pour un café ou un déjeuner léger entouré de livres, dans une *machiya*.

Le quartier des tisserands

Ponctué de demeures de caractère, Nishijin est le quartier traditionnel de l'industrie textile. Entrez dans le **Centre textile de Nishijin** (p. 164) pour découvrir l'histoire de cet artisanat local. Tissus et kimonos sont exposés dans ce musée qui a aussi une boutique. Hélas, le lieu est souvent envahi par des groupes de touristes. La balade dans les ruelles autour de Jofukuji-dori est sans doute plus agréable. Ne ratez pas la boutique-atelier de teinture indigo traditionnelle **Aizen Kobo** (p. 164), dans une *machiya* joliment restaurée.

Ci-contre en haut Naramachi Koshi-no-Ie
Ci-contre en bas Centre textile de Nishijin

Bâtiment historique
À Nara, visitez **Naramachi Koshi-no-Ie** (p. 164), une *machiya* très bien préservée.

Les Machiya de Kyoto

Les *machiya*, de longues et étroites maisons en bois alignées, constituent l'une des particularités architecturales majeures de Kyoto. Une partie boutique se trouvait à l'avant de la maison, tandis que les pièces en enfilade à l'arrière formaient la partie privée dédiée à la famille. Bien adaptées aux étés humides de Kyoto, les *machiya*, en bois, ont toutefois une durée de vie limitée, de cinquante ans environ. Après la Seconde Guerre mondiale, de nombreux propriétaires ont ainsi démoli leur *machiya* pour construire à la place un immeuble en béton, en occuper le rez-de-chaussée et vivre des loyers des locataires. La tendance s'inversa dans les années 1990, lorsque l'on prit conscience que Kyoto perdait un patrimoine précieux. De nombreuses *machiya* restaurées abritent aujourd'hui cafés, restaurants et boutiques. Ces établissements sont aujourd'hui très prisés des touristes étrangers certes, mais aussi des Japonais eux-mêmes, qui en aiment le charme désuet.

MAGDANATKA / SHUTTERSTOCK ©

©GREG ELMS/LONELY PLANET

20 L'art de manier les BAGUETTES

CUISINE | GASTRONOMIE | CULTURE

Le *kaiseki* est la cuisine emblématique du Japon, et Kyoto en est la capitale. Réservez quelques "grands" repas, mais laissez-vous aussi guider par le hasard. Pour un peu de changement, vous pouvez essayer des classiques occidentaux aux produits locaux. Que diriez-vous d'une pizza au miso ou d'un hamburger au yuzu ?

En pratique

Réserver La culture culinaire de Kyoto a connu un incroyable engouement ces dix dernières années. Si vous avez une adresse en tête, réservez le plus tôt possible. Sinon, renseignez-vous à votre arrivée.

Notre conseil On peut vite se laisser aller à enchaîner les somptueux repas. Ne vous emballez pas et prévoyez un ou deux dîners plus simples, au gré de vos déambulations nocturnes.

Simplicité Humble repas pris lors d'une cérémonie du thé, le *kaiseki* a évolué vers une forme d'art. Série de petits plats disposés de manière à ravir l'œil autant que le palais, il comprend une entrée, un mets cru, un mets mijoté, un mets grillé et un mets à la vapeur, laissant aux chefs une belle marge de créativité. L'expérience proposée par le talentueux chef du **Mavo** (p. 163), étoilé au Michelin, n'est pas donnée à toutes les bourses. Le **Giro Giro Hitoshina** (p. 162), dont la cuisine est affectueusement qualifiée de "*kaiseki* punk", propose des

Ci-contre en haut Sashimi
Ci-contre en bas *Shojin-ryori*

LOTTIE DAVIES/LONELY PLANET ©

KO FUJIMURA/GETTY IMAGES ©

Couteaux japonais

Après la chute du régime féodal, les fabricants de sabres se sont reconvertis dans la fabrication de couteaux de cuisine, réputés pour leur qualité. Aritsugi, sur le **marché de Nishijin**, est la marque des chefs locaux. Le plus modeste **Shinto** offre un service plus personnalisé.

prix plus modérés. Réservez une place au comptoir pour voir la jeune équipe exercer son art. Anglophone, le chef de l'**Another C** (p. 162) peut vous présenter votre repas en anglais. Près du chemin de la Philosophie, le **Hachiyoshi** (p. 163) est un petit établissement abordable.

Cuisine populaire Originaire de Kyoto, l'*obanzai-ryori* est préparé à partir de produits locaux de saison peu chers. Le **Menami** (p. 163),est un classique, et le **Kikkoya** (p. 163),se distingue par sa simplicité. L'**Omuraya** (p. 163) propose des bentos, à déguster au bord de la Kamo-gawa.

Cuisine bouddhique
Le *shojin-ryori* désigne les repas pris dans les temples, du déjeuner authentique à l'**Izusen** (p. 163) au Daitoku-ji, au **Shigetsu** (p. 163) au Tenryuji, classé Bid Gourmand par le Michelin.

21 Une journée de SHOPPING

EMPLETTES | SOUVENIRS | MAGASINS

Ce quartier est le cœur battant du consumérisme à Kyoto. Les habitants s'y rendent pour faire leurs achats dans les meilleures boutiques et grands magasins, se procurer des ingrédients de premier choix au marché de Nishiki, et prendre un déjeuner décontracté et un café entre les deux.

ANDRIY BLOKHIN/STOCK.ADOBE.COM ©

À proximité, en soirée

La petite rue plaisante de **Ponto-cho** (p. 163) s'anime en soirée, lorsque les splendides lanternes s'allument et éclairent le s façades en bois traditionnelles, tandis que d'élégants Kyotoïtes s'engouffrent dans les bars et restaurants chics.

En pratique

Départ Marché de Nishiki.

Arrivée Ippodo Tea.

Distance 2,5 km.

Durée de la promenade 2-3 heures.

Conseil Certains commerçants n'aiment pas que l'on prenne des photos ; demandez poliment leur autorisation avant de dégainer votre appareil.

01 Arrivez tôt pour éviter la foule dans le **marché de Nishiki** (p. 163), qui recèle une multitude d'ingrédients entrant dans la composition de la cuisine kyotoïte.

02 On pourrait passer des heures chez **Daimaru** (p. 164), peut-être le plus connu des grands magasins au Japon. Rien que le rayon alimentaire du sous-sol, où les Kyotoïtes viennent acheter bentos, douceurs, tempura et sushis, vous occupera un bon moment.

03 Le grand magasin **Takashimaya** (p. 164) est apprécié pour son grand choix d'articles de qualité (céramiques, kimonos, vêtements, laques, articles pour la maison…). Prenez le temps d'explorer tous les étages, sans oublier le sous-sol dédié à l'alimentation.

04 Faites une pause chez **Tagoto Honten** (p. 163) où les clients se pressent pour goûter une cuisine kaiseki (haute cuisine japonaise) à prix abordable dans un beau cadre paisible qui vous fera oublier l'agitation des grandes rues à l'extérieur.

05 **Karafuneya** est une enseigne servant des déjeuners légers et du café, mais c'est surtout l'immense choix de sundaes qui est alléchant. Optez pour un parfait au matcha (thé vert en poudre) ou à l'azuki (haricot rouge) et aux graines de sésame noir.

06 **Kaboku Tearoom** (p. 164) Entrez dans ces ravissantes maisons de thé pour vous désaltérer. Observez la préparation du matcha au comptoir.

07 Passez à **Ippodo Tea** (p. 164) dont les sachets et petites boîtes de thé font de parfaits (et peu encombrants) souvenirs à rapporter.

22 Cycle de beauté ÉPHÉMÈRE

NATURE | CONTEMPLATION | FÊTE

Pour un arbre qui ne porte pas de fruits, le *sakura* (cerisier) jouit d'un prestige considérable. Dans l'esprit de nombreux visiteurs, il est le symbole même du Japon. Pour les Japonais, sa floraison éphémère – ses fleurs roses ne s'épanouissent que deux semaines – est une leçon d'impermanence, ce que comprendra parfaitement le visiteur qui a mal choisi ses dates de séjour.

STUDIO_S/SHUTTERSTOCK ©

En pratique

Quand Les *sakura* fleurissent entre fin mars et début avril, mais les dates, variables d'une année sur l'autre, sont impossibles à prédire. Soyez au Japon le 1er avril et vous trouverez très probablement des cerisiers à un certain stade de floraison.

Où les voir Louez un vélo à EMUSICA Demachiyanagi et suivez les pétales roses vers le chemin de la Philosophie.

LINA SHATALOVA/GETTY IMAGES ©

Ci-contre en haut *Sakura*
Ci-contre en bas Hirano-jinja

Un lent éveil La beauté éphémère des pétales de *sakura*, qui apparaissent et disparaissent en l'espace de deux semaines, est l'expression parfaite de l'impermanence de la vie. Les fleurs de cerisier annoncent également la fin de l'hiver, un soulagement dans un pays où les maisons traditionnelles sont dépourvues de chauffage central. Si les *sakura* de Yoshino, omniprésents, reçoivent le plus l'attention, les *shidare-zakura* (cerisiers pleureurs) fleurissent comme un feu d'artifice rose au ralenti. Les *yamazakura* égaient de fleurs violettes les flancs des montagnes, drainant les randonneurs.

L'arbre qui cache la forêt Même une brève promenade, sur le domaine d'un temple ou dans un petit parc, vous mènera aux immanquables fleurs roses. Dans tout le pays, des gens pique-niquent sous les pétales, avec leur bento. Louez un vélo et parcourez Kyoto à la recherche d'un endroit tranquille où admirer les *sakura*. Suivez les cours d'eau sur le chemin de la Philosophie, puis longez le Keage Incline jusqu'au canal d'Okazaki. Sur les rives agréables et animées de la Kamo-gawa, vous pouvez choisir votre arbre parmi des centaines.

La forêt qui cache l'arbre Après votre paisible *hanami* (observation des fleurs), gagnez les sites les plus populaires pour vous joindre à la fête. Le **Hirano-jinja** (p. 166), lieu de *hanami* historique, est l'un des plus célèbres de la ville. Le **Maruyama-koen** (p. 161) offre une ambiance plus détendue. Le joyau du parc est un énorme *shidare-zakura*. Dans ce poumon vert du quartier, le chemin principal mène au vaste sanctuaire **Yasaka-jinja** (p. 161), considéré comme le gardien de Gion.

Rose éphémère

Selon la tradition chinoise, ce n'était pas le cerisier mais le prunier qui était vénéré.

À la période de Heian (794-1185), la noblesse a commencé à donner la prééminence au *sakura* et, au Moyen Âge, la tradition d'admirer les cerisiers en fleur s'était fermement établie au sein de la classe guerrière. En 1594, le seigneur de la guerre Toyotomi Hideyoshi organisa une fête de cinq jours pour le *hanami*, réunissant 5 000 personnes.

Avec l'avènement de l'ère moderne à la fin du XIXe siècle, la coutume s'est diffusée dans toutes les classes de la société.

Après la Seconde Guerre mondiale, des *sakura* ont été massivement plantés pour remonter le moral de la nation, exsangue.

L'année en
FLEURS

01 Fleurs de prunier

(fin fév à début mars) Les fleurs d'*ume* annoncent le printemps. Si on peut les admirer dans tout le pays, le Kitano Tenmangu de Kyoto et le Kyu Shiba Rikyu de Tokyo font partie des sites les plus populaires.

02 Fleurs de cerisier

(fin mars à début avr) La fleur nationale non officielle du Japon s'épanouit partout dans le pays. Les rives de la Meguro-gawa, à Tokyo, sont prisées.

03 Glycines

(fin avr à début mai) On en voit souvent grimper les treillis des parcs. Visitez le Kameido Tenjin de Tokyo ou le Byodo-in (p. 160) de Kyoto.

04 Hortensias

(mi-juin à mi-juil) Ces joyaux multicolores bordent les sentiers du Mimuroto-ji de Kyoto, du Hase-dera de Kamakura et du Yata-dera de Nara.

05 Lotus

(mi-juil à mi-août) On peut notamment admirer la fleur préférée du bouddhisme au Shinobazu-ike de Tokyo (p. 55), au Hokongo-in de Kyoto et au jardin botanique aquatique de Mizunomori près du lac Biwa.

06

09

07

08

10

06 Iris

(fin mai à juil) Parmi les sites appréciés figurent le musée Nezu et le Meiji-jingu à Tokyo (p. 46) et le Kenroku-en à Kanazawa (p. 105).

07 Cosmos

(fin août à début oct) Elles émaillent les paysages ruraux. On peut les admirer au Hama-rikyu à Tokyo (p. 64) et autour du mont Fuji, en particulier au Yamanaka-ko (p. 85).

08 Chrysanthèmes

(sept à mi-nov) Le meilleur endroit pour voir ce symbole de la famille impériale est le Shinjuku-gyoen (p. 65), à Tokyo.

09 Feuilles d'automne

(fin nov à début déc) Les érables rougeoient à flanc de colline à travers le pays. Des ginkgos agrémentent de jaune les boulevards des grandes villes.

10 Pivoines d'hiver

(fin nov à mi-fév) Pour un peu de couleur en hiver, visitez l'Ueno-koen (p. 55) ou le Hama-rikyu (p. 64) à Tokyo.

23 Quête de SPIRITUALITÉ

MONUMENTS | JARDINS | RELIGION

Pour beaucoup, Kyoto est synonyme de zen. La ville compte plus de 1 600 temples bouddhiques (et 400 sanctuaires shintoïstes), dont beaucoup sont réputés dans le monde entier pour leurs jardins et leur architecture. Les visiter tous nécessiterait plusieurs vies.

BULE SKY STUDIO/SHUTTERSTOCK ©

En pratique

Circuler Relativement plate, Kyoto se visite idéalement à vélo ou à pied. De nombreux sites étant regroupés, organisez vos visites par zone. Si vous allez plus loin en transports publics, envisagez d'acquérir un Kansai Thru Pass.

Notre conseil Certains temples ne sont ouverts qu'à certaines saisons, d'autres sont illuminés le soir une à deux fois par an. Consultez le *Kyoto Visitor's Guide* pour connaître dates et horaires.

BEIBAOKE/SHUTTERSTOCK ©

Visites de temples

Par où commencer ? La véritable beauté de Kyoto réside dans ses sites religieux, qui seront inévitablement au programme de votre visite. Bien que très fréquentés, les temples et sanctuaires phares valent tout de même la peine d'être visités. Ils sont plus calmes une heure ou deux après l'ouverture ou en fin d'après-midi. Plusieurs jours de visites vous permettront d'explorer certains coins spécifiques. Prenez votre temps et ne chargez pas trop vos journées pour éviter la saturation.

Avec les bouddhas Édifice doré surmontant majestueusement un bassin réfléchissant, le **Kinkaku-ji** (pavillon d'Or) (p. 166) est le monument emblématique de Kyoto. Son jardin d'eau et de mousse fait aussi partie de ses attraits. À quelques pas de là, le **Ryoan-ji**

OVAL DESIGN/SHUTTERSTOCK©

Art votif

Les visiteurs écrivent leurs vœux et prières sur des *ema*, plaques de bois ornées au recto de dessins colorés (chevaux, divinités ou, plus récemment, personnages d'anime), avant de les accrocher autour des sanctuaires shintoïstes à l'attention des divinités.

En haut à gauche Kinkaku-ji (pavillon d'Or)
En haut à droite *Ema*
À gauche Jardin de pierre du Ryoan-ji

(p. 166) est célèbre pour son jardin zen de sable et de pierre, d'une simplicité trompeuse. Sous la neige, tous deux sont absolument magiques. Flânez dans le jardin qui domine le **Ginkaku-ji** (pavillon d'Argent) (p. 165) pour profiter d'une vue imprenable sur la ville, avant de descendre dans le parfum d'encens et de fleurs de saison. Continuez le long du canal tranquille du chemin de la Philosophie jusqu'au **Nanzen-ji** (p. 166), annoncé par une imposante porte.

Parmi les divinités Le jardin à l'arrière du **Heian-jingu** (p. 166) change de visage en fonction des floraisons. Passer sous les milliers de torii vermillon du **Fushimi Inari-Taisha** (p. 165) est devenu le temps fort de toute visite, comme le prouve la forte affluence (au Nouvel An, se retrouver parmi 2,7 millions de visiteurs est une expérience en soi). Pour un tête-à-tête avec les divinités, visitez le site avant l'aube.

Méditation zen

Méditer dans un temple zen fait partie des expériences les plus recherchées à Kyoto. Dans les temples de l'école Rinzai, branche dominante du bouddhisme zen à Kyoto, les participants s'assoient jambes croisées sur un coussin rond face au centre de la pièce. Après avoir trouvé une position confortable, posez votre regard à 1,50 m devant vous et observez vos pensées aller et venir, sans chercher à les contrôler. Et ne vous inquiétez pas, les coups de bâton sont facultatifs. Les séances de méditation du **Bishamondo Shorin-ji** et du **Kennin-ji** (p. 166) sont prisées. Celles du **Taizo-in** et du **Shunko-in** sont en anglais.

Ci-contre à gauche Ginkaku-ji (pavillon d'Argent)
Ci-dessous Daitoku-ji

Petits trésors

Si les sites célèbres sont incontournables, d'autant plus sous l'influence des réseaux sociaux, ne manquez pas néanmoins d'en visiter quelques-uns moins connus. Leur droit d'entrée est modique et vous aurez probablement le lieu pour vous.

Au **Daitoku-ji** (p. 165), le temple secondaire du **Koto-in** (p. 166) offre une explosion de couleurs en automne et un répit contemplatif une grande partie de l'année. Les 36 sommets de Higashiyama servent de décor au **Shoden-ji** (p. 166), flottant au-dessus d'un jardin de pierre immaculé. À l'**Entsu-ji** voisin (p. 165), le paysage montagneux se prolonge dans son jardin moussu. Lorsqu'on entre dans la villa **Murin-an** (p. 161), la ville environnante semble s'éloigner, avant de disparaître complètement sur les chemins de promenade qui longent les collines Kurodani et Yoshida.

Dans une ville aussi riche culturellement, vous trouverez facilement votre trésor. Pour reposer vos pieds fatigués et votre cerveau surstimulé, dirigez-vous vers les petites oasis de verdure qui parsèment le centre-ville.

En explorant les abords vallonnés de Kyoto, vous tomberez inévitablement sur de vastes sites sacrés majestueux mais peu visités.

24 Une promenade à SAGA

MARCHE | CALME | ÉVASION

Baladez-vous dans ce coin moins connu de Kyoto, le long de ruelles rurales bordées de maisons de chaume, vous arrêtant en chemin dans les parcs luxuriants des temples. Contournez la célèbre bambouseraie avant de déjeuner au bord des eaux vives de la Katsura-gawa.

7MARU/SHUTTERSTOCK©

Parenthèse

Dans ce coin de Kyoto, vous n'êtes plus vraiment en ville. Maisons de thé, sites religieux plantés d'érables et boutiques familiales de poterie et de bambou confèrent à Saga une atmosphère rurale. Par cette promenade d'une demi-journée, ressourcez-vous loin de la foule avant l'effervescence d'Arashiyama.

En pratique

S'y rendre JR assure une liaison ferroviaire fréquente entre la gare de Kyoto et Saga-Arashiyama. Il est cependant plus intéressant de prendre le petit tramway Keifuku Randen Arashiyama qui traverse les faubourgs de Kyoto à la gare d'Omiya. Des bus pour Otagi-mae partent toutes les heures des stations Randen-Saga et Saga-Arashiyama.

Notre conseil En été, parcourez l'itinéraire en sens inverse et traversez le "tunnel hanté" pour vous baigner près du village de Kiyotaki.

01 Les centaines de statues bouddhiques *jizo* comiques de l'**Otagi Nenbutsu-ji** (p. 167) relèguent au second plan son cadre boisé et son architecture unique.

02 Avec son paysage de mousse, le **Gio-ji** (p. 167) est sans doute le temple le plus pittoresque de Kyoto. Il a été fondé par une ancienne danseuse de la cour confrontée au caractère éphémère de la beauté.

03 La villa **Okochi Sanso** (p. 167) a appartenu à la grande star du cinéma muet japonais. Le chemin de son jardin grimpe pour offrir une fabuleuse vue sur Kyoto et l'impétueuse Katsura-gawa.

04 Pour éviter les perches à selfie, approchez la bambouseraie d'**Arashiyama** (p. 167) de manière différente. Continuez à travers le Kameyama-koen, donnant sur la rivière.

05 La terrasse couverte du **Kameyama-ya** (p. 167) donne sur les collines boisées et les rameurs. Le **Yoshimura** (p. 167) propose de savoureux *soba* et une vue sur le pont Togetsu-kyo. Prenez un café au **% Arabica** (p. 166).

25 Une audience avec le DAIBUTSU

BOUDDHISME | ARCHITECTURE | CULTURE

La visite du Daibutsu (Grand Bouddha) du Todai-ji est le point d'orgue de toute excursion à Nara. Le visage de ce bronze de 15 m de haut, abrité sous le toit légèrement incurvé de l'un des plus grands et des plus beaux édifices en bois du monde, rayonne de sérénité depuis des siècles, contrastant avec ses dimensions imposantes.

B-HIDE THE SCENE/SHUTTERSTOCK ©

En pratique

Voir p. 166

S'y rendre Le Todai-ji est à 25 minutes à pied de la gare JR de Nara ou à 15 minutes de la gare de Kintetsu-Nara. Des bus fréquents desservent aussi le Nara-koen pour 220 ¥.

Quand Le Todai-ji est ouvert toute l'année, de 7h30 à 17h30 d'avril à octobre, de 8h à 17h de novembre à mars. Le lieu est très fréquenté le matin, en particulier le week-end et les jours fériés.

Notre conseil Allez-y avant 9h ou en fin d'après-midi pour éviter les cars de touristes.

LUCIANO MORTULA - LGM/SHUTTERSTOCK ©

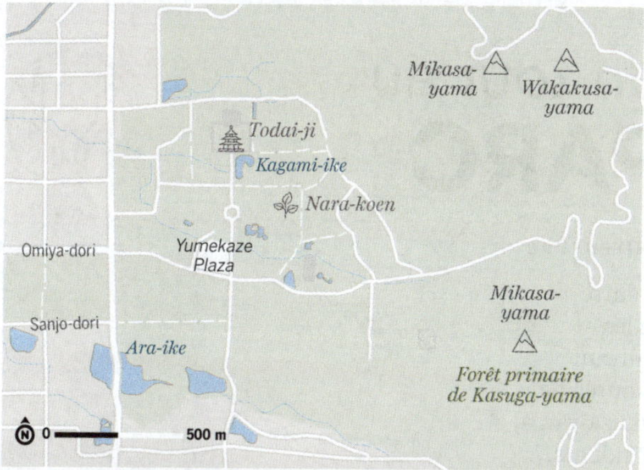

L'édifice Deux *nio* (gardiens) en bois de 7 m de haut, datant du XIIe siècle, gardent la porte du Daibutsu-den, édifice classé au patrimoine mondial qui se dresse majestueusement contre les collines. Commandé par l'empereur pour apporter la paix, ce temple aurait nécessité deux millions d'ouvriers pendant 15 ans. Il a finalement été consacré en 752, après avoir failli ruiner la nation. L'édifice actuel, reconstruit en 1709, fait deux tiers de celui d'origine.

Le bouddha Coulée entre 746 et 749 avec plus de 500 tonnes de bronze, la statue haute de 15 m a fréquemment été réparée à cause de séismes et d'incendies. Le corps actuel date de 1185, tandis que la tête, de 5 m de haut, a été recoulée en 1692. Le bouddha tient la main droite levée pour dissiper la peur et offrir sa protection divine. De récentes radios ont révélé des bijoux, des épées et même une dent humaine à l'intérieur du genou.

La salle Faites un détour sur la gauche pour admirer la statue au visage rouge de Binzuru, médecin alcoolique de Bouddha. Le bois est usé par les fidèles qui en frottent les parties du corps qu'ils cherchent à guérir. Derrière le bouddha, jetez un coup d'œil aux maquettes du site d'origine. Remarquez l'utilisation de jointures en bois élaborées à la place de clous. L'animation est la plus forte autour du pilier percé à sa base d'un trou de la taille de la narine du Daibutsu. Les visiteurs tentent de le traverser pour atteindre l'illumination dans leur prochaine vie.

Ci-contre en haut Daibutsu, Todai-ji
Ci-contre en bas Daibutsu-den

Fêtes

Yamayaki (fête du Feu) Cette tradition qui consiste à brûler l'herbe morte du Wakakusa-yama à la mi-janvier remonte à 1760.

Mantoro (fête des Lanternes) Pour la fête la plus pittoresque de Nara, les 3 000 lanternes du Kasuga Taisha (p. 166) sont allumées le 3 février, puis à la mi-août.

Shikayose (appel des daims) Le Nara-koen a été inauguré en 1862 au son d'une corne. Un joueur de cor recrée l'événement chaque jour à Tobihino, sur la route du Kasuga Taisha, rassemblant les daims autour de lui.

Shuni-e (cérémonie du Feu) Le 14 mars, les moines défilent avec d'énormes flambeaux sur la terrasse du Nigatsu-do, arrosant la foule de cendre pour la purifier.

Shika-no-Tsunokiri (Coupe des bois) Les daims du Nara-koen sont pourchassés dans le *roku-en* (enclos à daims) et leurs bois sciés.

26 Un tour au PARC

NATURE | HISTOIRE | ARCHITECTURE

Le Nara-koen concentre divers sites d'intérêt, que les visiteurs découvrent en suivant des sentiers asphaltés entourés de verdure au pied du Wakakusa-yama, accompagnés de daims résidents.

En pratique

S'y rendre Le Nara-koen est à 15 minutes à pied de la gare JR de Nara ou à 5 minutes de la gare de Kintetsu-Nara. Des bus fréquents desservent aussi le parc pour 220 ¥.

Quand Le parc est particulièrement fréquenté le week-end et pendant les vacances, mais on peut toujours trouver un coin calme sur ses 660 ha.

Notre conseil Les jours de fête sont intéressants, mais attendez-vous à beaucoup de monde.

Dans les bois On peut facilement faire le tour des principaux attraits du Nara-koen en une journée. Depuis le **Todai-ji** (p. 154), parcourez le parc dans le sens des aiguilles d'une montre pour regagner la gare, et pourquoi pas dîner ou prendre un verre dans Sanjo-dori.

Trésors naturels Un chemin en pente douce mène au **Nigatsu-do**, qui accueille la cérémonie de **Shuni-e** (p. 155) à la fin de l'hiver. Le bâtiment principal du temple, fondé en 752, est classé Trésor national. La terrasse offre une vue sur la ville, l'imposante silhouette du Todai-ji se découpant sur les montagnes d'Ikoma au loin. Suivez le sentier qui longe la base du Wakakusa-

Ci-contre en haut Daim du Nara-koen
Ci-contre en bas Kasuga Taisha

BENNY MARTY/SHUTTERSTOCK ©

VLADIMIR ZHOGA/SHUTTERSTOCK ©

Un animal sacré

Les 1 500 daims du Nara-koen constituent une attraction en soi. Selon la légende, la divinité du Kasuga Taisha est entrée dans le parc sur un cerf blanc. Symbole des enseignements les plus essentiels de Bouddha, les cerfs sont considérés comme sacrés. Jusqu'en 1637, en tuer un était un crime capital.

yama, où les daims des collines côtoient leurs cousins du parc. Descendez vers le **Kasuga Taisha** (p. 166), site ancien orné de 3 000 lanternes. Ses petits sanctuaires entourés d'arbres laissent deviner le lien étroit entre nature et shintoïsme.

Parmi les géants Suivez le chemin bordé de lanternes jusqu'au **Musée national de Nara** (p. 165). Le bâtiment en pierre de 1894 abrite une formidable collection d'art bouddhique, dont de nombreuses pièces datent du VIIIe siècle. En traversant le domaine du **Kofuku-ji** voisin (p. 166), vous passerez devant la deuxième plus haute pagode en bois du Japon et le remarquable pavillon octogonal au fond de la cour. Descendez les marches jusqu'à l'étang **Sarusawa-ike**.

27 À travers les SIÈCLES

HISTOIRE | MARCHE | EXCURSION

Le Yamanobe-no-michi est la plus ancienne route du Japon et l'une des plus pittoresques. Cette promenade de 3 à 4 heures couvre quinze siècles d'histoire, des tombeaux des empereurs anciens aux kiosques pleins de bons produits frais.

B.S.P.I./GETTY IMAGES ©

Saké et nouilles

L'**Omiwa-jinja** (p. 166), l'un des plus anciens sanctuaires du Japon, est non seulement le sanctuaire officiel du saké mais aussi le berceau des *somen* (fines nouilles de blé). Vous pourrez goûter aux deux dans les cafés qui se succèdent entre le sanctuaire et la gare de Miwa.

En pratique

S'y rendre Trains fréquents entre la gare JR de Nara et Tenri (durée : 13 minutes). La promenade de 30 minutes qui mène au départ du Yamanobe-no-michi traverse une galerie marchande figée dans le temps et passe devant l'imposant temple du *tenrikyo*, l'un des plus importants nouveaux mouvements religieux du Japon.

Notre conseil Si la balade est possible toute l'année, l'automne donne l'occasion de goûter aux fameux kakis de la région.

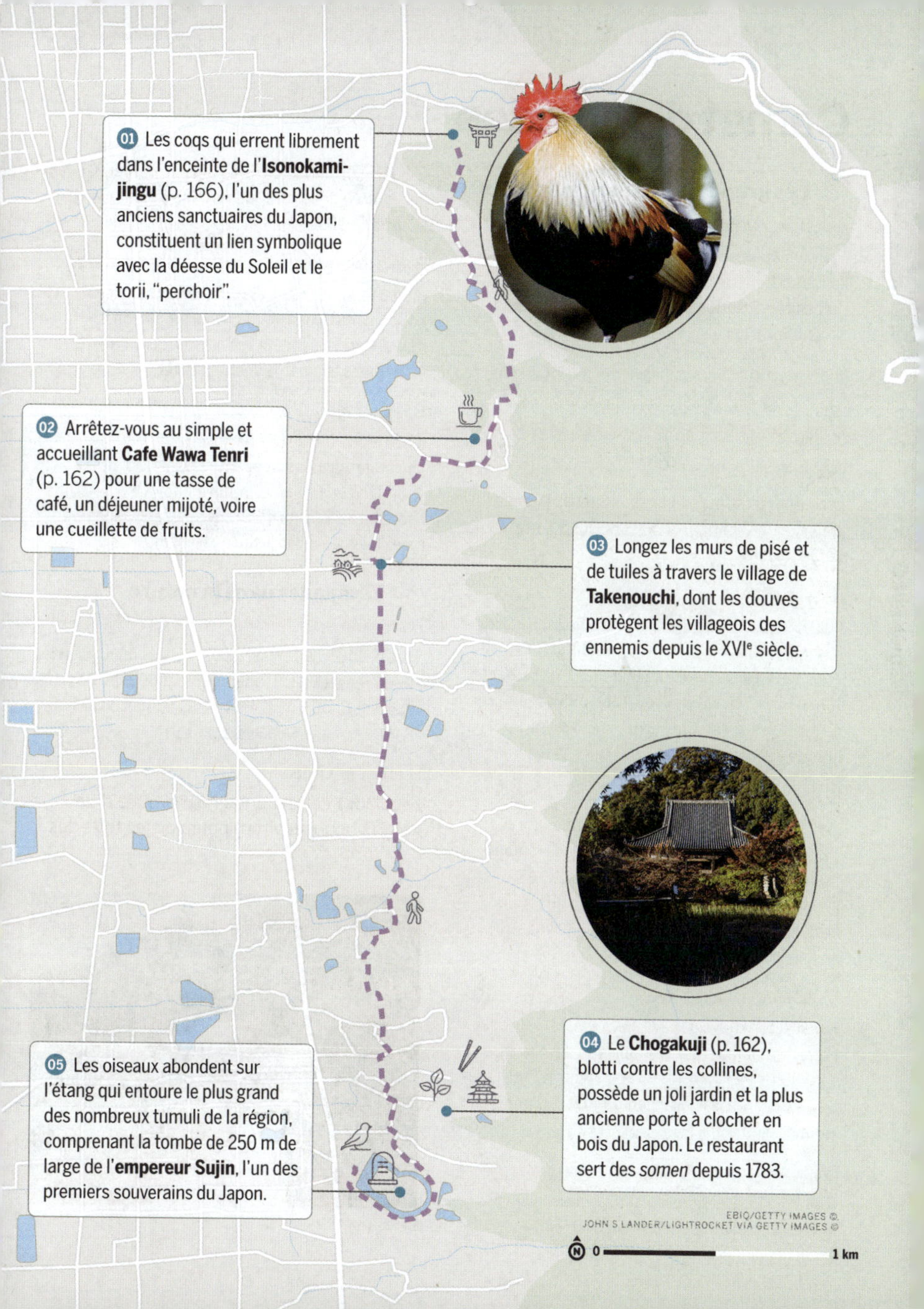

EBIQ/GETTY IMAGES ©,
JOHN S LANDER/LIGHTROCKET VIA GETTY IMAGES ©

Carnet d'adresses

Les grands classiques (voir p. 130)

Chion-in, Kyoto

(www.chion-in.or.jp ; 400 Rinka-cho, Higashiyama-ku ; adulte/enfant 500/250 ¥, entrée gratuite dans l'enceinte ; ⊙9h-16h30, dernière entrée 15h50 ; M ligne Tozai jusqu'à Higashiyama)

Gion, Kyoto

(Higashiyama-ku S ligne Tozai jusqu'à Sanjo, R ligne Keihan jusqu'à Gion-Shijo)

Horyu-ji

(www.horyuji.or.jp ; 1-1-1 Horyuji Sannai, Ikaruga ; adulte/enfant 1 500/750 ¥ ; ⊙8h-16h30, jusqu'à 17h30 mars-oct)

Katsura Rikyu

(☎075-211-1215 ; sankan.kunaicho.go.jp ; Katsura Misono, Nishikyo-ku ; 1 000 ¥, gratuit -18 ans ; ⊙visites en anglais 9h20, 11h20, 13h20, 15h20 et 16h20 mar-dim ; 🚌bus Kyoto City n°33 depuis la gare de Kyoto, arrêt Katsura Rikyu-mae ; R ligne Hankyu jusqu'à Katsura)

Kiyomizu-dera

(☎075-551-1234 ; www.kiyomizudera.or.jp ; 1-294 Kiyomizu, Higashiyama-ku ; adulte/enfant 400/200 ¥ ; ⊙6h-18h, heure de fermeture variable selon la saison ; 🚌bus Kyoto City n°206, arrêt Kiyomizu-michi ou Gojo-zaka, R ligne Keihan jusqu'à Kiyomizu-Gojo)

Musée national de Kyoto

(www.kyohaku.go.jp ; 527 Chaya-machi, Higashiyama-ku ; tarifs variables ; ⊙9h30-17h, 19h30-20h ven-sam, fermé lun ; 🚌bus n°206 ou n°208, arrêt Sanjusangen-do-mae, R ligne Keihan jusqu'à Shichijo)

Nijo-jo

(541 Nijojo-cho, Nijo-dori, Horikawa nishi-iru, Nakagyo-ku ; adulte/enfant 600/200 ¥ ; ⊙8h45-17h, dernière entrée 16h, fermé mar déc-jan, juil-août ; M ligne Tozai jusqu'à Nijo-jo-mae, R ligne JR jusqu'à Nijo)

Palais impérial de Kyoto

(Kyoto Gosho ; ☎075-211-1215 ; www.kunaicho.go.jp ; Kyoto Gyoen, Kamigyo-ku ; ⊙9h-16h30 mar-dim mars-sept, 9h-16h oct-fév, dernière entrée 40 minutes avant la fermeture) GRATUIT

Sanjusangen-do

(☎075-561-0467 ; 657 Sanjusan-gendoma wari-cho, Higashiyama-ku ; adulte/enfant 600/300 ¥ ; ⊙8h-17h avr à mi-nov, 9h-16h mi-nov à mars ; 🚌bus Kyoto City n°206 ou n°208 jusqu'à Sanjusangen-do-mae, R ligne Keihan jusqu'à Shichijo)

Escapades dans la nature

Byodo-in

Voir p. 146. (☎0774-21-2861 ; www.byodoin.or.jp ; 116 Uji-renge, Uji-shi ; adulte/enfant 600/300 ¥ ; ⊙jardins 8h30-17h30, Hoo-do 9h30-16h10 ; R ligne JR Nara ou ligne Keihan jusqu'à Uji)

Daimonji-yama

Escaladez cette montagne marquée d'un kanji (1 heure environ) pour voir les toits des

Byodo-in

temples éclairés par le soleil couchant et les gratte-ciel d'Osaka au loin.

Hiei-zan

Pour échapper à la chaleur estivale étouffante de Kyoto, baladez-vous à l'ombre de grands cèdres, parmi les bâtiments de l'Enryaku-ji disséminés dans la forêt.

Kyoto Isshu Trail

Du point de vue qui domine les portiques rouges du Fushimi Inari-Taisha, randonnez vers les célèbres temples du Tofuku-ji en passant par des chutes d'eau cachées, gardées par des dieux de pierre.

Jardins botaniques de Kyoto

Cette merveille méconnue réunit 12 000 espèces de plantes, offrant une riche palette de couleurs saisonnières, de nombreux oiseaux et des chemins de promenade luxuriants. (Shimogamohangi-cho, Sakyo-ku ; tarif plein/enfant jardins 200 ¥/gratuit, serre 200 ¥/gratuit ; 9h-17h, serre 10h-16h ; M ligne Karasuma jusqu'à Kitayama)

Maruyama-koen

Voir p. 145. (Maruyama-cho, Higashiyama-ku ; M ligne Tozai jusqu'à Higashiyama)

Parc du Palais impérial

Si vos enfants ont besoin de se dépenser, emmenez-les dans ce parc de 100 ha en plein centre de la ville, ancienne résidence de la famille impériale. (Kyoto-Gyoen, Kamigyo-ku ; lever-coucher du soleil ; M ligne Karasuma jusqu'à Marutamachi ou Imadegawa) GRATUIT

Villa Murin-an

Voir p. 151. (075-771-3909 ; murin-an.jp/en ; 31 Nanzenji Kusakawa-cho, Sakyo-ku ; 600 ¥ ; 9h-17h oct-mars, 9h-18h avr-sept)

Yasaka-jinja

Voir p. 145. (075-561-6155 ; www.yasaka-jinja.or.jp ; 625 Gion-machi, Kita-gawa, Higashiyama-ku ; 24h/24 ; M ligne Tozai jusqu'à Higashiyama) GRATUIT

JENJ PAYLESS2/SHUTTERSTOCK ©

Musée de la Photographie de Nara

Expériences culturelles

Fushimi Sake Village ¥¥¥

Ce restaurant honore l'arrondissement de Fushimi, deuxième centre de production de saké du Japon, avec une dégustation des 18 producteurs de la ville. Accompagnements vivement recommandés. (075-601-2430 ; www.fushimi-sake-village.com ; 115-2 Nayamachi, Fushimi-ku, 11h-21h fermé mar)

Gekkeikan Okura Sake Museum

Ce musée, sans doute le joyau de Fushimi, vous guide à travers la fabrication de son célèbre saké. La visite se termine par une dégustation. Échantillon à emporter offert. (075-623-2056 ; www.gekkeikan.co.jp ; 247 Minamihama-cho, Fushimi-ku ; tarif plein/enfant 300/100 ¥ ; 9h30-16h30)

Kyoto Sights & Nights

Promenez-vous dans les quartiers de geishas de Kyoto en compagnie d'un expert. Sont aussi proposés un verre avec une *maiko* et un dîner avec une geisha. (090-5169-1654 ; www.kyotosightsandnights.com)

Kyoto Taiko Center

Adoptez le rythme local en vous essayant au *taiko*, tambour traditionnel des fêtes japonaises, dans le temple Chomyo-ji (vous réveillerez sans doute ses divinités !).

(075-813-8623 ; www.taiko-center.co.jp/english ; 113-4 Takatsuji Oomiya-cho, Shimogyou-ku)

Méditation et cérémonie du thé

En

Voir p. 135. (080-3782-2706 ; www.teaceremonyen.com ; 272 Matsubara-cho, Higashiyama-ku ; 2 500 ¥/pers ; bus Kyoto City n°206, arrêt Gion ou Chionin mae)

Maikoya Kyoto

Voir p. 135. (01756065303 ; mai-ko.com/culture/tea-ceremony ; 329 Ebiyacho, Nakagyo-ku)

Ran Hotei

Voir p. 135. (075-801-0790 ; ranhotei.com/english ; 64 Kamikawara, Sanjo Omiya)

Shunko-in

Voir p. 150. (075-462-5488 ; www.shunkoin.com ; cours 3 500 ¥ ; ligne JR Sagano (San-in) jusqu'à Hanazono)

Repas mémorables

Another C

Voir p. 141. (0757462438 ; anotherc.net ; Sanjo-Kiyamachi Bldg 4F, 96 Nakajimacho, Nakagyo-ku)

Café Bibliotec Hello!

Voir p. 138. (075-231-8625 ; 650 Seimei-cho, Nijo-dori, Yanaginobanba higashi-iru, Nakagyo-ku ; repas à partir de 850 ¥ ; 11h30-minuit ; ; ligne Tozai jusqu'à Kyoto-Shiyakusho-mae)

Cafe Wawa Tenri

Voir p. 159. (074-366-1663 ; tenri-kankounouen.com ; 202 Sonohara-cho, Tenri, Nara ; 10h-16h mar-dim)

Chogakuji (restaurant du temple)

Voir p. 159. (www.chogakuji.or.jp ; 508 Yanagimoto-cho, Tenri, Nara)

Dining room you ¥¥¥

Initiez-vous à la culture *izakaya* dans cet établissement niché dans un quartier tranquille, réputé pour son *obanzai-ryori* (cuisine populaire), ses huîtres de saison et son grand choix de sakés. (075-414-0166 ; 152 Kameyacho Kamigyo-ku ; 17h30-23h)

Dragon Burger ¥

Le chef Adam Rawson a créé ses burgers primés en prenant en compte le palais japonais. Accompagnez d'une bière locale la formule dégustation avec burger wasabi, *yuzu-kosho* ou BBQ cacao. (075-525-5611 ; dragon-burger.com ; 13-243 Hommachi, Higashiyama-ku ; menu burger à partir de 1 300 ¥ ; boutique 10h-23h, déj 11h-14h)

Ganko Nijo-en ¥¥

À Kiyamachi, dans une villa en L de 1611 entourée d'un vaste jardin, ce restaurant franchisé offre une ambiance plus calme que les *izakaya* habituels. (075-223-3456 ; www.gankofood.co.jp ; Kiyamachi-dori, Nijo-sagaru, Nakagyo-ku ; plat déj/dîner à partir de 3 000 ¥ ; 11h-22h)

Giro Giro Hitoshina ¥¥

Voir p. 140. (075-343-7070 ; 420-7 Nanba-cho, Nishi-kiyamachi-dori, Matsubara-sagaru, Shimogyo-ku ; kaiseki 4 100 ¥ ; 17h30-minuit ; ligne Hankyu jusqu'à Kawaramachi, ou ligne Keihan jusqu'à Kiyomizu-Gojo)

Brochette de poulpe, marché de Nishiki

Hachiyoshi

Voir p. 141. (☎075-761-4422 ; hachiyoshi.jp ; 62-5 Jodoji Kamiminamidacho, Sakyo-ku ; formule déj à partir de 1 650 ¥ ; ⏰11h30-15h30 et 17h30-22h mar-dim)

Izusen

Voir p. 141. (☎075-491-6665 ; kyoto-izusen.com ; 4 Daitokuji-cho, Murasakino, Kita-ku)

Kikkoya

Voir p. 141. (☎0175-221-1270 ; web.kyoto-inet.or.jp/people/kikkoya/kikkoya ; 601 Kikkoya-cho, Takakura-dori, Anekoji-agaru, Nakagyo-ku)

Marché de Nishiki ¥

Des brochettes de poulpe aux beignets de tofu, goûtez à la diversité de la cuisine mondialement célèbre de Kyoto sur ce marché qui rassemble des centaines d'échoppes sur une surface qui fait à peine cinq pâtés de maisons. (Nishikikoji-dori, entre Teramachi et Takakura, Nakagyo-ku ; ⏰9h-17h ; Mligne Karasuma jusqu'à Shijo, Rligne Hankyu jusqu'à Karasuma ou Kawaramachi)

Mavo ¥¥¥

Voir p. 140. (☎075-708-6988 ; mavo.sobo.co.jp ; 594-7 Komatsu-cho, Higashiyama-ku)

Menami

Voir p. 141. (☎075-231-1095 ; www.menami.jp ; Kiyamachi-dori, Sanjo-agaru, Nakagyo-ku ; plats 400-1 600 ¥ ; ⏰17h-23h lun-sam ; Mligne Tozai jusqu'à Kyoto-Shiyakusho-mae ; Rligne Keihan jusqu'à Sanjo)

Men-Bistro Nakano ¥¥

Ambiance unique dans ce restaurant de ramen. Bouillon savoureux et excellent choix de vins. (☎075-241-0907 ; menbistronakano.net ; 1F Matsuhiro Bldg, 269 Nishinishikikojicho, Nakagyo-ku)

Omuraya

Voir p. 141. (☎0175-712-1337 ; www.omurahouse.

CEZARY WOJTKOWSKI/SHUTTERSTOCK ©

Ponto-cho

com/omuraya ; 28 Tanaka Monzen-cho, Sakyo-ku ; repas à partir de 1 500 ¥ ; ⏰17h-minuit)

Ponto-cho

Voir p. 142. (Ponto-cho, Nakagyo-ku ; Mligne Tozai jusqu'à Sanjo-Keihan ou Kyoto-Shiyakusho-mae, Rligne Keihan jusqu'à Sanjo ou ligne Hankyu jusqu'à Kawaramachi)

Pontocho Karyu ¥¥¥

La meilleure terrasse *yuka*, au-dessus d'un ruisseau rafraîchissant. (☎050-3469-2415 ; 138-5 Wakamatsucho, Pontocho Sanjo-sagaru, Nakagyo-ku)

Shigetsu ¥¥

Voir p. 141. (☎075-882-9725 ; 68 Susukinobaba-cho, Saga-Tenryu-ji, Ukyo-ku ; menus déj 3 500/5 500/7 500 ¥ ; ⏰11h-14h ; 🌿 ; Bbus Kyoto City n°28 depuis la gare de Kyoto, arrêt Arashiyama-Tenryuji-mae ; Rligne JR Sagano/San-in jusqu'à Saga-Arashiyama ou ligne Hankyu jusqu'à Arashiyama avec correspondance à Katsura)

Tagoto Honten

Voir p. 143. (☎075-221-1811 ; www.kyoto-tagoto.co.jp ; 34 Otabi-cho, Shijo-dori, Kawaramachi nishi-iru, Nakagyo-ku ; déj/dîner à partir de 1 850/6 000 ¥ ; ⏰11h30-15h et 16h30-21h ; Rligne Keihan jusqu'à Shijo, ou ligne Hankyu jusqu'à Kawaramachi)

Souvenirs

Aizen Kobo

Voir p. 138. (☎075-441-0355 ; www.aizenkobo.jp ; 215 Yoko Omiya-cho, Nakasuji-dori, Omiya Nishi-iru, Kamigyo-ku ; ⏲10h-17h30, jusqu'à 16h sam-dim ; gbus Kyoto City n°9, arrêt Horikawa-Imadegawa)

Centre textile de Nishijin

Voir p. 138. (☎075-451-9231 ; nishijin.or.jp ; Horikawa-dori, Imadegawa-sagaru, Kamigyo-ku ; gratuit ; ⏲10h-17h, fermé lun ; 🚌9 ou 12 jusqu'à Horikawa-Imadegawa)

Daimaru

Voir p. 143. (☎075-211-8111 ; Tachiuri Nishi-machi 79, Shijo-dori, Takakura nishi-iru, Shimogyo-ku ; ⏲10h-20h ; Ⓜligne Karasuma jusqu'à Shijo ; 🚆ligne Hankyu jusqu'à Karasuma)

Funahashi-ya

Près du pont Sanjo, cette charmante boutique pluricentenaire décline les *goshiki-mame*, confiseries à base de haricots grillés, dans diverses saveurs. (112 Nakajima-cho, Sanjo-dori, Kawaramachi higashi-iru, Nakagyo-ku ; ⏲10h-20h)

Hakuchikudo

Si vous visitez Kyoto en été, un éventail est indispensable. Faites votre choix parmi les trésors artistiques de cet atelier, qui fabrique des éventails depuis 1717. (☎075-221-1341 ; 448 Shirakabe-cho, Rokkaku-dori, Fuya-cho, Nakagyo-ku ; ⏲10h-18h fermé mer, tlj mai-août)

Ippodo Tea

Voir p. 143. (☎075-211-3421 ; www.ippodo-tea.co.jp ; Teramachi-dori, Nijo-agaru, Nakagyo-ku ; ⏲9h-18h ; Ⓜligne Tozai jusqu'à Kyoto-Shiyakusho-mae)

Kaboku Tearoom

Voir p. 143. Salon de thé attenant à la boutique Ippodo Tea ci-dessus.

Marukyu Koyamaen

Voir p. 135. (www.marukyu-koyamaen.co.jp ; Nishinotoin-dori Oike Sagaru Nishigawa, Nakagyo-Ku ; ⏲boutique 9h30-18h, fermé mer)

Robert Yellin Yakimono Gallery

La poterie prend des formes variées dans cette galerie dirigée par un grand spécialiste étranger de la céramique japonaise. Appelez avant d'y aller. (☎075-708-5581 ; japanesepottery.com ; 2 Ginkakuji-mae-cho, Sakyo-ku)

Shogo-in Yatsuhashi Sohonten Kyoto

Né en 1689, le *yatsuhashi*, crêpe à la cannelle garnie de haricots rouges sucrés, compte parmi les souvenirs comestibles de Kyoto les plus prisés. Goûtez aussi la version "crue" (vapeur). (☎075-752-1234 ; 6 Shogoin, Sanno-cho, Sakyo-ku)

Takashimaya

Voir p. 143 (☎075-221-8811 ; www.takashimaya-global.com/en/stores/kyoto ; Shijo- Kawaramachi Kado, Shimogyo-ku ; ⏲10h-20h, restaurants jusqu'à 21h30 ; 🚆ligne Hankyu jusqu'à Kawaramachi).

Musées et patrimoine

Naramachi Koshi-no-Ie

Voir p. 139. (☎0742-23-4820 ; 44 Gangoji-cho ; ⏲9h-17h mar-dim) GRATUIT

KIT LEONG/SHUTTERSTOCK ©

Boutique d'éventails de Kyoto

CEZARY WOJTKOWSKI/SHUTTERSTOCK ©

Kennin-ji

Maison de Naoya Shiga

L'un des plus éminents romanciers japonais a passé une décennie dans cette modeste maison aménagée autour d'un jardin luxuriant, à côté du Nara-koen. (☎0742-26-6490 ; www.naragakuen.jp/sgnoy ; Takabatake-cho, Nara ; tarif plein/enfant 350/100 ¥ ; 9h30-17h30 mars-nov, 9h30-16h30 déc-fév)

Musée national de Nara

Voir p. 157. (Nara Kokuritsu Hakubutsukan ; ☎050-5542-8600 ; www.narahaku.go.jp ; 50 Noborioji-cho, Nara ; 520 ¥, exposition spéciale 1 100-1 420 ¥ ; 9h30-17h mar-dim)

Musée de la Photographie de Nara

Derrière sa façade moderne se cachent plus d'un millier de photos des ères Meiji et Taisho, ainsi que 50 ans de fêtes et de vie quotidienne immortalisés à Nara. (☎0742-22-9811 ; irietaikichi.jp ; 600-1 Takabatake-cho, Nara ; tarif plein/enfant 500/100 ¥ ; 9h30-17h mar-dim)

Temples et sanctuaires

Daitoku-ji

Voir p. 151. (53 Daitokuji-cho, Murasakino, Kita-ku ; Bus Kyoto City n°205 ou 206, arrêt Daitokuji-mae, M ligne Karasuma jusqu'à Kitaoji)

Entsu-ji

Voir p. 151. (389 Iwakura Hataeda-cho, Sakyo-ku ; tarif plein/enfant 500/300 ¥ ; 10h-16h30 avr-nov, 10h-16h déc-mars)

Fushimi Inari-Taisha

Voir p. 130. (68 Yabunouchi-cho, Fukakusa, Fushimi-ku ; aube-crépuscule ; ligne JR Nara jusqu'à Inari, ou ligne Keihan jusqu'à Fushimi-Inari) GRATUIT

Ginkaku-ji

Voir p. 150. (pavillon d'Argent ; 2 Ginkaku-ji-cho, Sakyo-ku ; adulte/enfant 500/300 ¥ ; 8h30-17h mars-nov, 9h-16h30 déc-fév ; bus Kyoto City n°5, arrêt Ginkakuji-michi)

Heian-jingu

Voir p. 150. (☎075-761-0221 ; Nishitenno-cho, Okazaki, Sakyo-ku ; ⊙6h-17h nov-fév, 6h-18h mars-oct ; 🚌bus Kyoto City n°5, arrêt Okazakikoen Bijutsukan/Heianjingu-mae, Ⓜligne Tozai jusqu'à Higashiyama) GRATUIT

Hirano-jinja

Voir p. 145. (www.hiranojinja.com ; 1 Hirano Miyamotocho, Kita-ku ; entrée libre ; ⊙6h-17h)

Isonokami-jingu

Voir p. 159. (384 Furu-cho, Tenri, Nara)

Kasuga Taisha

Voir p. 155. (www.kasugataisha.or.jp ; 160 Kasugano-cho, Nara ; ⊙6h-18h avr-sept, 6h30-17h oct-mars) GRATUIT

Kennin-ji

Fondé en 1202 par le moine Eisai, le plus vieux temple zen de Kyoto est une oasis de paix en lisière de Gion. On admire avant tout son magnifique jardin *kare-sansui*. (www.kenninji.jp ; 584 Komatsu-cho, Yamatooji-dori, Shijo-sagaru, Higashiyama-ku ; 500 ¥ ; ⊙10h-17h mars-oct, 10h-16h30 nov-fév ; 🚆ligne Keihan jusqu'à Gion-Shijo)

Kinkaku-ji

Voir p. 132. (pavillon d'Or ; 1 Kinkaku-ji-cho, Kita-ku ; adulte/enfant 400/300 ¥ ; ⊙9h-17h ; 🚌bus Kyoto City n°205 depuis la gare de Kyoto ou Kyoto City n°12 depuis Sanjo-Keihan, arrêt Kinkakuji-michi)

Kofuku-ji

Voir p. 157. (www.kohfukuji.com ; 48 Noborioji-cho, Nara ; entrée libre dans l'enceinte ; ⊙jardin 24h/24, Tokondo 9h-17h)

Koto-in

Voir p. 166. (73-1 Daitokuji-cho, Murasakino, Kita-ku ; 400 ¥ ; ⊙9h-16h30)

Nanzen-ji

Voir p. 150. (www.nanzenji.com ; 86 Fukuchi-cho, Nanzen-ji, Sakyo-ku ; adulte/enfant à partir de 300/150 ¥, entrée libre dans l'enceinte ; ⊙8h40-17h mars-nov, 8h40-16h30 déc-fév ; 🚌bus Kyoto City n°5, arrêt Eikando-michi, Ⓜligne Tozai jusqu'à Keage)

Omiwa-jinja

Voir p. 158. (☎0744-42-6633 ; oomiwa.or.jp/english ; 1422 Miwa, Sakurai-shi, Nara) GRATUIT

Ryoan-ji

Voir p. 150. (www.ryoanji.jp ; 13 Goryonoshitamachi, Ryoan-ji, Ukyo-ku ; adulte/enfant 500/300 ¥ ; ⊙8h-17h mars-nov, 8h30-16h30 déc-fév ; 🚌bus Kyoto City n°59 depuis Sanjo-Keihan, arrêt Ryoanji-mae)

Shoden-ji

Voir p. 151. (72 Kitachinjuan-cho, Nishigamo, Kita-ku ; 400 ¥ ; ⊙9h-17h)

Todai-ji

Voir p. 154. (www.todaiji.or.jp ; 406-1 Zoshi-cho, Nara ; Daibutsu-den : adulte/enfant 600/300 ¥ ⊙7h30-17h30 avr-oct, 8h-17h nov-mars)

Promenade à Saga

% Arabica

Voir p. 153. (☎075-748-0057 ; www.arabica.coffee ; 3-47 Susukinobaba-cho, Saga-Tenryuji, Ukyo-ku ; ⊙8h-18h ; 🚌bus Kyoto City n°28 depuis la gare de Kyoto, arrêt Arashiyama-Tenryuji-mae ; 🚆ligne JR Sagano (San-in) jusqu'à Saga-Arashiyama)

AMSTK/SHUTTERSTOCK ©

Gio-ji.

Arashiyama Yoshimura ¥

Voir p. 153. (☎075-863-5700 ; Togetsu-kyo kita, Saga-Tenryu-ji, Ukyo-ku ; soba à partir de 1 000 ¥, menus à partir de 1 278 ¥ ; ⏲11h-17h ; 🚌bus Kyoto City n°28 depuis la gare de Kyoto, arrêt Arashiyama-Tenryuji-mae ; 🚆ligne JR Sagano/San-in jusqu'à Saga-Arashiyama ou ligne Hankyu jusqu'à Arashiyama avec changement à Katsura)

Bambouseraie d'Arashiyama

Voir p. 153. (Ogurayama, Saga, Ukyo-ku ; ⏲lever-coucher du soleil ; 🚌bus Kyoto City n°28 depuis la gare de Kyoto jusqu'à Arashiyama-Tenryuji-mae ; 🚆ligne JR Sagano/San-in jusqu'à Saga-Arashiyama ou ligne Hankyu jusqu'à Arashiyama avec changement à Katsura) GRATUIT

Gio-ji

Voir p. 153. (www.giouji.or.jp ; 32 Kozaka-cho, Sagatoriimoto, Ukyo-ku ; adulte/enfant 300/100 ¥ ; ⏲9h-17h ; 🚌bus Kyoto City n°28 depuis la gare de Kyoto, arrêt Arashiyama-Tenryuji-mae ; 🚆ligne JR Sagano/San-in jusqu'à Saga-Arashiyama ou ligne Hankyu jusqu'à Arashiyama avec changement à Katsura)

Kameyama-ya

Voir p. 153. (☎075-861-0759 ; Kamenoo-chō, Saga, Ukyō-ku ; plats 550-1 700 ¥ ; ⏲11h30-15h30)

ANDRES GARCIA MARTIN/SHUTTERSTOCK ©

Okochi Sanso

Okochi Sanso

Voir p. 153. (8 Tabuchiyama-cho, Sagaogurayama, Ukyo-ku ; adulte/enfant 1 000/500 ¥ ; ⏲9h-17h ; 🚌bus Kyoto City n°28 depuis la gare de Kyoto, arrêt Arashiyama-Tenryuji-mae ; 🚆ligne JR Sagano (San-in) jusqu'à Saga-Arashiyama ou ligne Hankyu jusqu'à Arashiyama avec changement à Katsura)

Otagi Nenbutsu-ji

(www.otagiji.com ; 2-5 Fukatani-cho, Saga-Toriimoto, Ukyo-ku ; tarif plein/-15 ans 300 ¥/gratuit ; ⏲8h-16h30)

OSAKA

CUISINE | VIE NOCTURNE | SORTIES

SUPER DRY
Asahi
Glico
グリコ
日商エステム
エステムプラザ
株式会社日本リート
不動産再生のスペシャリスト
NIHON
Real Estate Investment Technology
広告主募集中
06-6281-1717
ポイント
WA
この看板の照明はLEDを使用しています
広告募集
06-6262-1313
CHINTAI
www.chintai.net
戸堂歯科
「難波CITY」「難波PARKS」
TAX FREE

Admirez la vue nocturne sur la ville depuis le jardin flottant au sommet de l'**Umeda Sky Building** (p. 185).
1–2 heures

OSAKA
à la carte

"Deuxième" ville et capitale culinaire du Japon, Osaka a tout d'une mégapole moderne. Plus compacte que Tokyo, avec une apparence et un charme plus bruts, elle est incontournable pour sa cuisine de rue, ses néons et ses boutiques.

Baladez-vous dans les ruelles paisibles de **Hozen-ji Yokocho** (p. 179).
1–2 heures

Cascade de Minoh (18 km)
0 1 km
Quittez la ville pour découvrir la beauté naturelle de la **cascade de Minoh** (p. 182).
½ journée
Goûtez la bière locale, Minoh Beer, chez **Beer Belly Tenma** (p. 186).
1–3 heures
O-kawa
Dojima-gawa
Dégustez la spécialité d'Osaka chez **Takoyaki Wanaka** (p. 186).
1–2 heures
Osaka-jo-koen
Flânez dans le grand parc du château **Osaka-jo** (p. 177).
½ journée
CHUO-KU
Explorez tout un univers gastronomique au **Kuromon Ichiba** (p. 179).
1–2 heures
Trouvez tout le nécessaire pour cuisiner dans la **galerie Doguya-suji** (p. 184).
½ journée.

Informations pratiques

CHINTUNG LEE/SHUTTERSTOCK ©

À L'ARRIVÉE

Aéroport international du Kansai Deux lignes de train le relient à la ville : Nankai dessert Namba (40 minutes, 1 500 ¥) ; JR rejoint Osaka (Umeda) ou Shin-Osaka (1 heure, 2 400 ¥). Le trajet en bus coûte 1 600 ¥ et dure 1 heure 30 environ (kate.co.jp). Les taxis reviennent très cher (18 000 ¥).

Aéroport d'Itami Vols intérieurs essentiellement ; relié au centre par train et monorail.

Gare de Shin-Osaka Si vous y arrivez en *shinkansen*, prenez la ligne JR pour Osaka ou la ligne de métro Mido-suji pour rejoindre le centre.

BUDGET

Plateau de takoyaki
600 ¥

Bol de ramen
750 ¥

Bière artisanale
800 ¥

QUAND Y ALLER

MARS-MAI
Doux en journée, frais la nuit ; pic de la floraison des cerisiers début avril.

JUIN-AOÛT
Saison des pluies de juin à mi-juillet, puis très chaud et humide.

SEPT-NOV
Chaud jusqu'en octobre, couleurs d'automne à partir de fin novembre.

DÉC-FÉV
Froid et sec ; la plupart des lieux ferment quelques jours autour du Nouvel An.

COMMENT CIRCULER

Train Pratique, la ligne JR circulaire dessert les principaux quartiers d'Osaka, notamment Osaka (Umeda), Kyobashi et Tennoji. Certains trains desservent la gare JR de Namba.

Métro Parmi les nombreuses lignes d'Osaka, la plus utile pour les visiteurs est la Mido-suji (ligne rouge), qui circule du nord au sud et dessert Shin-Osaka, Umeda, Shinsaibashi, Namba et Tennoji.

IC Card La carte de transport rechargeable d'Osaka, ICOCA, vous évite d'acheter un billet à chaque trajet. Elle est valable dans les trains (JR et compagnies privées), les métros et certains bus dans tout le Kansai (même à Tokyo). Elle s'achète aux distributeurs de tickets JR (2 000 ¥, dont une caution remboursable de 500 ¥).

SE RESTAURER ET PRENDRE UN VERRE

Meilleurs quartiers Il y a de très bonnes adresses partout en ville. Umeda et surtout Namba sont les quartiers les plus prisés pour les bars et les restaurants, ainsi que Fukushima (ramen), Tsuruhashi (quartier coréen et capitale du *yakiniku*, grillade) et Tenma, avec des restaurants animés dans un labyrinthe de ruelles et la célèbre Tenjinbashi-suji.

Spécialités Les *takoyaki* (boulettes de poulpe) et les *okonomiyaki* (sorte de crêpe au chou) sont des plats roboratifs à base de pâte à crêpe, typiques d'Osaka.

Ramen à goûter
Menya Joroku (p. 185)

Meilleures okonomiyaki
Ajinoya Honten (p. 179)

SE CONNECTER ET S'ORIENTER

Wi-Fi Gratuit dans certains endroits (ofw-oer.com/en).

Orientation Osaka est divisée en deux grandes zones : Umeda, ou Kita, au nord, autour de la gare JR d'Osaka, et Minami (au sud) englobant les quartiers animés de Namba, Shinsaibashi et Dotombori. De grands offices du tourisme se trouvent dans la gare JR d'Osaka et au 1er niveau de la gare de Nankai Namba.

CARTES DE RÉDUCTION

Osaka Amazing Pass Trajets illimités dans les trains et les bus, accès gratuit à de nombreux sites et réductions dans certains magasins et restaurants (osaka-info.jp/en).

OÙ LOGER

Le choix ne manque pas dans toute la ville, notamment à Umeda et Namba, depuis l'auberge de jeunesse ou de l'hôtel-capsule bon marché aux cinq-étoiles de luxe.

Quartier	Pour/contre
Namba	Gastronomie, sorties et vie nocturne, mais parfois bondé.
Umeda	Centre de correspondances animé, avec nombreux magasins et restaurants.
Tennoji	Bien desservi en train mais un peu à l'écart. Proche de quartiers moins reluisants d'Osaka.
Honmachi	Central, mais plus calme et moins animé qu'à Namba ou à Umeda, surtout le soir.
Shin-Osaka	Parfait pour le *shinkansen* et proche d'Umeda. Hôtels et restaurants, mais pas grand-chose d'autre.
Osaka-jo	Certains hôtels sont accessibles à pied du château et du parc ; généralement très calme.

ARGENT

Ayez toujours suffisamment d'espèces sur vous car le paiement par carte bancaire n'est pas accepté partout (petits restaurants ou magasins, notamment). Forfaits et cartes de transport sont économiques.

Les grands classiques

Pour les infos pratiques de chaque site, reportez-vous au carnet d'adresses p. 184.

Osaka-jo

(Voir p. 184) Après avoir unifié le Japon à la fin du XVIe siècle, le général Toyotomi Hideyoshi fit bâtir ce château (1583), symbole de sa puissance. Quelque 100 000 ouvriers auraient été mis à contribution. L'édifice actuel est une reconstruction en béton datant de 1931 (rénovée en 1997), mais il n'en est pas moins impressionnant, dominant le parc et les douves. À l'intérieur, on découvre une belle collection d'objets historiques. La plateforme d'observation du 8e niveau offre une vue à 360°. Le parc entourant le château offre l'occasion d'une balade agréable parmi les cerisiers, spectaculaire au printemps et à l'automne.

COWARDLION/SHUTTERSTOCK ©

Shin-Sekai et Tsuten-kaku

Il y a un siècle, Shin-Sekai ("nouveau monde") accueillait un parc d'attractions très moderne. Aujourd'hui, il règne dans ce quartier de divertissement une atmosphère agréablement désuète, qui y attire de nombreux visiteurs. Il s'organise autour de la Tsuten-kaku, une tour en acier de 103 m datant de 1912 et reconstruite en 1956.

WATCHARAPONG THAWORNWICHIAN/500PX ©

BEEBOYS/STOCK.ADOBE.COM ©

Abeno Harukas

(Voir p. 184) Ce gratte-ciel conçu par César Pelli, le plus haut du Japon (300 m, 60 étages), a été inauguré en 2014. L'observatoire du 16e niveau est accessible gratuitement, contrairement à la plateforme d'observation Harukas 300, qui ménage une vue à 360° sur la région.

Théâtre national de bunraku

Le haut lieu du bunraku à Osaka aujourd'hui. Si cet art du théâtre de marionnettes n'est pas né dans la ville, il a été popularisé ici. Il met en scène des marionnettes quasi grandeur nature. Une représentation complète combine les scènes de différentes pièces et dure plus de 4 heures.

COWARD_LION/ISTOCK ©

Kuromon Ichiba

(Voir p. 184) Emblème d'Osaka depuis plus d'un siècle, ce marché long de 600 m est un lieu de chalandise autant qu'une curiosité touristique. Les étals de produits frais attirent les cuisiniers professionnels comme les particuliers ; échoppes de grillades et de sushis à emporter, préparés devant les clients.

JAYSONPHOTOGRAPHY/SHUTTERSTOCK ©

Amerika-mura

Coincée entre le boulevard Mido-suji et la voie express aérienne, cette petite enclave tendance voit boutiques de streetwear, friperies et cafés branchés côtoyer studios de tatouage, boîtes de nuit et quelques *love hotels* discrets. Les bancs du Triangle Park sont appréciés pour observer le défilé des fashionistas.

FOTOVOYAGER/ISTOCK ©

28 Explorer LA VILLE

BALADE EN VILLE | VISITE | MONUMENTS

Cette promenade à pied, sur une demi-journée ou sur une journée, passe par les principaux monuments d'Osaka et par des quartiers reflétant l'animation de la ville, et offre de nombreuses pauses gourmandes ou détente.

MIRKO KUZMANOVIC/ALAMY STOCK PHOTO ©

En pratique

S'y rendre La balade fait plus de 6,5 km, mais on peut prendre un bus ou un métro (ou en descendre) à tout moment.

Quand Toute l'année, mais il fait très chaud en été (juillet, août et début septembre).

Point fort Le soir, allez à Dotombori pour voir le fleuve magnifiquement illuminé de néons.

Bon plan Si vous n'avez pas envie de marcher, louez un vélo : vous en trouverez dans toute la ville via le site hubchari.com.

Quand y aller

Début avril : c'est la saison de **hanami** (observation des cerisiers) et l'Osaka-jo est un des meilleurs endroits pour en profiter.

Allez faire un tour au génial **marché aux puces** de Shitennoji, les 21 et 22 de chaque mois. En mars, la Nipponbashi Street Festa, un **festival de cosplay** (**costumade**), se déroule à Den Den Town.

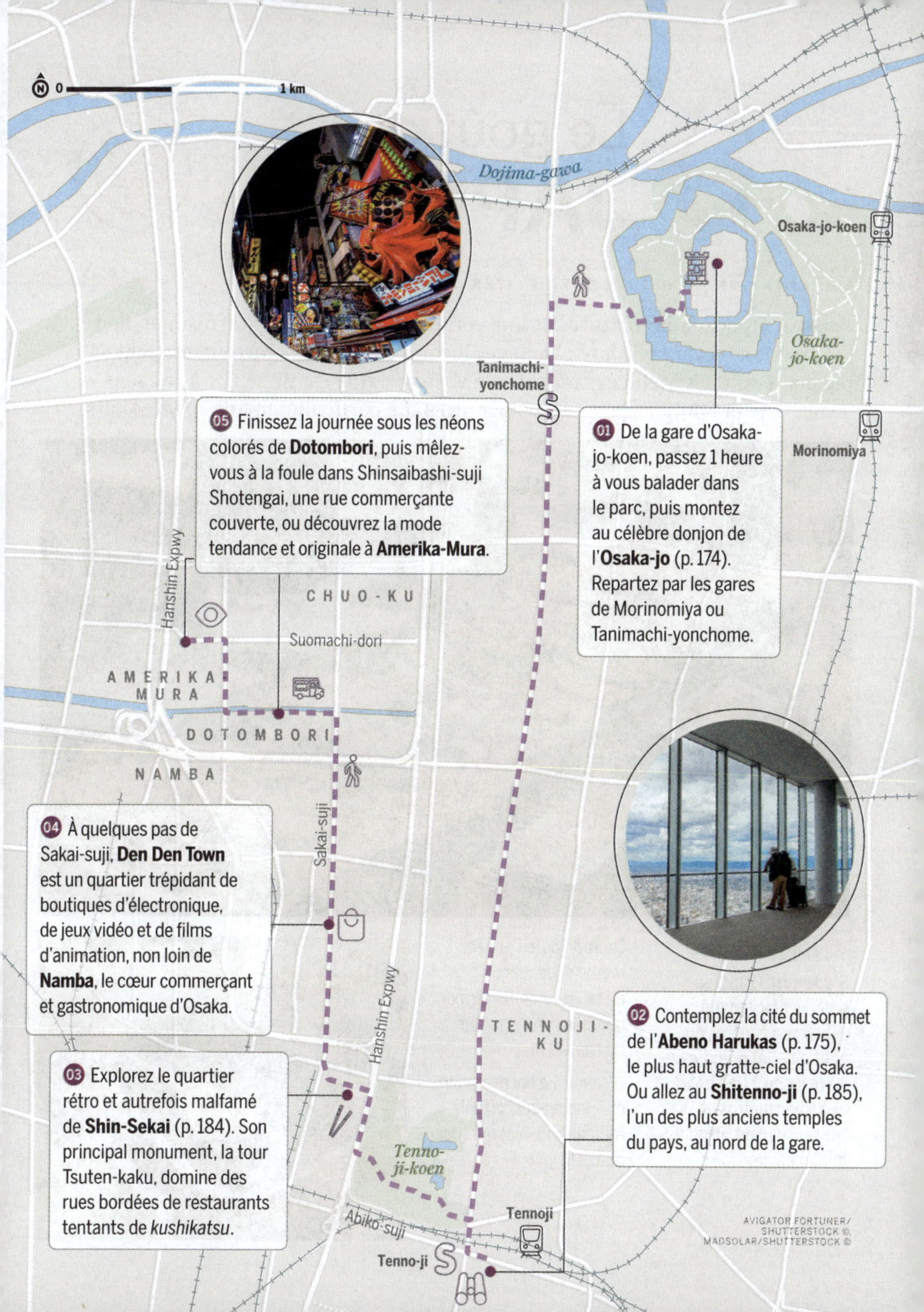

01 De la gare d'Osaka-jo-koen, passez 1 heure à vous balader dans le parc, puis montez au célèbre donjon de l'**Osaka-jo** (p. 174). Repartez par les gares de Morinomiya ou Tanimachi-yonchome.

02 Contemplez la cité du sommet de l'**Abeno Harukas** (p. 175), le plus haut gratte-ciel d'Osaka. Ou allez au **Shitenno-ji** (p. 185), l'un des plus anciens temples du pays, au nord de la gare.

03 Explorez le quartier rétro et autrefois malfamé de **Shin-Sekai** (p. 184). Son principal monument, la tour Tsuten-kaku, domine des rues bordées de restaurants tentants de *kushikatsu*.

04 À quelques pas de Sakai-suji, **Den Den Town** est un quartier trépidant de boutiques d'électronique, de jeux vidéo et de films d'animation, non loin de **Namba**, le cœur commerçant et gastronomique d'Osaka.

05 Finissez la journée sous les néons colorés de **Dotombori**, puis mêlez-vous à la foule dans Shinsaibashi-suji Shotengai, une rue commerçante couverte, ou découvrez la mode tendance et originale à **Amerika-Mura**.

29 Le goût du JAPON

ALIMENTATION | MARCHÉ | SPÉCIALITÉS LOCALES

À Osaka, la nourriture est une véritable obsession, ce que résume bien l'expression locale *kuidaore* : "manger jusqu'à en tomber". Partout, on peut se régaler, et un des meilleurs moyens de visiter la ville est de se fier à ses sens – vue, ouïe et odorat – pour découvrir des plats particulièrement appétissants.

YULIA GRIGORYEVA/SHUTTERSTOCK ©

En pratique

S'y rendre Osaka se parcourt facilement à pied ; en général, on peut dîner et prendre un verre jusqu'à une heure avancée : métros et trains circulent jusqu'à minuit environ.

Quand Toute l'année, même si beaucoup d'établissements ferment quelques jours autour du Nouvel An.

À savoir Le bol de ramen et le *kaiten-zushi* (tapis roulant à sushis) ont tous deux été inventés à Osaka.

PAIKONG/SHUTTERSTOCK ©

En haut à gauche Kuromon Ichiba
En bas à gauche *Kushikatsu*

Manger dans le centre Les néons et l'animation de **Dotombori** en font le quartier le plus populaire d'Osaka, notamment près du célèbre **Ebisu-bashi** (pont d'Ebisu) et de "l'homme qui court", l'enseigne géante de Glico. Les rues y sont pleines de vendeurs de *takoyaki*, de bars à ramen, de boutiques et d'enseignes colorées : régalez-vous de cuisine de rue en profitant du "son et lumière". Le quartier regorge aussi de restaurants. **Ajinoya Honten** (p. 185), l'un des meilleurs pour les *okonomiyaki*, est juste au sud du pont, tandis que les anciennes ruelles pavées pittoresques de **Hozen-ji Yokocho** cachent d'agréables *izakaya* (bistrots traditionnels), qui s'animent la nuit venue.

Emplettes culinaires Cœur de la scène culinaire d'Osaka, le **Kuromon Ichiba** (marché de Kuromon) (p. 184) abrite de nombreuses boutiques vendant produits de la mer, viande, fruits, légumes ou sucreries ; la plupart ont un étal où sont cuisinés des plats à emporter. Plus à l'ouest, **Sennichimae Doguyasuji** est une rue commerçante couverte dédiée aux ustensiles de cuisine, pleines d'idées souvenirs pour les gastronomes.

Délices frits Inventées à Osaka au début du XXe siècle, les *kushikatsu* sont des brochettes de viande, de produits de la mer et de légumes, panées et frites, servies avec une sauce noire piquante. Les rues délicieusement vieillottes de **Shin-Sekai** (p. 184) débordent de restaurants de *kushikatsu* : faites votre choix et dégustez vos brochettes avec une bière bien fraîche.

Spécialités locales

On appelle Osaka la "cuisine de la nation" parce que cette ville de commerce est devenue un véritable entrepôt de produits alimentaires, comme la cuisine d'une maison, et elle est aussi réputée pour ses spécialités roboratives.

Plat de rue emblématique d'Osaka, les ***takoyaki*** sont des boulettes de pâte à crêpe garnie de poulpe (*tako*), croustillantes dehors et fondantes dedans, arrosées de sauce, de mayonnaise, de poudre d'algue et de copeaux de bonite séchée.

Autres classiques locaux, les ***okonomiyaki*** sont de délicieuses crêpes garnies de lanières de chou et, au choix, de viande, de produits de la mer ou de légumes, souvent cuites à votre table.

Saveurs du JAPON

01

02

03

04

05

06

01 Sushis

Poisson cru sur une boulette de riz vinaigré, parfois enveloppé de nori (algue), servi avec une sauce soja et du wasabi.

02 Ramen

Nouilles de blé dans un bouillon riche à base de viande ou de poisson, garni de tranches de porc rôti, de légumes et d'œufs, entre autres.

03 Udon

Grosses nouilles de blé blanches, souvent servies dans un bouillon léger avec diverses garnitures.

04 Soba

Fines nouilles de sarrasin servies soit froides avec une sauce, du wasabi et de la ciboule, soit chaudes, dans un bouillon.

05 Yakiniku

Littéralement “viande grillée”. Tranches de bœuf ou de porc grillées à la façon du barbecue coréen, servies avec du riz et des sauces.

06 Curry japonais

En général plus doux et léger qu'épicé. Également appelé *kare-raisu* (riz au curry), on le mange à la cuillère.

07

09

11

08

12

10

07 Nabe

Terme qui désigne différents ragoûts de viandes, poissons ou fruits de mer cuits avec des légumes ; *shabu-shabu* et sukiyaki en sont des variantes.

08 Yakitori

Brochettes de petits morceaux de poulet, grillées au charbon de bois, servies assaisonnées de sel ou de *tare* (sauce).

09 Kushikatsu

Brochettes de petits morceaux de viande, de produits de la mer et de légumes, panées et frites, qu'on plonge dans une sauce noire.

10 Tonkatsu

Côtelettes de porc panées et frites, servies avec du riz, du chou émincé et une sauce *tonkatsu* piquante.

11 Tempura

Tranches de viande, de produits de la mer ou de légumes cuites en beignet dans une pâte à crêpe légère, qu'on peut tremper dans une sauce.

12 Okonomiyaki

Délicieuses crêpes à base de farine de blé, garnies de chou, de viande ou de produits de la mer, cuites sur un *teppan* (plaque chauffante en fer).

30 Escapade rurale À MINOH

BALADE | NATURE | CASCADE

Osaka n'est pas que foule pressée et néons : la bucolique Minoh, à seulement 25 minutes en train d'Umeda, offre une jolie balade en forêt jusqu'à une cascade pittoresque, et l'occasion d'apercevoir en chemin des singes en liberté. Superbe en toute saison, Minoh est aussi le siège d'une des brasseries artisanales les plus réputées du pays.

En pratique

S'y rendre Depuis la gare Hankyu d'Osaka-Umeda, prenez un train de la ligne Hankyu Takarazuka jusqu'à Ishibashi Handai-Mae, puis changez pour la ligne Hankyu Mino et descendez au terminus.

Quand Toute l'année ; très prisé pour ses couleurs d'automne, vers fin novembre.

À noter Minoh est parfois anglicisé en "Minoo" ou "Mino".

Balade dans les bois Bien indiquée depuis la gare, cette balade facile de 3 km (45 minutes) et entièrement goudronnée commence par la montée d'une rue étroite bordée de petits magasins et restaurants. Suivez ensuite une jolie rivière à travers la forêt, passez par le Ryuan-ji, un petit temple, avant d'atteindre la splendide **cascade de Minoh** (www.mino-park.jp), haute de 33 m. De nombreux sentiers de randonnée s'enfoncent dans les montagnes, pour les plus aventureux.

L'appel de la nature Malgré la proximité de la ville, Minoh

En haut à droite Cascade de Minoh
En bas à droite Macaque japonais

TAWA/SHUTTERSTOCK ©

TORU KIMURA/SHUTTERSTOCK ©

Beer Belly

Fondée en 1997, Minoh Beer est une des premières microbrasseries du Japon, et sans doute aujourd'hui la plus connue : on trouve ses bouteilles dans presque toute la région. Le Minoh Beer Warehouse (p. 187), à 20 minutes. à pied au sud-est de la gare de Minoh, est le meilleur endroit pour étancher votre soif.

est un refuge pour la faune sauvage, notamment les macaques japonais – on les voit souvent en groupes à proximité du chemin ; même s'il ne sont pas très farouches, ne les nourrissez pas. On peut aussi apercevoir des sangliers, des cervidés et de nombreuses espèces d'oiseaux. Pour les amateurs, l'insectarium du Parc de Minoh vaut aussi la visite.

Attractions automnales

Vers la fin novembre, au moment du *koyo* (l'arrivée des couleurs d'automne), Minoh est un des endroits préférés des habitants d'Osaka pour admirer les feuillages, quand la forêt s'illumine de rouge, de jaune et d'orange. C'est aussi le meilleur moment pour goûter à la *momiji tempura* (tempura de feuilles d'érable), spécialité de Minoh qu'on trouve dans les stands et boutiques qui bordent le chemin.

Carnet d'adresses

Les grands classiques (voir p. 174)

America-Mura

(www.americamura.jp ; Nishi-Shinsaibashi, Chuo-ku ; M ligne Mido-suji jusqu'à Shinsaibashi, sortie 7)

Shin-Sekai et Tsuten-kaku

(Naniwa-ku ; M ligne Mido-suji jusqu'à Dobutsuen-mae, sortie 5)

(☎ 06-6641-9555 ; www.tsutenkaku.co.jp ; 1-18-6 Ebisu-higashi ; adulte/enfant 700/400 ¥ ; ⌚ 9h-21h)

Théâtre national de bunraku

(☎ 06-6212-2531, billetterie 0570-07-9900 ; www.ntj.jac.go.jp ; 1-12-10 Nipponbashi, Chuo-ku ; spectacle complet 2 400-6 000 ¥, un seul acte 500-1 500 ¥ ; ⌚ ouvert certains mois, voir le site Web ; M ligne Sakai-suji jusqu'à Nipponbashi, sortie 7)

Attractions populaires

Abeno Harukas

Voir p. 175. (www.abenoharukas-300.jp ; 1-1-43 Abeno-suji, Abeno-ku ; plateforme d'observation 1 500 ¥ ; ⌚ plateforme d'observation 9h-22h ; M ligne Mido-suji jusqu'à Tennoji, R ligne JR, gare deTennoji)

Aquarium Kaiyukan d'Osaka

Un des plus grands aquariums du pays, à 30 minutes en train du centre d'Osaka, présentant une multitude de poissons dont un requin-baleine et divers animaux marins : loutres de mer, pingouins... On pourra toutefois s'interroger du bien-fondé de la présence de dauphins, connus pour souffrir de la vie en captivité. (☎ 06-6576-5501 ; www.kaiyukan.com ; 1-1-10 Kaigan-dori, Minato-ku ; tarif plein/enfant 2 300/600-1 200 ¥ ; ⌚ 10h-20h, dernière entrée 19h ; M ligne Chuo jusqu'à Osaka-ko, sortie 1)

Doguya-suji

Dans cette galerie commerçante couverte, on trouve tout le nécessaire pour préparer, consommer et vendre la nourriture, principale passion d'Osaka : paniers vapeur en bambou, bols laqués pour la soupe miso, lanternes de devanture, fausse nourriture en résine et, bien sûr, plaques de cuisson pour les *takoyaki*. (www.doguyasuji.or.jp/map_eng.html ; Sennichi-mae, Chuo-ku ; ⌚ 10h-18h ; M ligne Mido-suji jusqu'à Namba, sortie 4)

Kuromon Ichiba (marché de Kuromon)

Voir p. 175. (www.kuromon.com ; Nipponbashi, Chuo-ku ; ⌚ 9h-18h pour la plupart des échoppes ; M ligne Sakai-suji jusqu'à Nipponbashi, sortie 10)

Osaka-jo

Voir p. 174. (www.osakacastle.net ; 1-1 Osaka-jo, Chuo-ku ; tour 600 ¥, billet combiné avec le musée d'Histoire d'Osaka 900 ¥, accès parc gratuit ; ⌚ 9h-17h, ouvert plus tard à certains moments du printemps et de l'été ; M ligne Chuo jusqu'à Tanimachi 4-chome, sortie 9, R ligne circulaire JR jusqu'à Osaka-jo-koen)

Osaka Museum of Housing & Living

Pour une heure ou deux, visitez les reconstitutions détaillées et évocatrices de

OCHIVIS PICTURES/SHUTTERSTOCK ©

Osaka Museum of Housing & Living

rues et de bâtiments de l'Osaka des années 1830, dans cet intéressant petit musée, situé juste au-dessus de la gare Tenjimbashisuji 6-chome. (☎06-6242-1170 ; www.konjyakukan.com ; 8e niveau, 6-4-20 Tenjinbashi, Kita-ku ; tarif plein/étudiant/enfant 600/300 ¥/gratuit ; ⏲10h-17h fermé mar et irrégulièrement)

Shitenno-ji

Voir p. 177. (www.shitennji.or.jp ; 1-11-18 Shitennō-ji, Tennōji-ku ; tarif plein/étudiant/enfant 300/200 ¥/gratuit ; ⏲8h30-16h30 avr-sept, 8h30-16h oct-mars)

Studios Universal Japan

Parc à thèmes prisé à 10 minutes de train de la gare d'Osaka. Manèges et attractions pour tous les âges, avec les univers Harry Potter ou Super Nintendo, entre autres. Parfois bondé ; évitez les week-ends et les vacances. (☎0570-200-606 ; www.usj.co.jp ; 2-1-33 Sakura-jima, Konohana-ku ; pass 1 jour adulte/enfant 7 400/5 100 ¥, pass 2 jours 13 400/9 000 ¥ ; ⏲selon saison ; 🚆ligne JR Yumesaki jusqu'à Universal City)

Sumiyoshi Taisha

Fondé au IIIe siècle, le Sumiyoshi Taisha est un des plus anciens sanctuaires du Japon, célèbre pour son joli pont rouge en arche. À 10 minutes de train de Namba, au sud. (www.sumiyoshitaisha.net ; 2-9-89 Sumiyoshi, Sumiyoshi-ku ; ⏲6h-17h avr-sept, 6h30-17h oct-mars ; 🚋ligne Hankai jusqu'à Sumiyoshi-torii-mae ; 🚆ligne Nankai, gare de Sumiyoshi-taisha) GRATUIT

Umeda Sky Building

Ce monument d'Umeda se compose de deux tours de 40 étages reliées au sommet par un grand observatoire avec terrasse panoramique offrant une vue superbe sur la ville de nuit. À 15 minutes à pied de la gare JR d'Osaka. (☎06-6440-3855 ; www.kuchu-teien.com ; 1-1-88 Oyodonaka, Kita-ku ; adulte/enfant 1 500/700 ¥ ; ⏲plateformes d'observation 9h30-22h30, dernière entrée 22h ; 🚆ligne JR, gare d'Osaka, sortie centrale nord)

HIROSHI H/SHUTTERSTOCK ©

Umeda Sky Building

Plats traditionnels et nouilles

Ajinoya Honten

Voir p. 179. (www.namba-ajinoya.com ; -7-16, Namba, Chuo-ku ; 11h-21h mar-dim)

Dotombori Imai Honten ¥¥

Oasis de calme au milieu de l'agitation du centre-ville, ce restaurant d'*udon* est une institution à Osaka réputée pour son excellente cuisine et son atmosphère à l'ancienne. À 1 minute du pont Ebisu-bashi. (☎06-6211-0319 ; www.d-imai.com ; 1-7-22 Dotombori, Chuo-ku ; plats à partir de 800 ¥ ; ⏲11h-20h30, fermé mer ; Ⓜligne Mido-suji, station Namba, sortie 14)

Menya Joroku ¥

Célèbre boutique de Namba préparant des ramens dans un riche bouillon de poulet. Ne manquez pas sa spécialité de ramen au soja : les *chuka soba*. L'endroit est petit, il y a souvent la queue, à juste titre.

(☎06-6643-6633 ; jouroku.blog.fc2.com ; 6-16 Nanbasennichimae, Chuo-ku ; 11h30-15h et 18h-21h fermé mer)

Okonomiyaki Mizuno ¥

Un endroit prisé qui sert des *okonomiyaki*, la spécialité d'Osaka, depuis 1945 : ils s'y connaissent donc. À mi-chemin entre les stations de métro Namba et Nipponbashi. (☎06-6212-6360 ; www.mizuno-osaka.com ; 1-4-15 Dotombori, Chuo-ku ; 11h-22h)

Ramen Jinsei Jet ¥

Un restaurant très prisé, à quelques pas de la gare JR Fukushima, côté nord, servant de copieux bols de ramen dans un épais bouillon au poulet. Commandez à l'automate, dehors (les employés pourront vous aider). (☎06-6345-7855 ; 7-12-2 Fukushima, Fukushima-ku ; 11h-15h et 18h-22h)

Takoyaki Wanaka ¥

Si on trouve facilement des *takoyaki* (boulettes au poulpe) à Osaka, cette chaîne renommée les sert croustillants et délicieusement fondants à l'intérieur. Service rapide et sympathique. Un de leurs établissements est dans le parc Osaka-jo. (☎06-6949-3303 ; takoyaki-wanaka.com ; parc du Château, 3-1 Osaka-jo, Chuo-ku, Jo-Terrace Osaka F Terrace 102 ; 11h-22h)

(☎06-6631-0127 ; takoyaki-wanaka.com ; 11-19 Sennichi-mae, Chuo-ku ; tako-yaki à partir de 450 ¥ les 8 ; 10h-23h lun-ven, 8h30-23h sam-dim ; M ligne Mido-suji, station Namba, sortie 4)

Sushis et produits de la mer

Endo Sushi ¥¥

Un restaurant familial proche du marché au poisson en gros, dans le centre d'Osaka, préparant d'excellents sushis, on ne peut plus frais. Prisé des habitants et des touristes ; vous risquez d'attendre, même tôt le matin. Espèces uniquement. (www.endo-sushi.com ; 1-1-86 Noda, Fukushima-ku ; assortiment 1 150 ¥ ; 5h-14h lun-sam ; M ligne Sennichimae jusqu'à Tamagawa, sortie 3, R ligne JR circulaire jusqu'à Noda)

Genrokuzushi ¥

Le premier restaurant *kaiten-zushi* (tapis roulant à sushis) du monde, qui a essaimé dans toute la ville ; celui de Sennichimae est sans doute le meilleur. Bons sushis, abordables ; carte en anglais. (☎06-6631-0127 ; takoyaki-wanaka.com ; 11-19 Sennichi-mae, Chuo-ku ; tako-yaki à partir de 450 ¥ les 8 ; 10h-23h lun-ven, 8h30-23h sam-dim ; M ligne Mido-suji, station Namba, sortie 4)

Junchan Sushi ¥¥

Dans un coin calme de Dotombori, cet agréable petit restaurant sert de généreuses portions de sushis bien frais, à prix abordables. Essayez le menu *omakase* (sélection du chef). Réservation parfois nécessaire. (☎5053042890 ; 1-6-16 Sennichimae, Chuo-ku ; 17h30-23h mar-dim)

Bière artisanale et bars

Beer Belly Tenma ¥¥

Ce bar à bières appartient à Minoh Beer, la meilleure brasserie artisanale d'Osaka. Derrière le long comptoir, un grand choix de bières pour ce label local (notamment stouts et IPA), situé dans le labyrinthe animé des restaurants, juste au nord de la gare JR Tenma. (☎06-6353-5005 ; www.beerbelly.

Kuromon Ichiba

jp/tenma ; 7-4 Ikeda-cho, Kita-ku ; ⏲15h-minuit ; 🚆ligne JR circulaire jusqu'à Tenma)

Craft Beer Base Bud ¥¥

Bien cachée sous la gare d'Osaka (au niveau −2/BF2), cette adresse plaisante et décontractée propose en rotation diverses bières japonaises et étrangères. Bonne cuisine. (www.craftbeerbase.com ; 1-2-11 Oyodo-minami, Kita-ku ; bière pression 1 000-1 200 ¥ ; ⏲11h30-23h lun-mer et ven, 17h-23h jeu, 12h-23h sam-dim ; Ⓜligne Mido-suji, station Umeda, sortie 3, 🚆ligne JR, gare d'Osaka, sortie centre nord)

Minoh Beer Warehouse

Voir p. 183. (www.minoh-beer.jp ; 3-14-18 Makiochi, Minoo ; ⏲bar 11h-21h ven-mar)

Music Bar Groovy ¥¥

Atmosphère paisible, musique agréable, déco vintage originale et clientèle locale et étrangère sympathique. Wataru, le propriétaire, parle bien anglais. Juste à droite de la gare Dobutsuen-Mae (sortie n°8). (☎080-4702-0022 ; www.musicbar-groovy.com ; 1-6-12 Taishi, Nishinari ; ⏲20h-2h)

Yellow Ape Craft ¥¥

Large choix de bières, cuisine excellente, et personnel sympathique. Plus de 15 bières pression sont accessibles en libre–service avec une carte, et on règle à la fin. Autre adresse récente près de la gare Yodoyabashi. (☎649-633-838 ; yellowapecraft.com ; 2-4-9 Imabashi, Chuo-ku ; ⏲15h-0h30 lun-jeu et sam, 16h-2h ven, 15h-23h30 dim)

HIROSHI H/SHUTTERSTOCK ©

Un restaurant à Osaka

31 Excursion à HIMEJI-JO

HISTOIRE | CHÂTEAU | PATRIMOINE MONDIAL

Surnommé le "héron blanc" ou l'"aigrette blanche", du fait de sa façade blanche, le Himeji-jo est le château le plus spectaculaire du pays. Au sommet d'une colline dominant Himeji, petite ville au bord de la mer intérieure de Seto, le Himeji-jo est aisément accessible en train, et constitue une belle excursion depuis Osaka et Kyoto, ou une étape pratique pour continuer vers l'ouest.

ALEKSANDAR TODOROVIC/SHUTTERSTOCK ©

En pratique

S'y rendre 30 minutes en *shinkansen* depuis Shin-Osaka (3 280 ¥) ou 1 heure depuis la gare d'Osaka avec les trains spéciaux rapides JR. Le château est à 15 minutes à pied au nord de la gare de Himeji, ou à 3 minutes en bus (arrêt Otemon-mae, 100 ¥).

Quand Ouvert toute l'année (sauf les 29-30 décembre) ; évitez les week-ends et les vacances nationales. (⏲9h-17h, jusqu'à 18h mai-août).

Tarif plein/enfant : 1 000 ¥/300 ¥, billet combiné avec le Koko-en 1 050/360 ¥.

CYRUS_2000/SHUTTERSTOCK ©

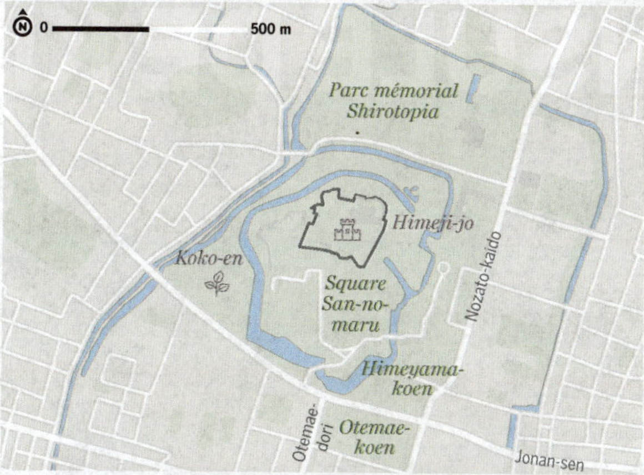

Une longue histoire Classé Trésor national, le Himeji-jo est un des 12 châteaux originels qui subsistent dans le pays (la plupart sont des reconstructions modernes), réputé pour sa magnifique architecture, ses dimensions et son parc labyrinthique. Édifié en 1580 par Toyotomi Hideyoshi, sur un site fortifié depuis 1333, puis agrandi 30 ans plus tard par Ikeda Terumasa, le château a accueilli des générations de seigneurs féodaux. Il a connu peu de batailles mais a survécu aux séismes et aux bombardements de la Seconde Guerre mondiale. Il a rouvert en 2015, après cinq ans de travaux de rénovation. Ses murs et ses avant-toits ont été enduits de plâtre blanc traditionnel pour lui redonner sa splendeur d'origine.

Explorer le château Le site englobe des murs défensifs, des portails, des douves et des bâtiments qui s'explorent à loisir. En revanche, pour visiter les sept niveaux de l'imposant donjon, il faut ôter ses chaussures (afin de préserver les parquets) et emprunter des escaliers étroits et raides. Comptez 1 heure 30 environ pour suivre le parcours fléché. Le donjon n'est pas accessible aux fauteuils roulants et aux poussettes.

Surprises Ouvrez l'œil pour découvrir de nombreux détails cachés : petites meurtrières de formes diverses, étroites cachettes dans les angles du donjon, lettres et nombres gravés sur les poutres de bois (pour en faciliter le montage) et bien d'autres.

En haut à gauche Tour principale, Himeji-jo
En bas à gauche Intérieur, Himeji-jo

Au-delà du château

Juste à l'ouest du château, **Koko-en** (68 Hon-machi ; tarif plein/enfant 310/150 ¥ ; billet combiné avec le château : 1 050/360 ¥ ; 9h-18h mai-août, 9h-17h sept-avr) est une belle reconstitution de neuf pavillons et jardins de la période Edo, notamment la résidence du seigneur (avec étang et cascade), une maison de thé et une bambouseraie.

Il a servi de décor à de nombreux téléfilms historiques et offre un beau cadre paisible pour siroter un matcha ou savourer un bento.

Ne manquez pas de goûter la spécialité de Himeji, l'*anago* (congre) ; le meilleur est servi dans le petit restaurant enfumé Yamayoshi, proche de la gare. On en trouve aussi chez Kassui-ken, à Koko-en.

PÉNINSULE DE KII

TEMPLES | RANDONNÉE | NATURE

PÉNINSULE DE KII
à la carte

Isolée et montagneuse, la péninsule de Kii est depuis longtemps considérée comme une terre sacrée. Les ascètes qui l'ont parcourue y ont établi le monastère de Koya-san et les chemins de pèlerinage du Kumano Kodo. C'est l'endroit où découvrir l'âme spirituelle du Japon.

Explorez l'**Oku-no-in**, sanctuaire en pleine forêt de Koya-san (p. 202).
1 journée

Marchez le long du **Nakahechi**, le principal itinéraire du pèlerinage du Kumano Kodo (p. 198).
1-5 jours

Découvrez l'histoire et la culture du Kumano Kodo au **Centre du patrimoine de Kumano Hongu** (p. 207).
2 heures

Baignez-vous dans les eaux bienfaisantes de **Tsubo-yu** (p. 206).
½ journée

Admirez la cascade de **Nachi-no-taki** et le sanctuaire, Kumano Nachi Taisha, bâti en son honneur (p. 206).
½ journée

Informations pratiques

À L'ARRIVÉE

Aéroport international du Kansai Au nord de la péninsule ; pratique pour se rendre à Kii.

Osaka Prenez les trains express pour Koya-san (gare la plus proche : Gokurakubashi) et le Kumano (gare la plus proche : Tanabe).

S'ORIENTER

L'opérateur local Kumano Travel (tb-kumano.jp) est très utile pour préparer la randonnée le long du Kumano Kodo et gère la réservation des auberges.

ARGENT

Réservez en ligne votre hébergement ou emportez des espèces, car il n'y a pas de DAB en dehors des villes qui donnent accès à la péninsule.

OÙ LOGER

Localité	Pour/contre
Koya-san	Hébergement dans un temple ; pratique uniquement pour les sites de Koya-san.
Tanabe	Extrémité ouest du Kumano Kodo. Pratique, choix limité.
Hongu	Central pour l'exploration du Kumano ; les meilleurs choix de la région.
Yunomine Onsen	Moins de choix et moins pratique que Hongu, mais l'hébergement dispose de sources chaudes.

COMMENT CIRCULER

Bus La péninsule dispose d'un bon réseau.

Funiculaire Pour rejoindre Koya-san, prenez le funiculaire à Gokurakubashi.

Voiture Pratique pour visiter les sites si vous ne voulez pas randonner ; ne montez pas à Koya-san l'hiver, la route de montagne peut être dangereuse.

SE RESTAURER ET PRENDRE UN VERRE

Les restaurants de Koya-san et le long du Kumano Kodo ont des horaires restreints (de 11h à 16h environ), prenez le petit-déjeuner et le dîner à votre hébergement. Les auberges du Kumano Kodo préparent des bentos pour déjeuner en chemin moyennant un supplément (1 000 ¥ environ). *Shojin-ryori* (cuisine végétarienne bouddhique) et *goma-dofu* (tofu au sésame) sont les spécialités de Koya-san.

Meilleur goma-dofu Hamadaya (p. 208)

En-cas incontournables *Onsen tamago* (œufs cuits dans un *onsen*, source chaude).

JAN-MARS Basse saison, moins de monde, journées courtes, nuits froides.

AVR-JUIN Journées et soirées se réchauffent.

JUIL-SEPT Haute saison : les montagnes permettent d'échapper à la chaleur.

OCT-DÉC Période prisée pour les couleurs de l'automne le long du Kumano.

Les grands classiques

Pour les infos pratiques de chaque site, reportez-vous au carnet d'adresses p. 206.

Koya-san

(Voir p. 206) Dans le nord du Wakayama-ken, le mont Koya forme un plateau élevé couvert de forêts et entouré de huit sommets — l'iconographie bouddhique l'assimile au centre d'une fleur de lotus, les autres reliefs en formant les pétales. Le site est célèbre pour son ensemble monastique, premier lieu sacré de l'école Shingon du bouddhisme ésotérique. Bien qu'il n'apparaisse pas comme le Shangri-la que l'on décrit parfois, il figure parmi les sites les plus intéressants du Japon, non seulement pour son cadre naturel, mais aussi parce qu'il donne l'occasion de s'immerger dans une vie monastique séculaire.

PIERRE/STOCK.ADOBE.COM ©

Nachi-no-taki

(Voir p. 206) Haute de 133 m, la plus grande cascade du Japon est un lieu sacré, objet de vénérations depuis des siècles pour les *yamabushi* qui voyaient en elle un kami et venaient s'y purifier. Le Nachi Taisha est le sanctuaire shintoïste construit juste à côté.

SEAN PAVONE/SHUTTERSTOCK ©

TWOKIM IMAGES/SHUTTERSTOCK ©

Oku-no-in

(Voir p. 202) L'un des lieux les plus fascinants du mont Koya est aussi l'un des sites les plus chargés de spiritualité au Japon. Le "sanctuaire intérieur" est un mémorial dédié à Kobo Daishi, entouré par un vaste cimetière bouddhique en pleine forêt, où sont disséminées quelque 200 000 tombes d'époques très diverses.

TON_KANISORN/STOCK.ADOBE.COM ©

Kumano Kodo

(Voir p. 196) Pendant plus de mille ans, des pèlerins ont suivi les sentiers du Kumano Kodo, qui relient les sites sacrés répartis dans les montagnes boisées de Kii. Ces chemins, magnifiquement restaurés, ont gardé tout leur cachet historique et spirituel. L'itinéraire classique relie Tanabe à Shingu ou Nachi. Le parcours est praticable toute l'année.

LOTTIE DAVIES/LONELY PLANET ©

Tsubo-yu Onsen

(Voir p. 206) Au cœur de Yunomine, cette source chaude se trouve dans une cabane en bois construite au milieu de la rivière. Si elle est libre, vous pourrez la monopoliser jusqu'à 30 minutes (deux personnes maximum) : premiers arrivés, premiers servis.

32 Sur les traces DES PÈLERINS

RANDONNÉE | NATURE | CULTURE

Le Kumano Kodo est un réseau de sentiers qui traversent le cœur de la péninsule de Kii, tracés il y a des siècles par des ascètes cherchant l'éveil spirituel dans les montagnes. Il offre d'agréables balades d'une journée et des treks plus exigeants, ponctués d'*onsen*, de sanctuaires et de panoramas pittoresques.

En pratique

Quand On peut randonner toute l'année sur le chemin du Nakahechi, mais n'oubliez pas que les jours sont plus courts en hiver et organisez-vous en conséquence (lampe frontale).

Comment circuler Vous alternerez marche, bus et peut-être bateau – selon vos envies. Le chemin du Nakahechi commence à Takijiri-oji, à 40 minutes en bus de la gare de Kii-Tanabe.

Sanctuaires Les grands sanctuaires de Kumano Hongu Taisha (p. 206), Kumano Hayatama Taisha (p. 206) et Kumano Nachi Taisha (p. 206) attirent la majorité des pèlerins ; tous occupent des lieux d'une grande spiritualité. Ils sont reliés par le chemin du Nakahechi, qui traverse (presque toute) la péninsule de Kii d'ouest en est.

Préparer sa randonnée La plupart des randonneurs marchent de Tanabe (gare de Kii-Tanabe), petite ville de la côte ouest de la péninsule, jusqu'à une des villes de la côte est, Shingu ou Nachi-Katsuura (gare de Kii-Katsuura). Le bureau de **Kumano Travel** à Tanabe est un bon endroit pour se renseigner – état des chemins, cartes, horaires des bus – et rencontrer d'autres voyageurs. Cette agence peut aussi s'occuper de garder ou de faire suivre vos bagages.

Le chemin du Kohechi

Les randonneurs chevronnés peuvent s'attaquer au chemin du Kohechi, qui relie Koya-san à Hongu. L'itinéraire de 70 km, aux forts dénivelés, se parcourt en général en quatre jours, avec des étapes à Omata, Miura-guchi et Totsukawa Onsen. Uniquement d'avril à novembre.

En haut à gauche Kumano Hongu Taisha (p. 206)
En haut à droite Guide sur le chemin du Kumano Kodo
À gauche Kumano Kodo

Sur le chemin de Nakahechi Cet itinéraire se compose de nombreuses sections jalonnées de petits villages où des pensions simples permettent de passer la nuit et de faire un repas chaud. Dans chaque village, ainsi qu'à certains "*oji*" – petits temples servant de repères sur le chemin –, on peut prendre un bus. Clairement balisé en anglais et bien entretenu, le chemin alterne goudron, terre battue et pierres ; usées par le passage des pèlerins, ces dernières sont glissantes par temps de pluie – des bâtons peuvent être utiles. Des toilettes publiques, espacées de quelques kilomètres, jalonnent le chemin.

De Takijiri-oji à Hongu Le trek de deux jours entre Takijiri-oji et Hongu est une bonne introduction au Nakahechi. Long de 38,5 km, avec montées et descentes, il comprend une étape à Takahara ou à Chikatsu-yu (voire aux deux). Pour un aperçu plus bref, empruntez l'ultime section de 7,5 km entre Hosshinmon-oji et Hongu. Ce parcours

Saisir le Kumano

Vers le IXe siècle, la nature de la péninsule de Kii a donné naissance au **shugendo**, un système de croyances qui mêlait le shintoïsme et le bouddhisme ésotérique à des éléments de religions populaires, du taoïsme et du chamanisme.

Dans le shintoïsme, les kami (divinités) résident notamment dans les phénomènes naturels tels que montagnes ou cascades, nombreuses dans la péninsule. Dans le Shugendo, ces kami sont également des *gongen*, des manifestations de Bouddha ou des bodhisattvas. La pratique du Shugendo passe par des actes d'endurance, notamment la marche dans les montagnes, qui a donné naissance aux chemins de pèlerinage du Kumano.

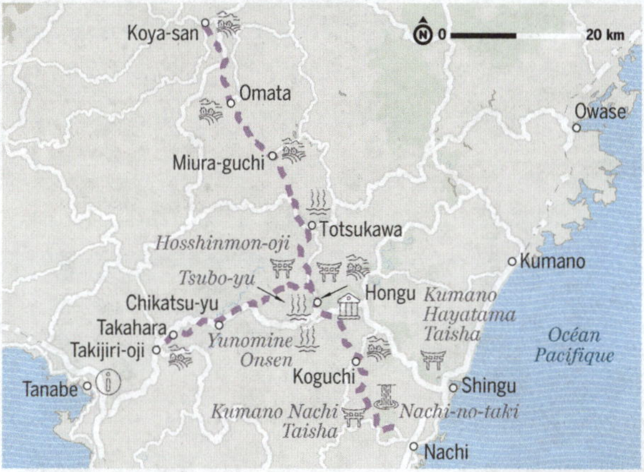

À gauche Chemin du Nakahechi
En bas Croisière sur le Kumano-gawa

majoritairement en descente, à travers terres agricoles et forêts, vous prendra 2 ou 3 heures. À Hongu, le plus grand carrefour du chemin, se trouve le Kumano Hongu Taisha. Du village, un court chemin (2 km), le **Dainichi-goe**, grimpe en pente raide aux sources d'eau chaude de Yunomine Onsen – idéales pour une baignade après la marche. Des bus relient également Hongu et Yunomine Onsen.

Vue de la crête ou croisière en bateau

Depuis Hongu, vous avez le choix : randonner deux jours de plus (26,8 km) jusqu'à Kumano Naichi Taisha, avec une étape à Koguchi. Cette partie du chemin, avec une section en pente raide à mi-distance, est réputée plus difficile, mais vous serez récompensé par une splendide **vue depuis la crête**. Sinon, comme le faisaient souvent les pèlerins autrefois, vous pourrez monter à bord d'un sampan et, le temps d'une **croisière** de 1 heure 30 sur le Kumano-gawa, parvenir au Kumano Hayatama Taisha (p. 206) à Shingu. Un bus rejoint l'embarcadère depuis Hongu ; réservez via **Kumano Travel**, un guide vous accompagnera.

33 Temples, de jour ET DE NUIT

TEMPLES | CULTURE | HISTOIRE

Le Koya-san est un ensemble monastique de montagne fondé au IXe siècle et toujours en activité. Lieu de pèlerinage religieux, il est aussi une destination touristique prisée, notamment pour son célèbre Oku-no-in, vaste cimetière dont les stupas de pierre couverts de mousse se dressent sous de hauts cèdres.

En pratique

Quand Les temples de Koya-san sont ouverts toute l'année mais la plupart des adresses du village ferment entre décembre et février. Notez qu'il y fait en général 7°C de moins qu'à Osaka ou Kyoto.

S'y rendre Un bus conduit au village depuis l'arrêt du funiculaire (10 minutes ; la route est interdite aux piétons). Ce même bus passe par les principaux sites et hébergements de Koya-san. Le village qui ne fait que 3 km d'est en ouest (2 km du nord au sud) se parcourt aisément à pied.

Koya-san Dans l'iconographie bouddhique, Koya-san, entouré de huit monts, ressemble à une fleur de lotus dont les pétales sont formés par les sommets. Le domaine est divisé en deux grandes parties : le **Garan** (enceinte sacrée) à l'ouest et l'Oku-no-in à l'est.

Garan C'est le centre d'enseignement du monastère, encore en activité aujourd'hui – vous y verrez peut-être des novices en robe safran. Malgré son importance culturelle et historique, le Garan peut décevoir le visiteur, car la plupart de ses bâtiments sont des reconstructions modernes (ceux d'origine ont plusieurs fois brûlé par le passé). Le plus intéressant est le **Konpon Daito**, pagode rouge vermillon haute de 48,5 m, située au centre théorique de la fleur de lotus que forment les huit montagnes de Koya-san.

Visites guidées des temples

Pour en savoir plus sur la culture et l'histoire de Koya-san, suivez un des très bons circuits menés par des moines anglophones, que proposent Awesome Tours (awesome-tours.jp). La visite nocturne de l'Oku-no-in est chaudement recommandée, tout comme l'initiation à la méditation et la cérémonie du thé.

En haut à gauche Oku-no-in
En haut à droite Konpon Daito
À gauche Garan

Visiter l'Oku-no-in L'Oku-no-in, qui signifie "sanctuaire intérieur", est un des hauts lieux de la spiritualité du Japon. Tout au fond se trouve le mausolée du fondateur de Koya-san, Kobo Daishi, devant lequel sont dispersées près de 200 000 tombes, formant le plus grand cimetière du pays. Elles ont été édifiées à diverses époques pour ceux qui, importants ou non, voulaient que leurs restes (ou au moins une mèche de leurs cheveux) soient enterrés près du célèbre moine. Entrez à l'Oku-no-in par le pont Ichi-no-hashi, à 2 km de Gobyo. Un raccourci permet de redescendre par le Naka-no-hashi jusqu'à l'arrêt d'Oku-no-in-mae, où un bus vous ramènera en ville (sinon marchez 30 minutes environ). L'Oku-no-in est très photogénique – le matin, enveloppé de brume, l'après-midi, quand le soleil filtre entre les arbres ou en hiver, sous la neige. Les photos sont tolérées jusqu'au

Kobo Daishi

Kobo Daishi (774-835 ; aussi appelé Kukai) est l'un des plus grands personnages de l'histoire culturelle du Japon. Il a contribué à répandre le bouddhisme dans le pays et y aurait fondé de nombreux temples.

Au début du IXe siècle, il voyagea en Chine pour étudier le bouddhisme ésotérique, puis fonda un lieu de prière et d'études à Koya-san.

En 835, sa santé déclinant, il se mit à jeûner et à méditer. Il se retira dans la crypte et demanda qu'on la scelle après sa mort, pour ne jamais la rouvrir. Ses disciples se conformèrent à sa volonté, mais encore aujourd'hui, certains croient Kobo Daishi toujours vivant, méditant pour l'éternité.

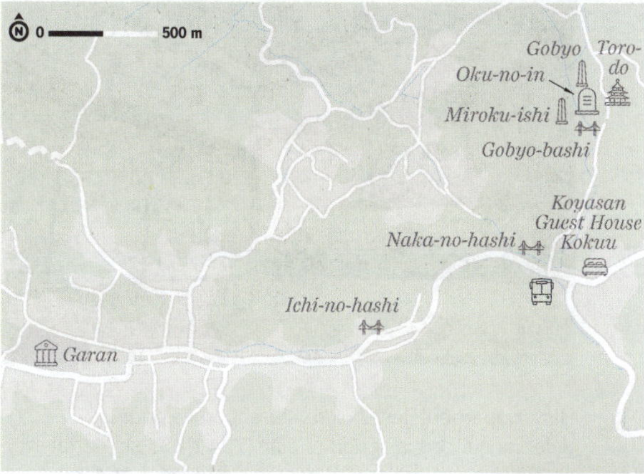

Gobyo-bashi. À droite de ce pont se trouvent des statues de bronze de bodhisattva Jizo. Les visiteurs les aspergent d'eau en signe de prière pour les âmes des défunts.

Miroku-ishi et Toro-do Juste après le pont, un bâtiment de bois de la taille d'une grande cabine téléphonique abrite le Miroku-ishi, une pierre censée peser aussi lourd que vos péchés. Passez la main dans le trou et essayez de la soulever (ne culpabilisez pas en cas d'échec, la plupart des gens n'y parviennent pas). On atteint ensuite le Toro-do, une grande salle remplie de lanternes. On dit que deux des plus grandes, au fond, sont restées allumées sans interruption depuis plus de 900 ans. Les autres sont des dons de dignitaires, dont des empereurs et des Premiers ministres.

Gobyo Derrière le Toro-do, un portail de bois coiffé de chaume marque l'entrée au Gobyo, le tombeau de Kobo Daishi. On ne peut aller plus loin. Pour la plupart des fidèles, c'est le but du pèlerinage. On y chante des sutras en allumant des bougies et en brûlant de l'encens. Nul besoin d'être croyant pour se mêler à la procession ; soyez respectueux envers les fidèles.

À gauche Kobo Daishi
En bas Toro-do

Séjourner dans un temple

DÉCOUVREZ UN TEMPLE BOUDDHIQUE DE L'INTÉRIEUR

Séjourner dans un *shukubo*, hébergement dans un temple bouddhique, permet de se plonger un peu plus dans la culture japonaise. On peut y participer aux rituels du matin et goûter à la *shojin-ryori* (cuisine bouddhique végétarienne).

À gauche *Shukubo*, Koya-san
Au centre *Shojin-ryori* dans un *shukubo*
À droite Pantoufles dans un *shukubo*

JOHN LANDER/ALAMY STOCK PHOTO ©

Historiquement, les *shukubo* furent créés pour les pèlerins qui, dès la période Heian (794-1185), se mettaient en chemin, généralement depuis Kyoto, pour prier ou faire pénitence dans les temples des montagnes. Si certains *shukubo* sont réservés aux pèlerins (bien que la plupart arrivent maintenant en bus), de nombreux temples ouvrent leur portes pour héberger les visiteurs. La réservation est impérative.

Choisir un temple

On trouve toutes sortes de *shukubo*, partout dans le pays. Certains sont spartiates, avec sanitaires collectifs et panneaux mobiles séparant les chambres. D'autres disposent de salles de bains privatives, d'ascenseurs et de vue sur jardin. On dort en général sur des futons (matelas de coton) étendus sur des tatamis, plus rarement sur des lits à l'occidentale. Dans la plupart des temples, les visiteurs peuvent assister aux rituels de prière du matin des moines. Certains offrent aussi des initiations à la méditation.

Très prisé, le Koya-san (p. 201), monastère de montagne, compte plus d'une cinquantaine de *shukubo*, certains visant particulièrement une clientèle étrangère : on y parle anglais et on vous expliquera les croyances et les pratiques monastiques.

Les tarifs sont fixes : pour les chambres les plus simples, comptez à partir de 9 900 ¥ par personne pour une nuit et deux repas, avec deux occupants par chambre (en général, supplément pour les voyageurs en solo). L'**Association des Shukubo de Koyasan** (voir p. 209 ; eng-shukubo.net) peut vous aider à réserver.

JOHN LANDER/ALAMY STOCK PHOTO ©

JOHN S LANDER/LIGHTROCKET VIA GETTY IMAGES ©

Bon à savoir pour séjourner dans un *shukubo*

Les temples ont des horaires stricts et les clients sont tenus de les suivre. L'arrivée se fait au plus tard à 17h, et on vous demandera de prévenir si vous êtes en retard. Quelques-uns servent le dîner, généralement à 18h.

Les prières matinales commencent en général à 6h. Le petit-déjeuner est servi ensuite, vers 7h. Vous pouvez manquer les prières du matin et arriver plus tard au petit-déjeuner, mais il aura sûrement refroidi.

> On trouve toutes sortes de *shukubo*, partout dans le pays.

Comme dans tout hébergement japonais, il faut ôter ses chaussures à l'entrée et enfiler des pantoufles pour marcher dans les couloirs ; on les enlève sur les *tatamis* (on peut rester en chaussettes). Dans votre chambre, vous trouverez un *yukata* (kimono léger de coton) ou un pyjama à porter dans le temple.

Shojin-ryori

Les shukubo servent une authentique *shojin-ryori,* cuisine bouddhique japonaise – viande, poisson, produit d'origine animale et plantes piquantes (comme l'ail) sont proscrits – au dîner et au petit-déjeuner. Un repas typique se compose de tofu sous différentes préparations, de légumes de saison à la vapeur, en tempura ou au vinaigre, d'une soupe avec un bouillon d'algue et de riz. La plupart des temples servent un déjeuner pour qui ne loge pas sur place (réservation requise) ; il n'est donc pas nécessaire de dormir dans un *shukubo* pour découvrir la *shojin-ryori*.

Nos adresses

Eko-in Le meilleur temple toute catégorie à Koya-san, géré par des moines parlant anglais. (Voir p. 207)

Shojoshin-in À Koya-san, temple plein de cachet au toit de chaume avec chambres spartiates (mais confortables). (Voir p. 207)

Ichijo-in Temple de Koya-san, réputé pour sa *shojin-ryori* gastronomique, joliment présentée. (Voir p. 207)

Shunko-in Excellente adresse pour découvrir un *shukubo* à Kyoto, dirigée par un moine qui parle anglais. On peut s'y essayer à la méditation zen. (Voir p. 207)

Saikan Au sommet du mont Haguro, un des trois monts sacrés formant le Dewa Sanzan de Yamagata, lieu de pèlerinage des ascètes des montagnes. (Voir p. 207)

Carnet d'adresses

Sanctuaires et temples

Kumano Hongu Taisha

Des trois grands sanctuaires de Kumano, celui-ci est remarquable par son architecture traditionnelle : notez les poutres entrecroisées du toit et l'élégant bois brut. À Hongu ; accès à pied ou en bus depuis Kii-Tanabe. (www.hongutaisha.jp ; 6h-19h ; P) GRATUIT

Kumano Nachi Taisha

Sanctuaire bâti à flanc de montagne pour honorer la spectaculaire Nachi-no-taki, plus haute cascade du Japon. Près de Kii-Katsuura ; accès en bus ou à pied. (6h-16h30) GRATUIT

Kumano Hayatama Taisha

Ancien sanctuaire (le bâtiment est une reconstruction moderne) avec un *nagi* (arbre) sacré qui serait vieux de 800 ans. Marchez, prenez le bus à la gare de Shingu ou venez en sampan. (0735-22-2533 ; 1 Shingu ; 6h-19h ; P) GRATUIT

Otorii

Plus grand *torii* (portail de sanctuaire shintoïste) du Japon, avec 33,9 m de haut et 42 m de large, en acier peint en noir, il marque l'entrée de l'ancien sanctuaire, Kumano Hongu Taisha (aujourd'hui déplacé), qui se trouvait à Oyunohara, une clairière sur un banc de sable.

Koya-san

Le domaine du Koya-san est divisé en deux parties : à l'ouest le Garan (enceinte sacrée ; 200 ¥/bâtiment ; 8h30-17h), aux intéressants temples et pagodes, et à l'est l'Oku-no-in avec son vaste cimetière. (24h/24) GRATUIT

Konpon Daito

Dans cette grande pagode de Koya-san, on honore Dainichi-nyorai, le bouddha cosmique, entouré de quatre bouddhas qui l'assistent et de seize bodhisattvas peints sur des colonnes. Ensemble, ils composent un mandala à trois dimensions. Un billet combiné (shodokyotsunaihaiken ; 1 500 ¥) couvrant le Kongobu-ji (0736-56-2011 ; www.koyasan.or.jp ; 132 Koya-san ; 8h30-17h), le Kondo de Garan et le Konpon Daito, le Reihokan et le mausolée des Tokugawa peut être acheté dans les bureaux de l'Association des Shukubo de Koya-san et à l'entrée des monuments concernés.

Toko-ji

Comme beaucoup de temples proches de sources chaudes, ce petit temple de Yunomine est consacré à Yakushi Nyorai, le bouddha de la Médecine.

Onsen

Tsubo-yu

Une toute petite source chaude privée, dans une simple cabane de bois sur une rivière, qui accueille deux personnes au maximum. Payez l'entrée aux bains publics adjacents (où vous pourrez aller ensuite) et attendez votre tour. À Yunomine. (770 ¥ ; 6h-21h30)

Reihokan

Kawa-yu

Visitez Kii l'hiver (décembre-février) pour voir le "Sennin-buro" de Kawa-yu : la berge de la rivière est creusée chaque saison pour créer une grande piscine publique chauffée naturellement par des sources chaudes. Près de Yunomine ; accessible en bus depuis Hongu.

Musées et centres culturels

Centre du patrimoine Kumano Hongu

Ce centre contemporain multimédia de Hongu présente la culture et l'environnement naturel de Kumano, et fournit aussi des informations pour les visiteurs. Le personnel parle anglais. (0735-42-0751 ; 100-1 Hongu ; 9h-17h ; P) GRATUIT

Reihokan

Le musée du Koya-san expose d'importantes œuvres d'art provenant de temples de la région. (0736-56-2029 ; 306 Koya-san ; tarif plein/enfant/étudiant 600/250/350 ¥ ; 8h30-17h30 mai-oct, 8h30-17h nov-avr)

Hébergements

Blue Sky Guesthouse ¥¥

Excellente pension dans une vallée paisible, non loin de Hongu. Toilettes et salles de bains privatives. Les propriétaires parlent anglais et connaissent bien la région. (0735-42-0800 ; www.kumano-guesthouse.com ; 1526 Hongu ; ch avec petit-déj à partir de 6 000 ¥/pers, voyageur seul 7 000 ¥ ; P)

Eko-in

Voir p. 205. (0736-56-2514 ; www.ekoin.jp ; 497 Koya-san ; ch avec repas et avec/sans sdb à partir de 18 000/12 000 ¥ par pers ; P @)

Ichijo-in

Voir p. 205. (0173-656-2214 ; www.itijyoin.or.jp ; 606 Koya-san)

Kumano Hongu Taisha

TRIALIST/SHUTTERSTOCK ©

J-Hoppers Kumano Yunomine ¥

Une ancienne *minshuku* (chambre d'hôtes) de Yunomine devenue auberge de jeunesse, avec des équipements collectifs, dont trois petits *onsen* privatisables. Apprécié des visiteurs étrangers. (161 Yunomine ; dort/ch à partir de 3 500/10 000 ¥ ; P)

Saikan

Voir p. 205. (0235-62-2357 ; www.dewasanzan.jp ; Haguromachi Touge, Tsuruoka ; ch avec repas à partir de 8 800 ¥/pers)

Shunko-in

Voir p. 205. (075-462-5488 ; www.shunkoin.com ; 42 Myoshinji-cho, Hanazono, Ukyo-ku ; s 8 800 ¥, d/tr 7 500/6 000 ¥/pers ; @ ; ligne JR Sagano/San-in jusqu'à Hanazono)

Shojoshin-in

Voir p. 205. (0736-56-2006 ; www.shojoshinin.jp ; 566 Koya-san ; ch avec repas à partir de 9 720 ¥/pers ; P)

Tofu et plats végétariens

Bononsha ¥

Café végétarien bohème et relax, à Koya-san. Excellent plat du jour, servi à partir de 11h, et jusqu'à ce qu'il n'y en ait plus. Bons café et chai également. Carte en anglais. (☎0736-56-5535 ; 730 Koya-san ; formule déj 1 200 ¥ ; ⏲6h30-17h, fermé fin déc-mars et à intervalles irréguliers ; ✎)

Hamadaya ¥¥

Boutique de Koya-san réputée pour son *goma-dofu* (tofu au sésame), fait avec de l'eau de source de la montagne, et béni par des chants bouddhiques. (☎0736-56-2343 ; koyasan-hamadaya.com ; 444 Koya-san ; ⏲9h-17h)

Hanabishi Honten ¥¥

Institution de Koya-san qui sert une *shojin-ryori* (cuisine végétarienne bouddhique) typique de la région. (☎0736-56-2236 ; www.hanabishi-web.jp/en ; 769 Koya-san ; repas à partir de 2 000 ¥ ; ⏲11h-18h)

Cafe Bocu ¥¥

Plats du jour macrobiotiques et pain frais. À Chikatsu-yu, village bordant le Kumano Kodo. Ouvert pour le déjeuner. (☎0739-65-0694 ; 203 Nakahechicho Chikatsu-yu, Tanabe ; ⏲11h-16h mer-sam)

Kadohama ¥¥

Restaurant de Koya-san spécialiste du *goma-dofu* ; plats du jour joliment présentés dans des paniers de bambou, le midi. Carte en anglais. (☎0736-26-8700 ; 230 Koya-san ; assortiments déj 1 860 ¥, douceurs 480 ¥ ; ⏲9h-17h, fermé à intervalles irréguliers)

Ichijo-in ¥¥¥

Temple de Koya-san, réputé pour sa shojin-ryori, délicieuse et bien présentée, avec un service le midi pour ceux qui n'y séjournent

Takijiri-oji sur le Kumano Kodo

pas. Réservation requise. (☎0173-656-2214 ; www.itijyoin.or.jp ; 606 Koya-san)

Café et en-cas

Komi Coffee ¥

Un agréable café (les grains viennent d'un petit torréfacteur de Hokkaido) près de l'entrée de l'Oku-no-in, à Koya-san. Currys, sandwichs et tarte aux pommes également. Carte en anglais. (571 Koya-san ; repas 1 320-1 650 ¥, sandwichs 600 ¥ ;)

Choux ¥

Vente à emporter de choux à la crème frais et de café. À Hongu, près du sentier du Dainichi-goe. (☎0735-30-0801 ; 1571-15 Hongucho Hongu, Tanabe ; 11h-17h mer-dim)

Dîner et prendre un verre

Kumano Shokudo ¥¥

Petites assiettes à base de produits locaux tels que poisson de rivière ou gibier, à marier avec une bière artisanale et des cocktails de gin. À Hongu. Ouvert tard. (☎0735-30-0878 ; 452-1 Hongu ; formule déj 1 200-2 750 ¥, plats dîner 350-1 200 ¥ ; 11h-21h, fermé mar ; P)

KO FUJIMURA/GETTY IMAGES ©

shojin-ryori (cuisine végétarienne bouddhique)

Shinbe ¥¥

À Tanabe, *izakaya* (bistrot) servant de délicieux produits de la mer, prisé des voyageurs qui suivent le Kumano Kodo. (☎0739-24-8845 ; 12-45 Minato ; plats 300-2 000 ¥ ; 17h-22h30 lun-sam)

Kumano Travel

Voir p. 193. (☎0739-22-2180 ; www.kumano-travel.com ; 14-6 Minato, Tanabe ; 9h-18h ;)

Association des shukubo de Koya-san

Voir p. 204. (☎0736-56-2616 ; 600 Koya-san ; 8h30-16h30 déc-fév, 8h30-17h mars-juin et sept-nov, 8h30-17h45 juil-août ;)

HIROSHIMA ET L'OUEST DE HONSHU

VÉLO | SANCTUAIRE | MUSÉES

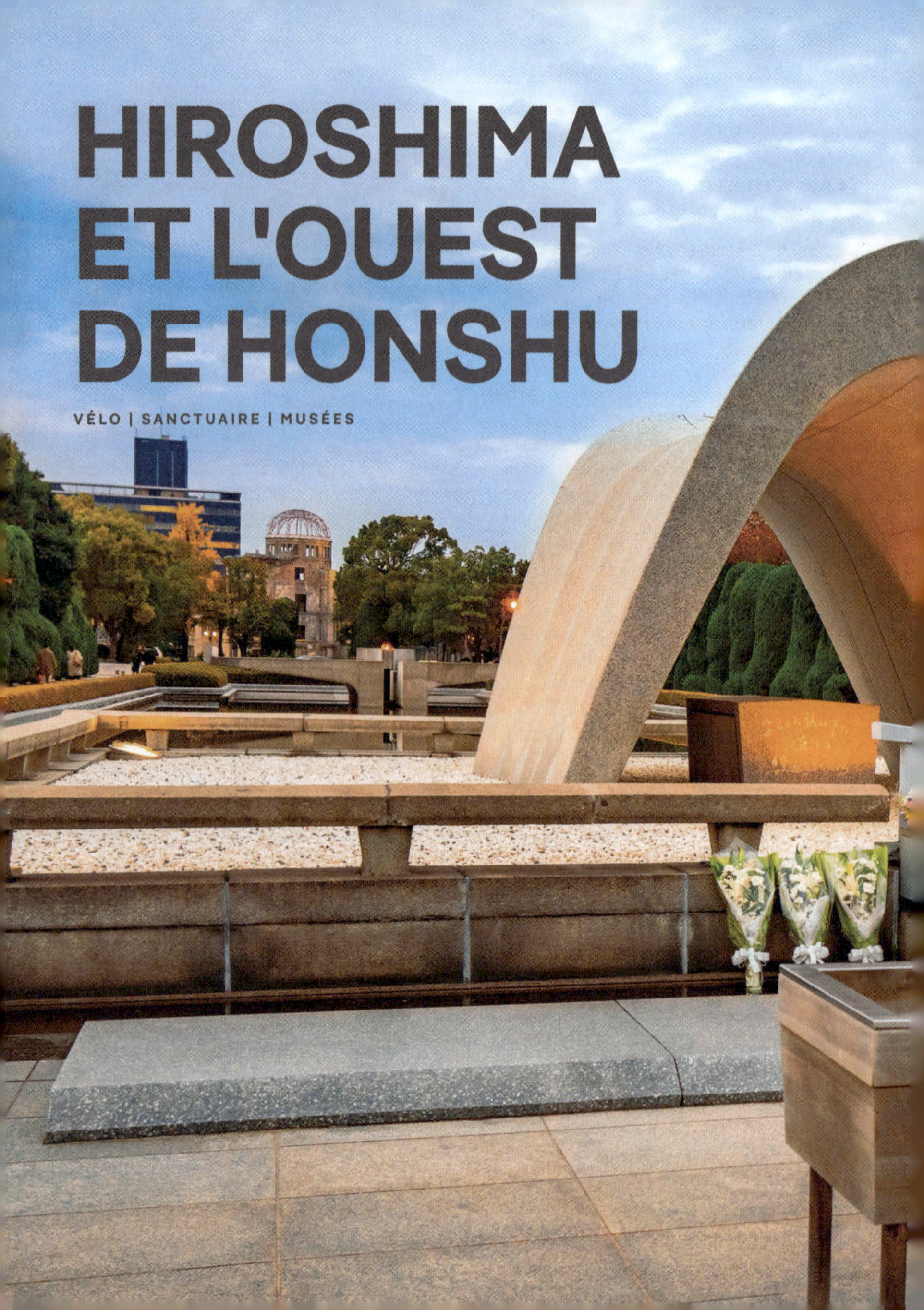

HIROSHIMA ET L'OUEST DE HONSHU
à la carte

Exception faite d'Hiroshima, l'ouest de Honshu reçoit peu de visiteurs, ce qui en fait une excellente destination hors des sentiers battus. Explorez à votre rythme de vastes ensembles de sanctuaires anciens, un château d'origine, des quartiers marchands de l'ère Edo bien préservés, des jardins et des musées remarquables.

0
50 km
Sakaiminato
Miho-wan
Matsue
Naka-umi
Shinji-ko
Yasugi
Yonago
Izumo
Tottori
Kurayoshi
Parc national de Daisen-Oki
Voyagez à l'ère Edo à travers **Matsue** (p. 231).
1-2 jours
Admirez le **Koraku-en** (p. 236), l'un des plus beaux jardins du Japon, de jour ou de nuit.
½ journée
HONSHU
Tojo
Shobara
Miyoshi
Contemplez le panorama sur la **promenade des temples d'Onomichi** (p. 236).
½-1 jour
Takahashi
Bizen
Okayama
Saidaiji
Kurashiki
Fukuyama
Uno
Shodo-shima
Saijo
Mihara
Onomichi
Inno-shima
Takehara
Omi-shima
Mer Intérieure
Mer de Harima-nada
Takamatsu
Marugame
SHIKOKU
Mer de Hiuchi
O-shima
Imabari
Descendez les canaux de **Kurashiki** en gondole (p. 236).
½ journée
Pédalez entre les îles de la mer intérieure sur le **Shimanami Kaido** (p. 228).
1-2 jours
Matsuyama

Informations pratiques

DECOPLUS/SHUTTERSTOCK ©

À L'ARRIVÉE

Aéroport de Hiroshima À environ 50 minutes de la gare de Hiroshima en bus Airport Limousine (1 370 ¥) ou en taxi privé (environ 17 000 ¥). L'aéroport de Yonago est à 1 heure de la gare de Matsue en bus Airport Limousine (1 000 ¥).

Train Depuis Tokyo, des *shinkansen* gagnent Okayama en 3 heures 30 (17 700 ¥) et Hiroshima en 4 heures (19 440 ¥). Le JR Pass (p. 314) couvre les deux destinations.

BUDGET

2 huîtres
500 ¥

Okonomiyaki
1 000 ¥

Bière pression
500 ¥

QUAND Y ALLER

JAN-MARS
Temps froid, sec et clair, supportable avec des vêtements chauds.

AVR-JUIN
Doux avec pluies occasionnelles (de plus en plus pluvieux à partir de juin).

JUIN-SEPT
Chaud, humide et pluvieux, mais amélioration vers mi-septembre.

OCT-DÉC
Temps doux et sec, idéal pour apprécier les feuillages d'automne.

COMMENT CIRCULER

Tram Hiroshima n'a pas un vaste réseau de métro, mais la plupart des sites touristiques sont accessibles en tram. Les arrêts des gares ferroviaire et routière de Hiroshima vous relient aux autres principaux modes de transport.

Bus La gare routière de Hiroshima relie la ville aux sites d'intérêt des villes et préfectures voisines, notamment Iwakuni, Onomichi et Matsue. Les bus sont confortables et abordables (fréquentes réductions pour les touristes).

Ferry Une ligne dessert Miyajima au départ de l'embarcadère de Miyajima (180 ¥), accessible en train. Une autre possibilité, plus pittoresque et pratique, est de prendre le bateau Aqua Net (2 200 ¥) au parc du Mémorial de la paix.

SE RESTAURER ET PRENDRE UN VERRE

Iwakuni-zushi Sushi local mariné servi comme une part de gâteau. Goûtez-le à Iwakuni dans l'un des restaurants installés de part et d'autre du Kintai-kyo.

Dorade Pêchée dans la mer Intérieure du Japon. Les restaurants du port de Tomo-no-ura servent des plats traditionnels à base de ce poisson.

Tsukemen (nouilles froides dans un bouillon) Les habitants de Hiroshima aiment leur bouillon épicé, avec beaucoup d'huile de piment. Commencez doucement et augmentez la dose à votre convenance !

À goûter absolument
Lopez Okonomiyaki (p. 234)

Meilleur quartier
Hondori, à Hiroshima

SE CONNECTER ET S'ORIENTER

Wi-Fi Service Japan Wi-Fi gratuit partout. Téléchargez l'application pour vous connecter aux points d'accès. Pour une connexion plus rapide et une couverture plus large, louez un Wi-Fi de poche Japan Wireless (japan-wireless.com).

GPS Les applications de navigation vous aideront à trouver des lieux (Wi-Fi indispensable).

VISIT HIROSHIMA TOURIST PASS

Cette carte offre des trajets illimités sur les trams, les ferries pour Miyajima et de nombreux bus durant un, deux ou trois jours, ainsi que des remises dans des commerces locaux.

OÙ LOGER

Beaucoup choisissent Hiroshima comme base, mais l'excellent choix d'hôtels à prix raisonnable dans la région vous permet d'aller de ville en ville sans grever votre budget.

Localité	Pour/contre
Hiroshima	Grand choix d'hôtels de catégorie moyenne dans le centre et autour de la gare.
Okayama	Nombreux hôtels économiques et de catégorie moyenne au sud et à l'est de la gare.
Matsue	*Ryokan* et hôtels de style occidental autour de la gare et au nord de l'Ohashi-gawa.
Yanago	Principalement des hôtels à petits prix autour de la gare et des hôtels de style japonais abordables près du Kaike Onsen.
Shimanami Kaido	Innombrables hôtels, pensions et auberges dans chaque localité de l'itinéraire. Les grandes chambres peuvent accueillir des vélos.

ARGENT

L'argent liquide est roi, mais investissez dans une carte de transport PASPY pour faciliter vos déplacements en train et en bus. Dans les supérettes, on vous fera sans problème de la monnaie sur un billet de 10 000 ¥ même si vous n'achetez qu'un petit article.

Les grands classiques

Pour les infos pratiques de chaque site, reportez-vous au carnet d'adresses p. 234.

Parc du Mémorial de la paix, Hiroshima

(Voir p. 235) Encadré par deux bras du fleuve Ota, là où celui-ci forme un delta, ce grand parc arboré aménagé dans les années 1950 par l'architecte Kenzo Tange entend rendre hommage aux victimes de la bombe atomique. Il rassemble la plupart des sites et mémoriaux liés au bombardement. Le long Bassin de la paix et son cénotaphe en sont les éléments centraux.

F11PHOTO/SHUTTERSTOCK ©

LUCIANO MORTULA/SHUTTERSTOCK ©

KOSHIRO K/SHUTTERSTOCK ©

SEAN PAVONE/SHUTTERSTOCK ©

Dôme de la Bombe A

(Voir p. 235) Les ruines de cet édifice sont sans doute le témoignage le plus emblématique de la destruction de Hiroshima. Le 6 août 1945, la bombe atomique explosa presque à la verticale de son dôme. Tous ses occupants périrent, mais l'édifice, partiellement détruit, est l'un des rares bâtiments à être resté debout.

Izumo Taisha, Izumo

(Voir p. 224) Également connu sous le nom d'Izumo Oyashiro, ce sanctuaire shintoïste est peut-être le plus ancien du Japon. Consacré à Okuninushi, dieu du Mariage et porteur de bonne fortune, ses origines remontent à l'âge des dieux. Le livre le plus ancien du pays, le Kojiki, y faisait déjà allusion.

Matsue-jo, Matsue

(Voir p. 231) Construit en 1611, ce pittoresque édifice abrite les trésors du clan Matsudaira. Surnommé "château du Pluvier" en raison de la forme gracieuse de ses pignons, Matsue-jo est l'une des 12 forteresses féodales d'origine toujours en place au Japon, et mérite, à ce titre, une visite.

Domaine artistique Benesse, Naoshima

(Voir p. 232) Grâce à ce domaine, l'île est devenue l'une des principales destinations touristiques de la région : elle offre l'occasion unique d'apprécier certaines des œuvres emblématiques de l'art contemporain japonais – dont la citrouille jaune de Yayoi Kusama, devenue le symbole de l'île –, dans un cadre naturel spectaculaire.

Itsukushima-jinja, Miyajima (Voir p. 225)

Fondé au VIe siècle, ce sanctuaire fut bâti sur pilotis, sur l'océan, en raison du caractère sacré de l'île : le commun des mortels n'était pas autorisé à y poser le pied. On passait alors sous le torii en bateau. Sous sa forme actuelle, le sanctuaire date de 1168, année où il fut reconstruit.

Sandan-kyo

À environ 50 km au nord-ouest de Hiroshima, ces gorges s'étirent sur 11 km dans le "parc quasi national" de Nishi-Chugoku-Sanchi. Un sentier longe la rivière Shibaki-gawa, dévoilant cascades et piscines naturelles en pleine forêt. Cette promenade est superbe en automne, pour les feuillages chatoyants.

Mine d'argent d'Iwami Ginzan

L'ancienne mine d'Iwami Ginzan, la "Montagne d'argent d'Iwami", est un site classé au patrimoine mondial, parsemé de sanctuaires et de puits de mines, dont la raffinerie envahie par la végétation rappelle une pyramide. Au début du XVIIe siècle, on y produisait 38 tonnes d'argent chaque année.

34 Au cœur D'HIROSHIMA

PASSÉ | PRÉSENT | MÉMOIRE

Cible du premier bombardement atomique de l'histoire de l'humanité, Hiroshima restera à jamais dans les esprits. Ces lieux de souvenir constituent un pèlerinage intéressant et émouvant. Il serait pourtant dommage de la réduire à cette tragédie : cette ville arborée et cosmopolite, aux larges boulevards, a aussi sa part de joie.

Ci-contre en haut Centre-ville d'Hiroshima
Ci-contre en bas Statue dans le parc du Mémorial de la paix.

FIJIPHOTO / STOCK.ADOBE.COM ©

En pratique

S'y rendre Hiroshima est à l'ouest de Honshu, sur la côte de la mer Intérieure. La plupart des visiteurs arrivent par le *shinkansen* de Tokyo, Kyoto ou Osaka.

Circuler La plupart des sites sont accessibles à pied depuis la sortie sud de la gare principale JR (comptez 30 minutes).

Durée Il est possible de visiter Hiroshima à la journée. Cependant la visite du musée du Mémorial de la paix, bouleversante, vous retiendra sans doute plus de temps que prévu.

La première bombe atomique.
Le 6 août 1945, le B-29 Enola Gay larguait “Little Boy” sur Hiroshima, qui explosa à 8h16 à 600 m au-dessus du centre-ville. Instantanément, le rayonnement thermique (plus de 2 000°C) et l'onde de choc générés anéantirent tout dans un rayon de plusieurs kilomètres. De violents incendies ravagèrent la ville trois jours durant, alimentés par les conduites de gaz rompues et les lignes électriques et facilités par les très nombreux édifices en bois.

Parc du Mémorial de la paix (p. 235)
Encadré par deux bras du fleuve Ota, là où celui-ci forme un delta, ce grand parc arboré aménagé dans les années 1950 par l'architecte Kenzo Tange entend rendre hommage aux victimes de la bombe atomique. Il rassemble la plupart des sites et mémoriaux liés au bombardement.

Le **Dôme de la Bombe A** (p. 235) est le symbole le plus puissant de la destruction de Hiroshima. Conçu en 1915, le bâtiment fut le Palais préfectoral de la promotion industrielle avant que la bombe n'explose juste au-dessus. Tous les gens à l'intérieur périrent. C'est l'un des rares bâtiments à l'épicentre de l'explosion à être restés debout. Décision fut prise de le conserver en l'état et d'en faire un mémorial.

Musée du Mémorial de la paix d'Hiroshima (p. 235) Le bâtiment principal du musée abrite une collection bouleversante d'objets, dont des effets personnels récupérés après le désastre – vêtements en lambeaux, boîte à bento d'enfant fondue, montre arrêtée à 8h15 – et de sinistres photographies. Le bâtiment présente l'histoire de la ville, ainsi que la genèse et le pouvoir destructeur des armes nucléaires. En sortant, ne manquez pas les témoignages filmés et le livre d'or des visiteurs de marque – dont le premier président des États-Unis en fonction à être venu, Barack Obama qui, en 2016, a fait don au parc de grues en origami.

Quelques chiffres

Sur les 310 000 personnes présentes le jour-du bombardement, 80 000 périrent. Dans les mois qui suivirent, le bilan s'alourdit à 130 000 morts, des suites de graves brûlures et de l'exposition aux radiations. La plupart des victimes étaient des civils, dont des pompiers et du personnel médical de la ville venus secourir les blessés ainsi que 20 000 travailleurs forcés coréens et 6 000 collégiens qui débroussaillaient des coupe-feu en prévision d'une attaque. Plus de 90% de la ville était détruite. Cancers et maladies liées à l'irradiation emportèrent de nombreux survivants des années après le bombardement.

Ne ratez pas

À une extrémité du bassin, la **Flamme de la paix** restera allumée tant qu'il y aura des armes nucléaires...

À la nuit tombée, lorsque les vestiges sont mis en valeur par des éclairages, le **Dôme de la Bombe atomique** est d'autant plus évocateur.

PHICHAT / STOCK.ADOBE.COM ©

Mémorial dédié aux victimes de la bombe atomique (p. 235) Une passerelle intérieure mène à cet émouvant lieu de mémoire. Les murs de la salle centrale sont recouverts d'une photographie panoramique de la ville prise peu après le bombardement. Au milieu, la "fontaine de 8h15" est censée apaiser l'âme des victimes. Une autre salle présente les noms et portraits des disparus.

Monument des enfants pour la paix fut inspiré par la jeune Sadako Sasaki, qui n'avait que 2 ans lors du bombardement. En 1955, à 11 ans, elle développa une leucémie et décida de réaliser 1 000 grues en papier plié. Au Japon, la grue est un symbole de longévité et de bonheur, et Sadako était convaincue qu'en atteignant son objectif, elle guérirait. Elle mourut avant d'y parvenir, mais ses camarades de classe réalisèrent les pliages manquants. Autour de la structure principale sont exposées des milliers de grues en papier coloré, envoyées par des écoliers du Japon et du monde entier.

Cénotaphe Le cénotaphe, une arche en granit, liste les noms de toutes les victimes connues de la bombe. À l'autre extrémité du bassin de la Paix au centre du parc, brûle la Flamme de la paix.

CI-CONTRE : PHOTOEVERYWHERE / STOCK.ADOBE.COM ©, À GAUCHE : DFLC PRINTS / SHUTTERSTOCK ©

À gauche Parc du Mémorial de la paix
En haut Grues en origami devant le musée du Mémorial de la paix.
En bas Musée du Mémorial de la paix.

35 Cuisine D'HIROSHIMA

GRIL | RESTAURANT | LOCAL

Selon les habitants locaux, l'*okonomiyaki* n'est qu'un en-cas ailleurs au Japon. À Hiroshima, c'est un repas à part entière, que l'on prend autour d'une plaque chauffante commune. Si vous visitez la ville, ne manquez pas de goûter à cette nourrissante crêpe emblématique du patrimoine culinaire local.

JUNICHI MIYAZAKI/LONELY PLANET ©

En pratique

Où aller Cherchez お好み焼き sur les panneaux ou rendez-vous dans l'un des deux grands centres : Okonomimura, à Hatchibori, ou Okonomi Monogatari Ekimae Hiroba, en face de la gare de Hiroshima.

Comment commander *Okonomiyaki* signifie littéralement "grillez ce que vous aimez". La plupart des adresses ont des cartes illustrées pour vous aider à choisir.

Végétarien ou végan ? Si vous êtes végan ou mangez halal ou casher, notez que les *okonomiyaki* sont toujours préparés avec du saindoux.

Histoire L'*okonomiyaki* a pris sa forme actuelle après la guerre, quand la nourriture était rare à Hiroshima mais pas les grandes feuilles en métal, transformées en grils. Il s'inspire de l'*issen yoshoku* ("repas occidental à un centime"), auquel ont été ajoutés des ingrédients plus nourrissants comme des œufs, des fruits de mer et des nouilles. Les personnes âgées se souviennent avec nostalgie de l'époque où l'odeur des stands d'*okonomiyaki* emplissait l'air. Près de 80 ans plus tard, c'est toujours le plat préféré des habitants d'Hiroshima.

Ci-dessus *Okonomiyaki*
Ci-contre en haut Restaurant à Okonomimura
Ci-contre en bas *Okonomiyaki*

LUCAS VALLECILLOS/ALAMY STOCK PHOTO ©

ARTRAN/GETTY IMAGES ©

Comme un local

Les clients se servent directement sur le gril. N'oubliez pas que votre *okonomiyaki* continue de cuire sur la plaque : si vous mangez trop lentement, il risque d'être trop cuit.

Conseil de Fernando Lopez
Maître okonomiyaki,
Okonomiyaki Lopez
@okonomiyakilopez

On ne met pas la main à la pâte À Hiroshima, les clients ne préparent pas eux-mêmes leurs *okonomiyaki* (comme cela se fait à Osaka). Fernando Lopez de Lopez Okonomiyaki (p. 234) explique que c'est parce que la version locale exige de cuire les différentes couches séparément.

Convivialité Les clients prennent place le long de la plaque chauffante, derrière laquelle travaillent le maître et ses assistants. Vous pourrez ainsi non seulement voir ces derniers à l'œuvre, mais aussi engager la conversation avec le chef et les clients. Avec un mélange d'anglais, de japonais et de gestes, il se peut que vous vous fassiez de nouveaux amis. Les stands d'Okonomimura sont fréquentés autant par les habitants que les touristes.

36 Sanctuaires et TEMPLES

ARCHITECTURE | FÊTES| RELIGION

Si tout le monde connaît le torii (porte de sanctuaire) flottant de Miyajima, l'ouest de Honshu compte d'autres célèbres lieux de culte plus anciens. Explorez le mont Daisen, foyer de la religion mystique shugendo, ou encore le Kibitsu-jinja, qui a inspiré la légende japonaise de Momotaro.

En pratique

Quand Au printemps et en automne pour les magnifiques feuillages. Évitez le pic d'affluence des premiers jours de l'année.

Fêtes annuelles Des rituels de tir à l'arc ont lieu à l'Izumo Taisha lors du Reitai-sai (le 14 mai). Miyajima accueille en août le Kangen-sai, cérémonie populaire de musique et de danse. Une parade de 2 000 flambeaux marque le début du festival d'été du Daisen en juin.

Règles de bonne conduite sur les sites religieux Respectez les fidèles et parlez à voix basse.

Izumo Taisha (p. 237) Le deuxième sanctuaire du Japon après Ise-jingu, où les divinités se réunissent une fois par an pour discuter des affaires de l'humanité. Sa fondation est antérieure à l'histoire écrite, mais il est reconstruit tous les 60 à 70 ans selon les méthodes traditionnelles. Le domaine et les bâtiments en bois sont impressionnants ; on se sent tout petit sous le *shimenawa* (corde sacrée) à l'entrée de la salle de culte.

Daisen Cette montagne qui domine l'ouest de Tottori était autrefois sacrée pour des milliers de moines guerriers qui pratiquaient le *shugendo*,

Ci-contre en haut Izumo Taisha
Ci-contre en bas Daisen-ji

TANG YAN SONG/SHUTTERSTOCK ©

TANYA JONES/SHUTTERSTOCK ©

Religions japonaises

Le shintoïsme est considéré comme la religion indigène, mais lorsque le bouddhisme est arrivé au Japon au VIIe siècle, les deux religions se sont mêlées. Les croyances populaires s'y sont ajoutées pour créer le *shugendo*, souvent pratiqué dans les montagnes, requérant un entraînement physique strict.

mélange de bouddhisme, de shintoïsme et de chamanisme. Bâti au VIIIe siècle, le **Daisen-ji** (p. 237) est aujourd'hui un temple important de la secte bouddhique Tendai. Les visiteurs peuvent y pratiquer le zazen (méditation assise) ou se promener dans de luxuriantes forêts.

Miyajima L'"île aux sanctuaires" est surtout connue pour le torii de l'**Itsukushima-jinja** (p. 237) émergeant des eaux calmes de la mer Intérieure. Nombre d'autres petits sanctuaires entourent le mont **Misen**. Randonnez ou prenez le téléphérique (p. 237) jusqu'à son sommet pour profiter de la vue sur la baie d'Hiroshima.

Kibitsu-jinja et **Kibitsuhiko-jinja** (p. 237) Visitez ces deux sanctuaires d'Okayama, liés au héros légendaire **Momotaro** ("garçon de pêche"), en parcourant un agréable itinéraire cyclable de 17 km qui longe la plaine de Kibi.

Sanctuaires ou **TEMPLES ?**

02

04

05

01 Goshuin

Tampons que l'on reçoit pour une somme modique dans de nombreux temples et sanctuaires, rassemblés dans un carnet appelé *goshuincho*.

02 Torii

Porte traditionnelle des sanctuaires shintoïstes, qui marque la frontière entre profane et sacré.

03 Chozuya

Bassin d'eau utilisée pour se purifier les mains et la bouche avant d'entrer dans un sanctuaire.

04 Shimenawa

Corde de paille ou de chanvre tressée désignant un lieu ou un objet sacré dans le shintoïsme.

05 Komainu

Paire de statues en forme de chiens-lions qui protège les sanctuaires du mal.

06 Ema

Plaques en bois – d'origine shintoïste mais aujourd'hui aussi utilisées dans les temples bouddhiques – sur lesquelles les visiteurs écrivent leurs prières et leurs souhaits.

06

07

10

09

11

08

07 San-mon

Porte la plus grande et la plus importante d'un temple bouddhique, généralement située entre la *somon* (porte extérieure) et le bâtiment principal.

08 Bonsho

Grande cloche en bronze utilisée dans les temples lors des cérémonies ; on la sonne 108 fois au Nouvel An.

09 Nio

Paire de sculptures de gardiens menaçants qui protège les temples bouddhiques du mal.

10 Jizo

Cette statue bouddhique à l'air jovial représente une divinité protectrice des enfants et des voyageurs, très appréciée dans la culture japonaise.

11 Omamori

Vous pouvez acheter ces petites amulettes dans les sanctuaires pour vous protéger de divers malheurs ou vous porter chance dans certaines situations spécifiques.

01 LO KIN-HEI/SHUTTERSTOCK ©, **02** SENRYU/GETTY IMAGES ©, **03** YUKIK/SHUTTERSTOCK ©, **04** SENRYU/GETTY IMAGES ©, **05** MIRJANA UZELAC/SHUTTERSTOCK ©, **06** T-K-M/SHUTTERSTOCK ©, **07** VECTOR TRADITION/SHUTTERSTOCK ©, **08** KISASAGE/SHUTTERSTOCK ©, **09** TERA.KEN/SHUTTERSTOCK ©, **10** SIMPLY AMAZING/SHUTTERSTOCK ©, **11** KASAMARAT/SHUTTERSTOCK ©

37 À vélo sur le SHIMANAMI KAIDO

CYCLISME | TOURISME | MER

Piste cyclable de 70 km qui relie plusieurs îles entre Honshu et Shikoku, le Shimanami Kaido compte parmi les meilleurs itinéraires à deux roues du Japon. La distance et le niveau de difficulté sont facilement adaptables et les paysages sont à couper le souffle à chaque virage.

KURUTANX/SHUTTERSTOCK ©

Priorité aux cyclistes

Le Shimanami Kaido a été conçu pour les cyclistes du monde entier, qui bénéficient de services d'expédition et de consigne de bagages, de transports et d'hébergements adaptés aux vélos et d'une abondante signalisation en anglais. Sur la route, une ligne bleue vous guide, précisant la distance jusqu'à la prochaine étape.

En pratique

Point de départ Onomichi, ville portuaire à mi-chemin entre Hiroshima et Okayama.

Quand Possible toute l'année, mais plus grande probabilité de fortes pluies ou de typhons de mi-juin à mi-septembre.

Prenez votre temps L'itinéraire peut se parcourir en une journée, mais vous l'apprécierez davantage sur deux jours.

Location de vélos À partir de 2 000 ¥ par jour, plus une caution de 1 100 ¥.

01 Sur Ikuchi-jima, le **Kosan-ji** (p. 237), avec ses répliques d'œuvres d'autres temples, est l'hommage tape-à-l'œil d'un riche homme d'affaires à sa mère. Quoi qu'on en pense, la villa Choseikaku est un chef-d'œuvre.

02 Sanctuaire d'Omi-shima vieux de 1 400 ans, l'**Oyamazumi-jinja** (p. 237) conserve une collection d'objets de samouraïs les plus importants du Japon, parmi lesquels un camphrier âgé de 2 600 ans.

03 Dirigé par une coopérative de pêche, le **restaurant de la gare maritime de Naoshima** vend les produits de la mer les plus frais de la région d'Oshima. Faites-en griller sur le barbecue pour reprendre des forces.

04 Égayé et parfumé par des milliers de rosiers en fleur de mai à novembre, le **Yoshiumi Rose Park** (p. 237) constitue une bonne halte sur Oshima, surtout pour une glace à la rose.

05 À 307 m de hauteur sur Oshima, l'**observatoire de Kirosan** est considéré comme le meilleur point de vue du Shimanami Kaido. Arrivez à l'heure dorée pour un coucher de soleil mémorable.

38 À l'ouest DE HONSHU

CHÂTEAU | HISTOIRE | MUSÉE

Au-delà des incontournables que sont le parc du Mémorial de la paix, son musée et l'île de Miyajima, la région d'Hiroshima a beaucoup à offrir si vous êtes prêt à monter dans un bus pour des excursions d'une journée, notamment des châteaux de l'ère Edo, des brasseries de saké séculaires et même des musées du surnaturel.

MILOSZ MASLANKA/SHUTTERSTOCK ©

En pratique

Bus touristiques
Des excursions d'une journée sont possibles autour d'Hiroshima avec les bus touristiques JR Chugoku (chugoku-jrbus.co.jp). La plupart partent de la gare pour des destinations comme Iwakuni et Takehara.

Réductions
Les promotions changent, mais les tarifs réduits semblent permanents sur les bus touristiques autour d'Hiroshima pour les détenteurs de passeports étrangers ; renseignez-vous.

LIANG YU/SHUTTERSTOCK ©

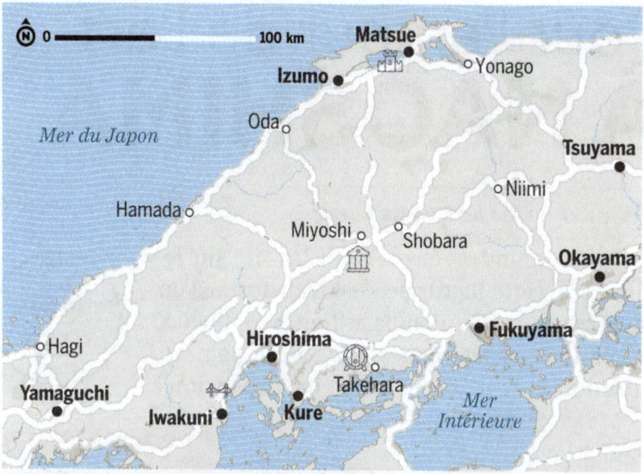

Ci-contre en haut Kintai-kyo
Ci-contre en bas Takehara

Iwakuni Le **Kintai-kyo** (p. 237), pont à cinq arches d'Iwakuni, est l'une des merveilles architecturales du Japon. Il est particulièrement beau au printemps, encadré par des fleurs de cerisier roses. Vous profiterez d'une vue imprenable sur le pont et la ville au-delà depuis l'**Iwakuni-jo** (p. 237), château à flanc de colline à 200 m au-dessus de la rivière.

Miyoshi Dans les montagnes au nord d'Hiroshima, Miyoshi a récemment inauguré le **Mononoke Museum** (p. 235), consacré aux esprits de la culture japonaise, appelés *mononoke* ou *yokai* (p. 112). La vaste collection tournante d'œuvres d'art et d'objets historiques en lien avec le monde surnaturel est complétée par d'attrayantes installations interactives créées par la société multimédia teamLab. L'emplacement n'a pas été choisi par hasard. Au XVIIIe siècle, un jeune samouraï aurait reçu la visite de *yokai* pendant 30 nuits consécutives à Miyoshi ; les illustrations d'un rouleau exposé dans le musée témoignent de cette célèbre histoire.

Takehara Le quartier historique de cette ville côtière à l'est d'Hiroshima est magnifiquement préservé, comptant plusieurs brasseries de saké en activité depuis plus de 250 ans. La brasserie familiale de **Masataka Taketsuru** (p. 236), considéré comme le père du whisky japonais, abrite un petit musée du Saké, ouvert le week-end. La brasserie **Fujii Shuzo** (p. 236) voisine propose des dégustations.

Le Matsue-jo à petit prix

Au Hiroshima Bus Centre, les détenteurs de passeports étrangers peuvent acheter des billets de bus pour Matsue, dans la préfecture de Shimane, à prix réduit (500 ¥ au lieu de 4 000 ¥), vous permettant de visiter – sur deux jours plutôt qu'un seul – le pittoresque Matsue-jo (p. 237), l'un des 12 châteaux originaux qui subsistent au Japon.

Dans les environs du château, vous pouvez découvrir des quartiers de l'ère Edo et plusieurs musées intéressants, et, en participant à un circuit en bateau, des douves et une infrastructure fluviale.

39 Pour l'amour de l'art À NAOSHIMA

CRÉATION CONTEMPORAINE | AVANT-GARDE | RURALITÉ

Naoshima figure parmi les grandes réussites du Japon : sur le point d'être entièrement désertée, cette île rurale s'est transformée en un centre d'art contemporain de réputation mondiale. Tout a commencé au début des années 1990, quand la société Benesse la choisit comme écrin pour accueillir sa collection d'art moderne en pleine expansion.

©TAKAMI SHIMURA/GETTY IMAGES

En pratique

S'y rendre Naoshima est une île de la mer Intérieure au large de la côte ouest de Honshu. La grande ville la plus proche, Okayama, se trouve sur la ligne Shinkansen Sanyo entre Osaka et Hiroshima.

Circuler Les musées se situent dans le sud de l'île ; l'Art House Project du côté est, à Honmura.

Se restaurer Il y a quelques cafés près du port à Miyanoura et dans le secteur de l'Art House Project.

Conseil Ne ratez pas la sculpture en forme de citrouille jaune de Yayoi Kusama, devenue le symbole de l'île.

PICT-JAPAN / STOCK.ADOBE.COM ©

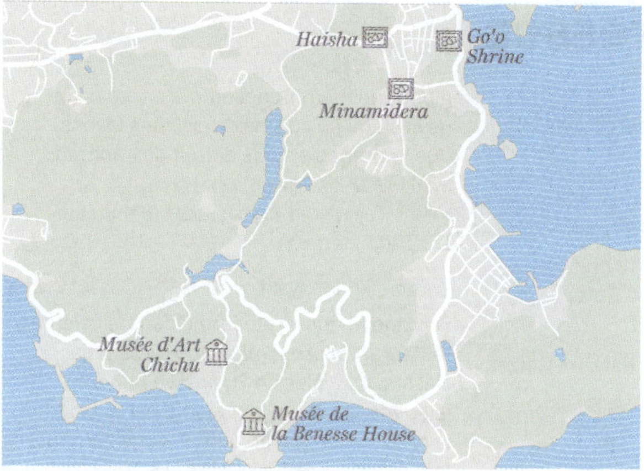

Ci-contre en haut La côte de l'île de Naoshima, vue depuis le domaine artistique de Benesse.
Ci-contre en bas Un étang avec des nénuphars à Naoshima, au musée d'Art Chichu.

Art House Project À Honmura, l'Art House Project (p. 235), démarré en 1998, consiste en une demi-douzaine de maisons traditionnelles restaurées et confiées à des artistes contemporains. Ainsi, Shinro Ohtake a érigé une statue de la Liberté s'élevant à travers les étages d'une cabane du nom de Haisha ; l'Américain James Turrell s'est livré à une expérimentation avec la lumière dans une construction appelée Minamidera, où le spectateur pénètre dans une obscurité totale… et attend ; et Hiroshi Sugimoto s'est approprié l'aspect traditionnel du Go'o Shrine (sanctuaire Go'o) en y installant un escalier en verre conduisant à une étroite "salle en pierre" souterraine.

Musée de la Benesse House (p. 235) Ouvert en 1992, il a été le premier espace de Naoshima dédié à l'art. C'est l'architecte Tadao Ando, primé à plusieurs reprises, qui a conçu ce superbe hôtel-musée installé sur la côte sud de l'île. Y sont notamment exposées des œuvres d'Andy Warhol, de Niki de Saint Phalle, de David Hockney et d'artistes japonais comme Shinro Ohtake. Des installations artistiques sont semées à travers la forêt et sur le littoral adjacent, opérant une fusion entre design et nature.

Musée d'Art Chichu (p. 235) À 20 minutes à pied de la Benesse House, le musée d'Art Chichu est une autre création de Tadao Ando. Véritable œuvre d'art, l'édifice tient d'un enchaînement de beaux espaces aux murs de béton enterrés. Fort de son éclairage naturel, il offre un cadre remarquable à plusieurs Nymphéas de Monet, à des sculptures de Walter De Maria et à des installations de James Turrell. À l'extérieur, le jardin Chichu s'inspire de celui de Giverny.

Triennale de Setouchi

Ce festival (setouchi-artfest.jp/en/) d'art, de musique, de théâtre et de danse a lieu tous les trois ans. Il donne lieu à de nombreuses manifestations dans les îles de la mer Intérieure, notamment à Naoshima, Teshima et Shodoshima.

Consultez l'excellent site Internet pour tout connaître des manifestations et des forfaits de ferry. Le passeport trois saisons de festival (4 000 ¥ acheté à l'avance, 5 000 ¥ sur place) est fortement recommandé : il donne accès à presque tous les sites et musées. Réservez votre hébergement bien à l'avance si vous prévoyez de vous rendre à Naoshima ou même à Takamatsu pendant le festival.

Carnet d'adresses

Les grands classiques (voir p. 216)

Sandan-kyo

Une douzaine de bus relient chaque jour la gare routière de Hiroshima (www.h-buscenter.com ; 3e niv, 6-27 Motomachi ; Kamiya-cho-nishi) à Sandan-kyo.

Centre du Patrimoine mondial d'Iwami Ginzan

(0854-89-0183 ; ginzan.city.ohda.lg.jp ; 1597-3 Omori-cho ; 300 ¥ ; 9h-17h30 mars-nov, 9h-17h déc-fév)

Puits de mine de Ryugenji Mabu et Ruines de la raffinerie Shimizudani

(0854-89-9090 ; Omori-machi) GRATUIT

Délices locaux

Ajidokoro Misa ¥¥¥

Sakaiminato, dans la préfecture de Tottori, approvisionne presque entièrement en crabes l'ouest du Japon. Aussi le crabe servi ici est-il de première fraîcheur. Goûtez-le grillé, bouilli ou en *shabu-shabu* (fondue japonaise). (0859-42-3817 ; www.sakaiminato-misa.server-shared.com ; 6 Kyomachi, Sakaiminato ; 17h30-22h30, fermé dim)

Cabane à huîtres Shimada Suisan ¥¥

Huîtres fraîches grillées d'Hiroshima à volonté pendant 1 heure ; à 10 minutes à pied de la gare maritime de Miyajima. (0829-30-6356 ; shimadasuisan.com ; 1-2-6 Miyajimaguchinishi, Hatsukaichi, Hiroshima ; 10h-17h lun-mar et ven, 10h-16h mer, 10h-20h sam, variable)

Heike Chaya ¥¥

Les talentueux chefs de Shimonoseki, dans la préfecture de Yamaguchi, sont réputés pour leur préparation du *fugu* (poisson-globe venimeux), consommé cru sous forme de sashimi ou cuisiné de diverses façons. Vue imprenable sur le détroit de Kanmon. (0832-22-2022 ; www.heiketyaya.com ; 1-1 Mimosusogawacho, Shimonoseki ; 11h-15h et 17h-21h fermé mar)

Lopez Okonomiyaki ¥

Fernando Lopez a été formé dans le célèbre restaurant d'*okonomiyaki* de Hiroshima Hassho il y a plus de 20 ans. Le piment jalapeño, qu'il a un jour ajouté par accident à la préparation, est aujourd'hui une garniture locale populaire. (82-232-5277 ; 1-7-13 Kusunokicho, Nishi-ku, Hiroshima ; 16h30-23h lun et mer-jeu, 11h30-14h30 et 16h30-23h mar et ven)

Okonomimura

Voir p. 222. (www.okonomimura.jp ; 2e-4e niv, 5-13 Shintenchi, Hiroshima ; plats 800-1 300 ¥ ; 11h-2h ; Ebisu-cho)

Tomoe-an ¥¥¥

Ce restaurant propose des salles privées dans un magnifique ancien *ryokan* près de la gare de Matsue. Goûtez le bœuf de Shimane, *wagyu* de premier choix à la texture fondante et à la saveur umami persistante. (085-224-2673 ; 535 Isemiyacho, Matsue ; 17h-23h)

SEAN3810/GETTY IMAGES ©

Kurashiki

Musées et monuments remarquables

Art House Project

Voir p. 233. (benesse-artsite.jp ; Honmura ; billet simple/combiné 410/1 030 ¥ ; 10h-16h30 mar-dim)

Dôme de la Bombe A

Voir p. 219. (Genbaku Domu ; 1-10 Otemachi ; 24h/24 ; Genbaku-domu-mae) GRATUIT

Mémorial dédié aux victimes de la bombe atomique

Voir p. 221. (www.hiro-tsuitokinenkan.go.jp ; 1-6 Nakajima-cho, Naka-ku ; 8h30-19h août, 8h30-18h mars-juil et sept-nov, 8h30-17h déc-fév ; Genbaku-domu-mae ou Hon-dori) GRATUIT

Mononoke Museum

Voir p. 231. (0824-69-0111 ; miyoshi-mononoke.jp ; 1691-4 Miyoshi-machi, Miyoshi, Hiroshima ; tarif plein/enfant 600/200 ¥ ; 9h30-17h fermé mer)

Musée d'Art Adachi

Ce musée de Yasugi, dans la préfecture de Shimane, présente des œuvres d'art à l'intérieur et l'art vivant du jardin japonais à l'extérieur. (0854-28-7111 ; www.adachi-museum.or.jp ; 320 Furukawa-cho, Yasugi-shi ; étrangers avec passeport 1 150 ¥ ; 9h-17h30 avr-sept, 9h-17h oct-mars ; P)

Musée d'Art Chichu

Voir p. 233. (benesse-artsite.jp ; adulte/enfant 2 060 ¥/gratuit ; 10h-18h mar-dim mars-sept, 10h-17h oct-fév)

Musée de la Benesse House

Voir p. 233. (benesse-artsite.jp/en ; adulte/enfant 1 030 ¥/gratuit ; 8h-21h)

Musée du jean Betty Smith

Découvrez comment ces jeans japonais de qualité sont fabriqués à Kurashiki (préfecture d'Okayama) et personnalisez un jean en guise de souvenir. (086-473-4460 ; betty.co.jp ; 5-2-70 Kojima Shimonocho, Kurashiki ; 10h-18h ; P)

AMY SHEEHAN/SHUTTERSTOCK ©

Lapins, Okunoshima

Musée du Mémorial de la paix de Hiroshima

Voir p. 220. (hpmmuseum.jp ; 1-2 Nakajima-cho, Naka-ku ; tarif plein/enfant 200 ¥/gratuit ; 8h30-19h août, 8h30-18h mars-juil et sept-nov, 8h30-17h déc-fév ; Genbaku-domu-mae ou Chuden-mae)

Musée Mizuki Shigeru

Ce musée de Sakaiminato rend hommage à Mizuki Shigeru, auteur de célèbres mangas sur le monde surnaturel des *yokai*. La rue Mizuki Shigeru, entre le musée et la gare, est jalonnée de 177 statues de bronze représentant les personnages qu'il a créés. (0859-42-2171 ; mizuki.sakaiminato.net ; 5 Honmachi, Sakaiminato-shi ; 300 ¥ ; 9h30-17h ; P)

Musée de la photographie Shoji Ueda

Ce musée de Tottori présente l'un des grands photographes modernes du Japon. Son architecture met en valeur la vue imprenable sur le volcan Daisen. (0859-39-8000 ; www.japro.com/ueda ; 353-3 Sumura ; tarif plein/enfant 900/300 ¥ ; 9h-17h mer-lun mars-nov)

Parc du Mémorial de la paix

Voir p. 219. (Heiwa-kinen-koen ; Genbaku-domu-mae)

Mer Intérieure insolite

Kurashiki

Faites une paisible balade en gondole sur les canaux historiques de cette ville marchande. Bikan, son quartier de l'ère Edo préservé, foisonne de boutiques, de cafés et de restaurants intéressants.

Okunoshima

Cette petite île peuplée de centaines d'adorables lapins féraux est surnommée l'"île aux lapins". Moins réjouissant, son petit musée des Gaz toxiques commémore la production illégale d'armes chimiques par l'armée impériale japonaise durant la guerre.

Promenade du temple d'Onomichi

Point de départ du Shimanami Kaido (p. 228), cette célèbre promenade relie 25 temples de la ville sur un chemin qui serpente dans les ruelles, offrant une vue panoramique à flanc de coteau.

Tobishima Kaido

Alternative au Shimanami Kaido, cet itinéraire cyclable de 30 km part de Shimo-kamagari et se termine à Okamura-jima. Les services de location de vélos et d'assistance sont peu nombreux sur le parcours, planifiez soigneusement votre excursion.

Tomo-no-ura

L'architecture de ce magnifique village de pêcheurs historique de l'est de la préfecture d'Hiroshima aurait inspiré le film d'animation du Studio Ghibli, *Ponyo*.

Alcools locaux

Brasserie Fujii Shuzo

Voir p. 231. (www.fujiishuzou.com ; 3-4-14 Honmachi, Takehara)

Brasserie Masataka Taketsuru

Voir p. 231. (www.taketsuru-shuzou.co.jp ; 3-10-29 Honmachi, Takehara)

Doppo-kan ¥¥

Cette ancienne brasserie de saké d'Okayama produit des bières artisanales d'inspiration allemande depuis 1995, du whisky depuis 2011 et plus récemment du gin et de la vodka. Goûtez-les sur place ou lors d'un repas dans son restaurant, Shusei no Kagayaki. (☎086-270-8111 ; www.doppokan.jp ; 185-1 Nishigawara, Naka-ku, ⊙boutique 10h-19h, restaurant 11h30-21h, fermé mer et certains jours)

Vignoble Miyoshi

Dans les montagnes de Hiroshima, ce vignoble propose des dégustations gratuites de sa gamme de vins standard et des dégustations payantes de sa gamme premium Tomoe. (☎0824-64-0200 ; www.miyoshi-winery.co.jp ; 10445-3 Higashisakeyama, Miyoshi ; ⊙cave 9h30-18h, fermé certains mercredis)

Superbes jardins

Koraku-en

L'un des plus beaux jardins du Japon, aménagé pour les seigneurs féodaux et les fonctionnaires en visite à Okayama. Les soirs d'été, il est joliment illuminé et les visiteurs pique-niquent sur la vaste pelouse comme les nobles d'antan. (☎086-272-1148 ; www.okayama-korakuen.jp ; 1-5 Koraku-en ; 400 ¥, billet combiné avec l'Okayama-jo 560 ¥ ; ⊙7h30-18h avr à fin-juil et mi-août à sept, 7h30-21h30 fin juil à mi-août, 8h-17h oct-mars)

Koraku-en

Sesshutei

Trésor national d'une beauté pittoresque, ce jardin de promenade est un site classé. Appartenant au Joei-ji, à Yamaguchi, il a été conçu pour être admiré depuis différents points de vue et présente des attraits propres à chaque saison. (2001 Miyano-shimo ; jardin 300 ¥ ; jardin 8h-17h)

Yoshiumi Rose Park

Voir p. 229. (www.city.imabari.ehime.jp/kouen/yosiumi ; 1290 Yoshiumicho Fukuda, Imabari, Ehime ; 24h/24)

Yushien

Les joyaux de ce grand jardin à la japonaise, sur une île du lac saumâtre Nakaumi, dans la préfecture de Shimane, sont ses 250 espèces de pivoines, qui fleurissent dans une serre toute l'année ou dans le jardin lui-même au milieu du printemps. (0852-76-2255 ; www.yuushien.com ; 1206-2 Hanyū, Yatsuka-cho ; 800 ¥, étrangers avec passeport 700 ¥ ; 9h-17h)

Temples et sanctuaires

Daisen-ji

Voir p. 225. (0859-52-2158 ; www.daisenji.jp ; 9 Daisen ; salle du Trésor 300 ¥ ; 9h-16h avr-nov)

Izumo Taisha

Voir p. 224. (0853-53-3100 ; www.izumooyashiro.or.jp ; 195 Kizuki-higashi, Taisha-cho ; 6h30-20h) GRATUIT

Itsukushima-jinja

Voir p. 225. (1-1 Miyajima-cho ; 300 ¥ ; 6h30-17h30 jan-nov, 6h30-17h déc)

Kibitsu-jinja

Voir p. 225. (www.kibitujinja.com ; 931 Kibitsu, quartier Kita ; 8h30-16h) GRATUIT

Kibitsuhiko-jinja

Voir p. 225. (www.kibitsuhiko.or.jp ; 1043 Ichinomiya, Kita-ku, Okayama ; 6h-18h)

NIRAD / ISTOCK ©

Misen téléphérique

Kosan-ji

Voir p. 229. (www.kousanji.or.jp/french ; 553-2 Setoda-cho ; adulte/enfant 1 400 ¥/gratuit ; 9h-17h)

Misen et téléphérique

Voir p. 225. (miyajima-ropeway.info/french ; téléphérique aller/aller-retour adulte 1 000/1 800 ¥, enfant 500/900 ¥ ; téléphérique 9h-17h)

Oyamazumi-jinja

Voir p. 229. (0897-82-0032 ; 3327 Miyaura, Omi-shima-cho ; Trésor et musée Kaiji 1 000 ¥ ; 8h30-17h)

À l'ère Edo

Iwakuni-jo

Voir p. 231. (0827-41-1477 ; 3 Yokoyama, Iwakuni ; 260 ¥ ; 9h-16h45 jan à mi-déc, téléphérique 9h-17h)

Kintai-kyo (pont)

Voir p. 231. (0827-41-1477 ; 1 Iwakuni ; aller-retour 300 ¥, billet combiné avec téléphérique et château 940 ¥ ; 8h-17h)

Matsue-jo

Voir p. 231. (0852-21-4030 ; www.matsue-tourism.or.jp/m_castle ; 1-5 Tono-machi ; 670 ¥, étrangers avec pièce d'identité 330 ¥ ; 8h30-18h30 avr-sept, 8h30-17h oct-mars)

KYUSHU

ONSEN | SAMOURAÏS | NATURE

AARON CHOI/SHUTTERSTOCK ©

KYUSHU
à la carte

Volcans qui couvent, chutes d'eau, *onsen* fumants... Si la force de la nature se ressent chaque jour à Kyushu, des siècles d'histoire y sont aussi préservés, entre légendes antiques et bastions de samouraïs.

Prenez un bain de sable chaud à **Hyotan Onsen** (p. 264).
½ journée
Traversez l'histoire d'Oita en randonnant sur le **parcours Okubungo de Kyushu OLLE** (p. 267).
1 jour
Admirez les cascades depuis le **pont suspendu de Kokonoe Yume** (p. 265).
½ journée
Passez d'un *onsen* à l'autre puis séjournez dans un *ryokan* à **Kurokawa Onsen** (p. 247).
1 jour
Détroit de Kanmon
Shimonoseki
Kitakyushu
Koga
Yukuhashi
Iizuka
Nakatsu
Usa
Péninsule de Kunisaki
Kunisaki
Kitsuki
Mer d'Iyo
Imabari
Matsuyama
Ozu
Yawatahama
Kurume
Hita
Kusu
Yufuin
Beppu
Beppu-wan
Oita
Kuju-san
Oguni
Aso
Usuki
Taketa
Saiki
Kumamoto
Takamori
Sukumo
Ville de Shimanto (Nakamura)
Tosa-Shimizu
Yatsushiro
Nobeoka
Hyuga
Taragi
Hitoyoshi
Okuchi
Ebino
Miyazaki
Océan Pacifique
Miyakonojo
Sakurajima
Nichinan
Tarumizu
Kushima
Kanoya
Shibushi-wan
Mer de Hyuga
Nejime
Détroit d'Osumi
0
100 km
AJISAI13/SHUTTERSTOCK ©, ICOSHA/SHUTTERSTOCK ©, ROMIX IMAGE/SHUTTERSTOCK ©, BOHISTOCK/GETTY IMAGES ©

Informations pratiques

MAHATHIR MOHD YASIN/SHUTTERSTOCK ©

À L'ARRIVÉE

Train Le *shinkansen* venant de Tokyo met 5 heures pour rejoindre Fukuoka-Hakata (23 390 ¥) et 6 heures 30 pour Kagoshima (31 060 ¥).

Air L'aéroport de Fukuoka n'est qu'à quelques minutes en train de la gare de Hakata et du centre de Fukuoka (260 ¥). Les aéroports de Kumamoto, Nagasaki, Kagoshima et Oita sont assez loin des centres. Il vaut mieux louer une voiture à l'aéroport pour visiter ces régions de Kyushu.

BUDGET

Tasse faite main
1 500 ¥

Onsen privé (1 h)
1 800 ¥

Bol de ramen
700 ¥

COMMENT CIRCULER

Train La ligne du *shinkansen* de Kyushu relie Fukuoka, Kumamoto et Kagoshima au reste du pays. Les autres grandes villes sont desservies par des trains régionaux, pas toujours pratiques.

Bus Les bus autoroutiers sont pratiques pour rallier les grandes villes et les destinations les plus touristiques de Kyushu. Les billets s'achètent dans les gares routières des grandes villes et dans les aéroports.

Voiture De loin le moyen le plus pratique pour circuler à Kyushu, sauf si vous prévoyez de rester à proximité d'une grande ville. La conduite est facile sur les routes principales, mais méfiez-vous des raccourcis par les routes de montagne, plus étroites qu'on s'y attend parfois.

QUAND Y ALLER

JAN-MARS
Froid, clair et parfois venteux ; couvrez-vous chaudement.

AVR-JUIN
Temps doux, pluies sporadiques plus nombreuses en juin et dans le sud.

JUIL-SEPT
Temps lourd, chaud et humide, qui s'améliore un peu en septembre.

OCT-DÉC
Températures douces et moins de pluie ; la meilleure saison.

SE RESTAURER ET PRENDRE UN VERRE

Yatai Symboles de la gastronomie de Kyushu à Fukuoka, les *yatai* (stands) ouvrent tous les soir à partir de 18h. Si ramens, yakitoris (brochettes) et gyozas (raviolis) frits sont courants, chaque stand, unique, prépare des plats qu'on ne trouve pas ailleurs. Le but est de picorer, sans se presser, d'un *yatai* à l'autre pour goûter différents plats. En dînant dans un *yatai*, vous ferez une découverte à la fois gastronomique et sociale : les clients sont encouragés à se présenter et à engager la conversation. Faites-vous des amis en vous régalant !

Ramen à tester
Ramen à la mode de Hakata

Parfait pour les débutants
Mamichan (p. 267)

SE CONNECTER ET S'ORIENTER

Wi-Fi Service Japan Wi-Fi gratuit partout. Téléchargez l'appli pour vous connecter automatiquement à un hotspot. Pour une connexion plus rapide, louez une clé Wi-Fi auprès de Japan Wireless (japan-wireless.com).

GPS Le Wi-Fi est indispensable, car vous aurez besoin d'applications GPS pour trouver vos destinations et suivre vos itinéraires.

CONDUIRE

Si vous êtes citoyens français, belge, suisse, emportez votre permis, accompagné de sa traduction certifiée, réalisée par la Japanese Automobile Federation (JAF ; english.jaf.or.jp).

OÙ LOGER

Offrez-vous ici un *ryokan* japonais. Si votre budget est limité, savourez la convivialité et les repas maison d'un séjour à la ferme, ou retirez-vous dans la nature dans un camping chic.

Localité	Pour/contre
Fukuoka	Hôtels et auberges de jeunesse nombreux autour de la gare de Hakata et de l'aéroport ; accès facile à beaucoup d'attractions locales.
Goto	Campings chics insolites (glamping) et autres hébergements abordables, mais Goto est trop reculé pour visiter Kyushu.
Yufuin	Nombreux *ryokan* de moyenne à haute gamme, mais peut être bondé et cher en haute saison.
Beppu	Le paradis des *onsen*, avec *ryokan* et hôtels dans toutes les gammes de prix ; accès difficile au reste de Kyushu sans voiture.

ARGENT

Emportez suffisamment d'espèces ; dans certaines régions rurales, trouver un DAB relève de l'aventure. Les retraits internationaux sont plus faciles aux DAB de JP Bank (dans les bureaux de poste) et 7-Eleven Bank (dans les magasins 7-Eleven).

Les grands classiques

Pour les infos pratiques de chaque site, reportez-vous au carnet d'adresses p. 264.

Musée de la Bombe atomique de Nagasaki

Incontournable lors d'un passage à Nagasaki, ce triste lieu évoque la destruction de la ville et la mort de ses habitants à l'aide de photos et d'objets, notamment des meubles, des poteries et des vêtements, des récits de survivants et des histoires de sauvetages. On y découvre aussi les campagnes pour le désarmement nucléaire menées après l'explosion. (voir p. 251)

EQROY/SHUTTERSTOCK ©

Dejima, Nagasaki

En 1641, le shogunat Tokugawa bannit les étrangers de tout le Japon, à une exception près : Dejima, une île artificielle en forme d'éventail dans le port de Nagasaki. Jusque dans les années 1850, ce petit comptoir néerlandais de 15 000 m^2 fut l'unique lieu de présence étrangère tolérée au Japon. Aujourd'hui, l'ancienne île a été intégrée dans la ville.

SANGA PARK/SHUTTERSTOCK ©

Sengan-en, Kagoshima

En 1658, le 19e seigneur Shimazu fit aménager au bord de la baie Kinko-wan ce domaine vallonné fait de bosquets, de jardins, de sentiers et de l'un des plus impressionnants "paysages empruntés" du Japon : le pic fumant de Sakurajima. Lieu de détente, c'était aussi un point de vue stratégique sur les navires entrant dans la baie.

WINHORSE/GETTY IMAGES ©

Kumamoto-jo

L'imposant château de Kumamoto, édifié dans la ville éponyme entre 1601 et 1607, par le daimyo Kato Kiyomasa, est l'un des plus spectaculaires du Japon. Il servit de siège au puissant clan Hosokawa à partir de 1632. Malheureusement fermé suite au séisme, il vaut la peine d'être admiré depuis la rue.

Jomon-sugi, Yakushima

Sur l'île de Yakushima, parfaite pour les passionnés de nature et de randonnée, cet immense *yaku-sugi*, un cèdre qui aurait entre 3 000 et 7 000 ans, reste majestueux même s'il n'est plus vivant. La plupart des randonneurs rejoignent l'arbre par un sentier de 19,5 km (8-10 heures aller-retour) depuis le point de départ du sentier Arakawa. (voir p. 259)

Ibusuki Sunamushi Kaikan Saraku

Dans le sud-est de la péninsule de Satsuma, à environ 50 km de Kagoshima, la station thermale d'Ibusuki est réputée pour ses bains de sable qui consistent à se faire recouvrir jusqu'au cou de sable chauffé par des *onsen* souterrains, censés purifier le sang.

40 Onsen secrets de KYUSHU

SOURCES CHAUDES | RELAXATION | CULTURE

Sous la surface des terres de Kyushu, une multitude de sources minérales géothermiques bouillonnent et alimentent des milliers d'*onsen* (établissements thermaux) allant des bains publics ou privatifs aux *ryokan* (auberges) luxueux. Le choix ne manque pas pour se détendre dans un bassin. Nous vous proposons ici une sélection des meilleurs *onsen* secrets de Kyushu.

TOYOKAZU.Y/SHUTTERSTOCK ©

En pratique

Circuler Choisissez un endroit regroupant de nombreux *onsen* accessibles à pied – Kurokawa, Yufuin ou Ureshino – ou louez une voiture pour visiter plusieurs régions.

Forfaits onsen Certaines localités proposent des forfaits, appelés *nyuto tegata*, qui permettent de passer d'un *onsen* à l'autre. À Kurokawa Onsen, le forfait donne accès à trois *onsen* pour 1 300 ¥ seulement.

Apportez votre serviette Faites des économies en apportant votre serviette, sinon vous devrez en louer une à chaque *onsen*.

TOP PHOTO CORPORATION/ALAMY STOCK PHOTO ©

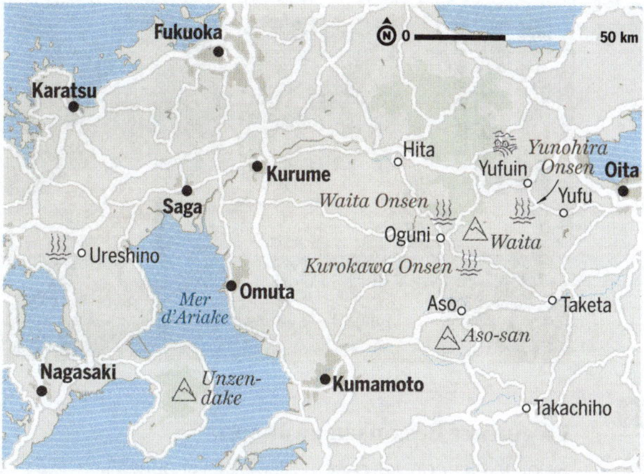

Kurokawa Onsen Un ensemble de 29 *onsen*, dont des bains publics et des *ryokan*. Les habitants préservent avec soin l'atmosphère traditionnelle des établissements comme du village, niché au creux d'une vallée. En vous y baignant, vous aurez vue sur la forêt et entendrez chanter la rivière. Kurokawa est très joli la nuit, surtout de janvier à mars, quand des lanternes de bambou l'illuminent.

Yunohira Onsen À 20 minutes de voiture seulement du célèbre Yufuin, Yunohira Onsen a gardé une atmosphère paisible, le long de son unique rue pavée qui semble immuable depuis un siècle. Venez à Yunohira pour vous détendre, loin de la foule, dans une (ou plusieurs) de ses 21 auberges, ayant chacune son propre *onsen*. Cinq bains publics, dont chacun ne coûte que 200 ¥, permettent de faire une excursion thermale d'une journée à petit prix.

Ureshino Onsen Accessible depuis Fukuoka et Nagasaki en bus (mais pas en train), Ureshino mérite pourtant la visite. Flânez dans les rues de cette petite ville, dotées de magasins de thé et de bains de pieds. Plus de 30 hébergements sont regroupés sur les rives de la Shiota-gawa. La plupart des *onsen* privés sont accessibles même à ceux qui ne séjournent pas sur place, pour un tarif raisonnable.

Waita Onsen Cet ensemble d'*onsen* et de *ryokan* est regroupé autour du Waita-san, montagne à la frontière entre les préfectures de Kumamoto et d'Oita. Plusieurs établissements des environs proposent des bains privatifs pour 1 heure (avec de la monnaie), aux eaux apaisantes, avec une vue superbe.

En haut à gauche Kurokawa Onsen
En bas à gauche Ureshino Onsen

Les différents onsen

Les *onsen* sont très réglementés, et des standards spécifiques garantissent leur qualité et leur innocuité.

Dix types d'eau ont été définis, selon leurs bénéfices pour la santé.

Quelle eau choisir ? Les sources "simples" alcalines (on parle effectivement d'"eau simple" : *tanjun-sen*, à la minéralisation non spécifique) sont utilisées comme soins de beauté, et laissent la peau douce. Les sources chlorées sont salées et réputées pour améliorer la circulation sanguine et la sécheresse de la peau. Les sources acides, courantes au Japon, sont réputées bonnes pour les dermatites et le psoriasis.

Choisissez celle qui vous convient le mieux !

Onsen – médecine et relaxation

HISTOIRE DE LA CULTURE DES BAINS JAPONAIS

Les sources chaudes ne sont pas une spécificité du Japon, mais personne n'apprécie autant leurs eaux minérales apaisantes que les Japonais. Comment les *onsen* ont-ils pris autant d'importance dans la culture nationale ?

KUREMO/SHUTTERSTOCK ©

À gauche Tabourets de bain en plastique pour se laver
Au centre Serviette portée pliée sur la tête pendant le bain
À droite Séchage à la sortie de l'*onsen*

La culture des onsen au Japon

Selon la légende, les *onsen* – "sources chaudes", en japonais – feraient partie de la culture et de l'histoire du Japon depuis 3 000 ans. Ils sont en tout cas attestés dans le plus ancien texte japonais, le Man'yōshū, au VIIIe siècle. Quoi qu'il en soit, se baigner dans les eaux riches en minéraux des plus de 25 000 *onsen* du Japon fait depuis longtemps partie intégrante du mode de vie local.

La religion shintoïste accorde une grande place à la propreté et le bain quotidien a toujours été une part importante de la vie japonaise. Avant qu'on ne comprenne les vertus des minéraux contenus dans les eaux de source sur le corps humain, on pensait que les pouvoirs guérisseurs des *onsen* étaient mystiques ; beaucoup les recherchaient, notamment les moines bouddhistes les plus importants. Bien avant que le grand public ne s'intéresse aux *onsen*, on effectuait de longs pèlerinages vers diverses sources chaudes, selon les maux dont on souffrait. Le shogun lui-même reconnaissait leurs vertus thérapeutiques ; chaque jour, il envoyait un magistrat remplir des barriques à une source sur la route du Tokaïdo, qui reliait Kyoto à Edo (l'actuelle Tokyo).

Ce n'est qu'au milieu du XIXe siècle que les *onsen*, jusqu'alors thérapeutiques, sont devenus source de délassement. Avec le développement de l'imprimerie, certains artistes-graveurs les ont popularisés, grâce aux estampes et aux livres illustrés qui représentaient des gens fortunés profitant des sources bienfaisantes dans des cadres luxueux. Tout le monde voulut alors aller aux bains thermaux, non plus pour se soigner, mais pour se

SMALLDARUMA/SHUTTERSTOCK ©

TAGSTOCK1/GETTY IMAGES ©

distraire et se détendre. Aujourd'hui encore, passer d'un *onsen* à l'autre est un des loisirs préférés des touristes japonais. Les bains font même souvent l'objet de voyages d'entreprise, car lier connaissance dans un *onsen* est vu comme un moyen de renforcer l'esprit d'équipe entre collaborateurs.

Mode d'emploi des onsen

Les *onsen* sont des lieux de relaxation : découvrez les règles de base pour en profiter pleinement sans appréhension ni impairs.

> La religion shintoïste accorde une grande place à la propreté, et le bain quotidien a toujours constitué une part importante de la vie japonaise.

Lavez-vous avant le bain Avant d'entrer dans le bain d'eau minérale, lavez-vous soigneusement des pieds à la tête et rincez toute trace de savon.

Ni vêtements ni serviettes Aucun vêtement n'est admis dans le bain ; si vous utilisez la petite serviette de douche pour vous couvrir pendant vos déplacements dans l'établissement, laissez-la hors du bassin ou pliez-la et posez-la sur votre tête.

Tatouages Les tatouages sont interdits dans la majorité des *onsen* publics, même si certains les acceptent. Les petits tatouages sont souvent tolérés, couverts d'un bandage. Si vos tatouages sont visibles, mieux vaut louer un *onsen* privatif – ils coûtent autour de 1 500-2 500 ¥ l'heure.

Détendez-vous Dans un *onsen* règne une atmosphère paisible : restez silencieux ou parlez bas – éclaboussures, nage ou chahut dans le bain sont proscrits.

♨ Conseils d'une "sommelière d'onsen"

Régulez votre température corporelle avec votre serviette. En hiver, une serviette chaude sur la tête permet de ne pas se refroidir, surtout dans les *onsen* extérieurs. En été, une serviette fraîche sur la tête évite d'avoir rapidement trop chaud.

À moins d'avoir une peau sensible, il n'est pas nécessaire de se rincer après le bain. La peau absorbera ainsi plus de nutriments.

Tamponnez-vous pour vous sécher.

Les conseils de Tomoko Matsuo
"sommelière d'onsen", préfecture de Shiga

41 Incontournable NAGASAKI

COSMOPOLISME | VILLE | HISTOIRE

Si le nom de Nagasaki est associé aux tragiques destructions de la Seconde Guerre mondiale, la ville fut auparavant et pour la plus grande partie de son histoire, comme d'autres secteurs de la préfecture de Nagasaki, le seul lien du Japon avec le monde extérieur.

COWARD_LION/STOCK.ADOBE.COM

En pratique

S'y rendre L'avion est le mode de transport le plus rapide pour rejoindre Nagasaki depuis Tokyo ou Osaka. L'aéroport de Nagasaki est situé à environ 40 km de la ville. Des navettes relient l'aéroport au centre-ville en 35 minutes environ.

La gare JR de Nagasaki n'est pas desservie par le *shinkansen*.

Durée Comptez plusieurs jours pour rencontrer les habitants et découvrir l'esprit du lieu.

Conseil Prévoyez des chaussures de marche, car Nagasaki est vallonnée.

JACK_PHOTO/SHUTTERSTOCK

Urakami, situé au nord de Nagasaki, fut le centre de l'explosion atomique. C'est aujourd'hui un faubourg paisible. Malgré tout, de nombreux sites entretiennent la mémoire de ce jour funeste.

Musée de la Bombe atomique de Nagasaki (p. 266) Immanquable, ce lieu bouleversant retrace la destruction de la ville, et termine par une illustration effrayante des pays dotés de l'arme atomique.

Mémorial national de la paix de Nagasaki aux victimes de la bombe atomique (p. 266) Voisin du musée de la Bombe atomique, ce mémorial minimaliste, réalisé par Akira Kuryu et inauguré en 2003, est profondément émouvant. Le meilleur moyen de l'aborder consiste à lire les inscriptions gravées et à se promener autour du bassin. Dans la salle souterraine, douze piliers de

F11PHOTO/SHUTTERSTOCK

Bon à savoir

Tous les 9 août, une manifestation antinucléaire est organisée à proximité de la cérémonie officielle à la mémoire des victimes de la bombe, plus solennelle.

Contrairement aux plaines de Hiroshima ou au port de Nagasaki, les collines autour de la vallée protégèrent un peu les faubourgs alentour.

En haut à gauche Statue de la paix
En haut à droite Mémorial National de la paix
En bas à gauche Mémorial National de la paix

verre, emplis d'étagères de livres contenant les noms des morts, s'élancent vers le ciel. Écoutez les messages des survivants et laissez votre propre appel pour la paix au comptoir dédié.

Parc de la Paix (p. 267)

Au nord du point d'impact, le parc de la Paix est dominé par la statue de la Paix de Nagasaki, monument en bronze de 10 tonnes conçu en 1955 par Seibo Kitamura. Plusieurs monuments-mémoriaux émaillent le parc, dont la fontaine de la Paix, en forme de colombe (1969), et la Zone du symbole de paix (Peace Symbol Zone), un jardin de sculptures abritant des contributions du monde entier.

Parc du Point zéro (p. 252) Ce parc compte une colonne en pierre noire et lisse qui marque le point au-dessus duquel l'explosion atomique s'est produite. On voit alentour des vestiges de la déflagration, notamment un pan de mur de la cathédrale d'Urakami.

Nagasaki, ville de commerce

Au-delà des sites de la dévastation atomique, vous découvrirez aussi que cette métropole est unique, et dotée d'une riche histoire marchande. La préfecture de Nagasaki (Nagasaki-ken) joua un rôle crucial dans l'émergence du Japon moderne. En 1543, l'arrivée d'un navire égaré, transportant des armes à feu et des explorateurs portugais, marqua le début d'une longue période durant laquelle Nagasaki fut le principal lien du pays avec le continent asiatique et l'Europe. En 1570, Nagasaki était devenue un port riche et réputé où faisaient halte les commerçants portugais entre le Japon, la Chine et la Corée.

À gauche Vue de Nagasaki
En bas à droite Cathédrale Urakami

Cathédrale d'Urakami (p. 265) Ce qui fut autrefois la plus grande église d'Asie, terminée en 1914, fut réduit à néant en trois secondes. Ce plus modeste édifice fut érigé en 1959 sur ses ruines. Contournez la colline pour voir le clocher à l'endroit où le bâtiment s'abattit après l'explosion. Les chrétiens sont invités à prier dans une chapelle latérale où est conservée la hibaku Maria d'origine, une représentation de la Vierge Marie au visage noirci.

Musée-mémorial Takashi Nagai (p. 266) Petit musée touchant, célébrant le courage et la foi d'un homme devant l'adversité. Atteint de leucémie et ayant perdu sa femme dans l'explosion, le Dr Nakai se consacra au soin des survivants, jusqu'à sa mort en 1951. Jusqu'à ses derniers jours, il rassembla des fonds pour les survivants et les orphelins auprès de la communauté internationale – gagnant le surnom de "saint de Nagasaki". À côté, **Nyokodo** est la cabane où travaillait le Dr Nagai – son nom est inspiré du commandement "Aime ton prochain comme toi-même."

Torii à un seul pilier (p. 267) L'explosion atomique détruisit la moitié de l'arche en pierre marquant l'entrée au Sanno-jinja, à 800 m au sud-est du point d'impact. L'autre pilier subsiste, témoin discret de la résilience humaine.

42 Sur les traces des SAMOURAÏS

SAMOURAÏS | TRADITION | CHÂTEAUX

L'histoire des samouraïs est ancrée depuis longtemps à Kyushu, point de départ des invasions étrangères et théâtre de batailles épiques. Découvrez le passé de ces guerriers légendaires du Japon féodal en visitant des lieux où la culture et l'architecture anciennes ont été bien préservées.

En pratique

Circuler La voiture est le meilleur moyen de découvrir l'histoire des samouraïs, présente dans tout Kyushu.

Au-delà des châteaux L'histoire des samouraïs est aussi à découvrir à côté des châteaux, dans certains quartiers où d'anciennes résidences de ces guerriers ont été bien conservées.

Culture samouraï La vie des samouraïs ne se résumait pas à la guerre. En temps de paix, ils pratiquaient des arts tels le *sado* (cérémonie du thé), le *shodo* (calligraphie) et l'ikebana (art floral).

Shimabara-jo Dernière grande bataille de l'ère d'Edo, la **rébellion de Shimabara** (1637-1638) a vu le soulèvement de paysans chrétiens contre des soldats du shogunat, lorsqu'un seigneur cruel augmenta les impôts pour financer la construction de ce château tout en persécutant les chrétiens de la région. Si le donjon actuel est une reconstitution de 1964, la cour intérieure entourée de larges douves a gardé l'apparence de la forteresse d'alors. Dans un quartier voisin, la rue Shitanocho abrite quelques résidences

En haut à droite Shimabara-jo
En bas à droite Résidence de samouraï, Kitsuki

SEAN PAVONE/SHUTTERSTOCK ©

JOYMSK140/SHUTTERSTOCK ©

Explorez des vestiges

De l'Oka-jo, ancien château de Taketa, dans la préfecture d'Oita, il ne reste que des ruines. Toutefois, une balade sur ce site qui fut le théâtre de nombreuses grandes batailles entre samouraïs des différents clans de Kyushu, vous donnera une idée de l'imposant fort.

de samouraïs qu'on peut visiter librement.

Kitsuki Un bel exemple de ville de samouraïs de l'ère d'Edo, avec quelques bâtiments bien préservés en lisière de l'ancien quartier commerçant. On en a la meilleure vue depuis les degrés de **Shioya-no-saka**. Quelques résidences de samouraïs sont ouvertes au public. Les visiteurs, vêtus de kimonos de location, aiment se promener dans ces rues, manger un en-cas et faire les boutiques.

Matsunaga, forgeron de sabres Maître artisan, **Matsunaga** fabrique des sabres depuis plus de 40 ans à Arao, dans la préfecture de Kumamoto. La visite de son atelier est l'occasion de voir de près la fabrication d'un sabre, et peut-être de s'essayer à forger l'acier rougi au feu. Avec de la chance, Matsunaga vous montrera la finesse de ses lames en découpant un tapis de bambou roulé. Réservez au préalable par téléphone.

43 Séjours à LA FERME

CHARME RURAL | CHEZ L'HABITANT | TRADITIONS

Voir le Japon avec les yeux d'un de ses habitants est une expérience à nulle autre pareille. Les séjours à la ferme vous invitent à découvrir la vie quotidienne des Japonais dans les zones rurales et sont l'occasion de forger des amitiés durables.

En pratique

Lancez-vous Si un séjour à la ferme peut engendrer difficultés de communication ou impairs, n'ayez pas peur de faire des erreurs : les Japonais sont bienveillants et indulgents.

Réservation Les offices de tourisme régionaux et les associations travaillent en lien avec les familles sur place et peuvent vous proposer celle qui vous conviendra le mieux.

Créer des liens Pour faire tomber les barrières linguistiques, des photos de votre pays, de votre ville et de votre vie quotidienne peuvent faciliter la conversation avec vos hôtes.

En haut à gauche Plantation de thé de Higashisonogi
En bas à gauche Rokugo Manzan

Izumi Cette ville côtière paisible de la préfecture de Kagoshima est connue pour être chaque hiver le site de migration de milliers de grues de Sibérie. Les hôtes qui reçoivent à la ferme aiment présenter leur ville, où l'on peut flâner dans un quartier préservé de résidences de samouraïs, se vêtir d'un kimono et participer à une cérémonie du thé. Izumi City Tourism (izumi-navi.jp) coordonne 18 séjours à la ferme, et certains hôtes parlent bien l'anglais.

Séjour à la ferme Ajimu L'association Ajimu Green Tourism Society (ajimu-ngt.jp) coordonne des séjours à la ferme dans 60 familles de la préfecture d'Oita, à 30 minutes environ de la station thermale de Beppu. Passez du temps à lier connaissance avec vos hôtes, participez à de menus travaux de la ferme et allez explorer les environs. Ajimu est proche du joli sanctuaire d'**Usa-jingu** et des anciens temples de **Rokugo Manzan** qui se cachent au cœur des montagnes boisées.

Séjour "thé vert" Les amateurs de thé vert seront deux fois comblés : un séjour dans une famille de récoltants de thé à **Higashisonogi** (greentea-homestay.com) pour découvrir la production du thé vert. Visitez les plantations et les fabriques, apprenez même à récolter et à traiter vous-même les feuilles tout en rencontrant les habitants de la campagne autour de Nagasaki.

Cuisine japonaise maison

Si récolter des produits pour vos repas est un des aspects d'un séjour à la ferme, vous aurez aussi l'occasion de participer à leur préparation, en compagnie de vos hôtes et des autres clients du lieu.

Si vous aimez cuisiner et vous régaler, c'est une chance unique d'apprendre à préparer les repas à la manière des Japonais, de découvrir et de trouver dans les commerces locaux les ingrédients qu'ils ajoutent à leurs plats – et, avec un peu de chance, d'apprendre une recette familiale unique qui se transmet de génération en génération !

44 Randonnée à YAKUSHIMA

RANDONNÉE | NATURE | FORÊT

Inscrite au patrimoine mondial de l'Unesco en 1993, Yakushima est l'une des îles les plus gratifiantes de l'archipel du Sud-Ouest. Explorer à pied l'intérieur de ses terres est la meilleure façon d'apprécier sa beauté, tapissée d'une des dernières forêts primaires du Japon.

© NACHO SUCH / SHUTTERSTOCK

En pratique

S'y rendre Venez en bateau ou en avion, et passez la nuit sur l'île, dans un des nombreux hôtels ou auberges de la côte.

Quand Les marcheurs se bousculent sur les sentiers de mi-juillet à mi-septembre ; choisissez plutôt l'intersaison (sauf pendant la Golden Week).

À savoir Cet incroyable milieu naturel a inspiré le film d'animation Princesse Mononoké..

© SARA_WINTER / STOCK.ADOBE.COM

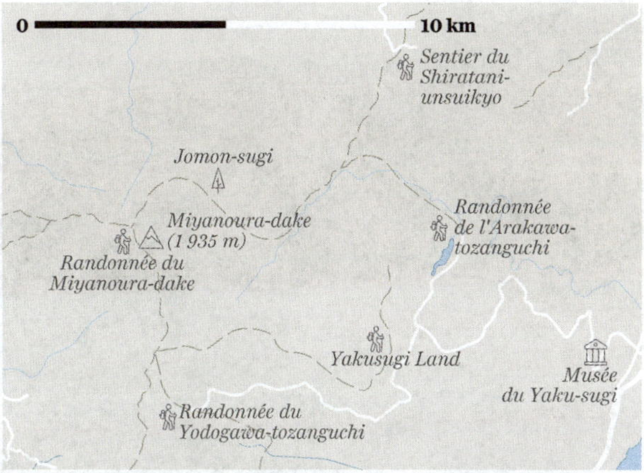

Les fameux *yakusugi* (Cryptomeria japonica), tel le **Jomon-sugi**, sont de très anciens spécimens de cèdres du Japon, vieux de plus de 7 000 ans pour certains. La plupart des randonneurs rejoignent cet arbre majestueux par un sentier de 19,5 km (8-10 heures aller-retour) depuis l'Arakawa-tozanguchi. De mars à novembre, afin de limiter la circulation et l'impact environnemental, les personnes partant en randonnée doivent descendre au parking du musée du Yakusugi et prendre un Arakawa Mountain Bus pour rejoindre l'Arakawa-tozanguchi.

Shiratani-unsuikyo (300 ¥) Cet itinéraire, plus court et plus varié que le **Jomon-sugi**, passe par des cascades, des rochers couverts de mousse et l'imposant yakusugi qui domine le Taiko-iwa. Jusqu'à dix bus quotidiens relient le point de départ du sentier, à 622 m, depuis/vers Miyanoura. Prévoyez 3-4 heures.

Yakusugi Land (p. 267) Cette forêt préservée permet d'admirer des cèdres sans effectuer un long trek. Cet itinéraire offre de courtes marches sur des passerelles et des randonnées plus longues dans la forêt. Quatre bus circulent chaque jour depuis/vers Anbo (740 ¥, 40 minutes).

Miyanoura-dake Le plus ancien parcours de randonnée de Yakushima mène en une journée au Miyanoura-dake (1 935 m), point culminant du Japon méridional. Avec de l'entraînement, on met environ 7 heures pour faire l'aller-retour depuis le point de départ du sentier Yodogawa (Yodogawa-tozanguchi ; 1 370 m). Ce dernier est situé à environ 1,5 km (environ 30 minutes) après l'arrêt de bus Kigen-sugi, desservi deux fois par jour depuis/vers Anbo (940 ¥, 1 heure).

En haut à gauche Shiratani Unsuikyo
En bas à gauche Passerelle à Yakusugi Land.

Quelques conseils avant de partir

Yakushima est l'un des endroits les plus humides de la planète, et les précipitations sont très abondantes dans l'intérieur des terres. En hiver, les sommets se couvrent parfois de neige, tandis que le climat de la côte reste relativement doux. Ne vous lancez pas dans une randonnée sans une carte précise et un équipement approprié.

Le site yakumonkey.com (en anglais) comprend le *Yakumonkey guide to Yakushima*, utile pour pratiquer la randonnée. Même s'il y a une foule de marcheurs pendant les vacances, communiquez votre itinéraire à la réception de l'endroit où vous logez et remplissez un *tozan todokede* (plan de route) à l'entrée du sentier.

45

Escapade aux ÎLES GOTO

ÎLES | PLEIN AIR | HISTOIRE

Les pittoresques Goto-retto (îles Goto), au large de Nagasaki, ont longtemps été ignorées des touristes. Pour ceux qui rêvent d'une escapade dans les îles offrant activités de plein air, hébergements originaux sur fond d'histoire unique, l'archipel des Goto vaut bien un détour hors des sentiers battus.

En pratique

S'y rendre Des avions relient en 40 minutes Nagasaki et Hakata à l'île principale, Fukue-jima. Des bateaux rapides et des ferries circulent entre les ports de Nagasaki et de Fukue ; un ferry de nuit quitte Hakata vers minuit pour arriver à Fukue peu après 8h.

Circuler Les voitures de location sont électriques ; bornes de chargement en centre-ville et dans les principaux sites touristiques des îles.

Meilleur moment Temps clément toute l'année, sauf l'hiver. En été, les typhons peuvent perturber les liaisons maritimes.

Diverses façons d'explorer les îles Goto

SUP Goto Leisure (http://goto-leisure.jp/) Sorties en stand-up paddle, ou leçons pour les débutants. Une fois les bases maîtrisées dans l'eau lisse du port, longez la côte jusqu'à la plage de Kojushi avec un guide expérimenté.

Randonnée La courte grimpée pittoresque jusqu'au phare d'Osezaki est un must, avec vue imprenable sur la côte accidentée de Fukue-jima. Plusieurs volcans endormis de l'île offrent des randonnées faciles et de beaux panoramas, notamment l'Onidake (315 m), qu'on peut rejoindre depuis le bord de mer ou du parking au point d'observation plus haut à flanc de montagne. Sinon, explorez la côte d'Abunze, où de spectaculaires formations de lave surgissent d'une mer calme et bleue.

Souvenir des îles : huile de tsubaki

Importante production des îles Goto, l'huile de *tsubaki* (camélia) est un additif huile alimentaire et un produit de beauté. Considérée comme une huile saine, 100% naturelle, elle pénètre facilement dans la peau. Cosmétiques, savons ou huile de cuisine à base de *tsubaki* : voici de bons souvenirs à rapporter chez soi.

En haut à gauche Plage, Goto-retto
En haut à droite Huile de *tsubaki*
Ci-contre Phare d'Osezaki

Patrimoine des "chrétiens cachés"

Durant la période où le shogunat bannit le christianisme, de nombreux chrétiens japonais fuirent les persécutions aux îles Goto, où ils vécurent dans une paix relative, dissimulant leur foi sous des rituels bouddhistes. Quand l'interdiction fut levée, en 1871, les croyants des îles, qui avaient caché leur religion pendant 250 ans, édifièrent de nombreuses églises. L'**église de Dozaki** (p. 267), à Fukue-jima, est aujourd'hui un musée de l'histoire de ces "chrétiens cachés" (*kakure Kirishitan*). Hisaka-jima, île inscrite au patrimoine mondial au titre de site des "chrétiens cachés", est accessible par un court trajet en ferry. Naru-shima abrite également plusieurs sites chrétiens, dont l'**église d'Egami** (p. 267), elle aussi classée. La plupart de ces églises sont toujours des lieux de culte : il faut réserver pour les visiter.

Visite à vélo

Avec sa météo clémente et ses longues portions de routes pittoresques peu fréquentées, Fukue-jima est le rêve des cyclistes.

Wondertrunk & co. (@wondertrunk_co) propose des circuits à vélo sur l'île, menés par le guide William Liew, qui les organise.

Des itinéraires de moins de 25 km pour débutants passent par divers sites de l'île. Des circuits personnalisés, pour les plus chevronnés, sont aussi disponibles ; ils peuvent être planifiés avant d'arriver à Goto, auprès de Wondertrunk & co.

Seule agence de Goto qui loue des vélos de cross, elle peut donc vous emmener dans des endroits que les autres circuits ne visitent pas.

Recommandé par William Liew
Coordinateur de circuit et guide à vélo @wondertrunk_co

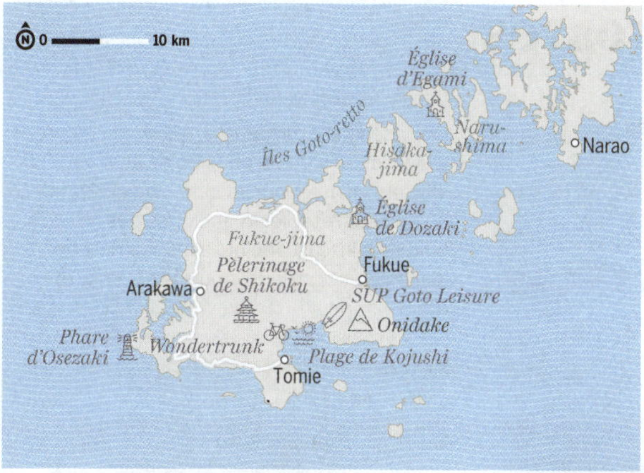

À gauche Église de Dozaki, Fukue-jima
En bas Église d'Egami, Naru-shima

Découvrir un temple aux îles Goto

Goto-retto était autrefois une étape importante entre la Chine et le Japon. Kukai (Kobo Daishi), le moine japonais qui a importé le bouddhisme shingon de Chine au Japon, passa du temps sur les îles, influençant les bouddhistes locaux avant de repartir à Honshu. On peut faire, autour de Fukue-jima, un pèlerinage de 88 sites, version réduite du célèbre pèlerinage de Shikoku.

À **Hoshoin**, l'un des temples du pèlerinage, se trouve l'Oteragoto (voir p. 265), un hébergement pour trois personnes adjacent au temple. La partie récemment rénovée est moderne et confortable, avec cuisine tout équipée à disposition. Le propriétaire attentionné peut vous organiser une séance de yoga matinale avec un professeur local, dans le temple, ou vous guider dans la simple copie de sutras et des séances de méditation. C'est une manière informelle de découvrir un temple, à votre rythme, non une expérience de profonde spiritualité comme à Koya-san notamment.

Carnet d'adresses

Les grands classiques (voir p. 244)

Dejima, Nagasaki

(095-829-1194 ; www.nagasakidejima.jp ; 6-1 Dejima-machi ; 510 ¥ ; 8h-19h mi-juil à mi-oct, 8h-18h mi-oct à mi-juil ; Dejima)

Ibusuki Sunamushi Kaikan Saraku

(0993-23-3900 ; www.sa-raku.sakura.ne.jp ; 5-25-18 Yunohama ; bain/bain et bain de sable 610/1 080 ¥ ; 8h30-21h, fermé 12h-13h lun-ven)

Kumamoto-jo

(096-322-5900 ; 500 ¥ ; 8h30-18h mars-nov, 8h30-17h déc-fév)

Sengan-en, Kagoshima

(099-247-1551 ; 9700-1 Yoshinocho ; avec/sans accès à la villa 1 300/1 000 ¥ ; 8h30-17h30, Goten 9h-17h ; P)

Onsen privés

Hyotan Onsen

Cet *onsen* étoilé au Michelin de Kan'nawa Beppu compte 14 bains privatifs fonctionnant à pièces, et de nombreux bains publics peu ordinaires, dont un bain de sable. Des restaurants sur place permettent d'y passer la journée. (0977-66-0527 ; www.hyotan-onsen.com/english ; 159-2 Kan'nawa, Beppu, Oita ; 9h-20h/après 20h à partir de 780/580 ¥ ; 9h-1h)

Lamune Onsen

L'eau naturellement gazeuse est l'attrait de cet *onsen* de la préfecture d'Oita, à laquelle s'ajoute une architecture joyeuse. Trois bains privés, où les premiers arrivés sont les premiers servis. (0974752620 ; www.lamune-onsen.co.jp ; 7676-2 Naoirimachi Oaza Nagayu, Taketa ; 500 ¥, bain privé 2 200 ¥/h ; 10h-22h)

Sanso Tensui Ryokan

Un *onsen* haut de gamme, qui se cache près d'Oita, disposant de deux bains en plein air, deux en intérieur, et cinq bains privatifs qu'on peut réserver. À quelques pas, la Sakuradaki, cascade qui a inspiré nombre d'artistes, est visible depuis le *rotemburo* (bain extérieur). (0973-57-2424 ; www.tensui.net ; 601 Amagasemachi Sakuradake, Hita, Oita ; bain extérieur 800 ¥, bain privé 2 500 ¥/45 minutes ; non-résident 10h-17h)

Yamaga Onsen Seiryuso

Un *ryokan* luxueux du nord de Kumamoto, idéal pour les couples. Ses chambres spacieuses mêlent style japonais et occidental ; certaines ont des baignoires privatives assez grandes pour deux. (1768 Yamaga, Kumamoto)

Yuka

Neuf *onsen* privatifs nichés dans la forêt de Kumamoto, à Waita Onsen (p. 247). Les sept bains standards sont assez grands pour une famille de quatre, et ouverts 24h/24, 7j/7. Les deux bains "supérieurs", avec bassins extérieurs et intérieurs, peuvent se louer de 8h à 22h.

Caldeira du mont Aso

Séjours uniques

Kominka d'Ojika ¥¥¥

La petite Ojika-jima, dans la préfecture de Nagasaki, abrite six *kominka* (maisons traditionnelles) entièrement rénovées, réparties sur toute l'île. À la fois anciennes et luxueuses, ces *kominka* peuvent offrir baignoires en bois de cyprès, jardin japonais privé ou vue sur le port, selon celle *que vous choisirez*. (☎0959-56-2646 ; ojikajima.jp/en/stay ; d/t à partir de 12 000/10 500 ¥/pers)

Nishinokubo ¥

Le couple qui tient Nishinokubo, à Oita, est coutumier des clients anglophones. Ils vous parlera du travail à la ferme, notamment de la récolte des champignons shiitaké, et vous apprendra à cuisiner les spécialités locales. Les chambres avec lits confortables, salon et salle de bains, occupent un bâtiment différent de la maison principale. (☎0974-76-2007 ; www.travel-taketa.jp/nishinokubo-japanese-guest-house ; 7586 Kujumachi Oaza Kuju, Taketa)

Oteragoto

Hébergement adjacent au temple Hoshoin. (☎050-5360-5215 ; oteragoto.com ; 216-2 Matsuyamacho, Goto)

Vues époustouflantes

Daikanbo, caldeira du mont Aso

La plus belle vue panoramique sur l'immense caldeira de l'Aso-san, volcan actif de la préfecture de Kumamoto. Avec de la chance, vous verrez la "mer de nuages" emplissant la caldeira au centre de laquelle surgit la montagne. Marchez depuis le parking jusqu'à l'observatoire naturel, au bord de la caldeira, pour avoir une perspective différente.

Observatoire de Yunohira

C'est le point d'observation le plus proche du Sakurajima, le volcan le plus actif du pays. À l'opposé, profitez du panorama sur Kagoshima, de l'autre côté de la baie.

Point de vue de Yunohira

Pont suspendu de Kokonoe Yume

Cette passerelle suspendue, à Oita, offre une vue splendide sur deux des plus belles cascades du Japon, en particulier à l'automne, quand les arbres de toute la vallée se couvrent de rouge, orange et jaune chatoyants. À 173 m au-dessus du sol, il ne faut pas avoir froid aux yeux. (☎0973-73-3800 ; www.yumeooturihashi.com/eng/ ; 1208 Tano, Kokonoe, Kusu ; tarif plein/enfant 500/200 ¥ ; ⏲8h30-17h jan-août et nov-déc, sept-oct 8h30-18h)

Sites incontournables

Arita, Okawachiyama et Imari

Ces trois villes voisines de la préfecture de Saga étaient un centre de fabrication et d'exportation des premières porcelaines du pays. Visitez boutiques et musées de ces villes potières préservées, notamment le musée de la Céramique de Kyushu (☎095-543-3681 ; saga-museum.jp/ceramic ; 3100-1 Toshaku-otsu ; ⏲9h-17h mar-dim) GRATUIT et le parc de la Porcelaine d'Arita (www.arita-touki.com ; 340-28 Toya otsu ; ⏲9h-17h).

Cathédrale d'Urakami

Voir p. 253. (1-79 Moto-machi ; ⏲9h-17h ; 🚊Atomic Bombing Museum)

Fukuoka

Ensoleillée et chaleureuse, Fukuoka est la plus grande ville du Kyushu et occupe la 8e place du pays par sa population. Elle se composait jadis de deux villes : la ville fortifiée de Fukuoka, avec son château, sur la rive ouest de la Nakagawa et la ville de négoce de Hakata sur la rive est. Les deux localités fusionnèrent en 1889 sous le nom de Fukuoka, mais l'appellation Hakata est encore très usitée (par exemple, on parle de l'aéroport de Fukuoka mais de la gare de Hakata) et reste une référence culturelle importante.

Gorge de Takachiho

Une gorge étroite d'une beauté surnaturelle, dans la préfecture de Miyazaki. Chaque soir, une version abrégée de la *kagura*, danse sacrée narrant la légende de la déesse shintoïste du soleil Amaterasu, est donnée au Takachiho-jinja, l'antique sanctuaire près de la gorge. De la gare routière Miyakoh, dans le centre, comptez 30 minutes à pied (5 minutes en bus) pour rejoindre la gorge. (kagura nocturne ; 700 ¥ ; 20h)

Mémorial national de la paix de Nagasaki aux victimes de la bombe atomique

Voir p. 251. (www.peace-nagasaki.go.jp ; 7-8 Hirano-machi ; 8h30-18h30 mai-août, 8h30-17h30 sept-avr ; Heiwa Koen/Peace Park). GRATUIT

Musée de la Bombe atomique de Nagasaki

Voir p. 251. (095-844-1231 ; www.nagasakipeace.jp ; 7-8 Hirano-machi ; 200 ¥, Audioguide 154 ¥ ; 8h30-18h30 mai-août, 8h30-17h30 sept-avr ; Genshi Shiryokan/Atomic Bomb Museum)

Musée-mémorial Takashi Nagai

Voir p. 253. (095-844-3496 ; 22-6 Ueno-machi ; 100 ¥ ; 9h-17h ; Ohashi).

Gorge de Takachiho

Parc de la Paix

Voir p. 252. (Heiwa-koen ; Ohashi)

Parc du Point zéro

Voir p. 252. (Heiwa Koen/Peace Park)

Parcours Okubungo, Kyushu OLLE

Cette section du Kyushu OLLE est une randonnée de 12 km qui traverse le cœur de la belle préfecture d'Oita. Au départ de la gare d'Asaji, vous passerez par les ruines de l'Oka-jo, au pied des grandes statues bouddhiques sculptées à flanc de falaise, et par Taketa, ville de samouraïs, avant d'arriver à la gare de Bungo-Taketa. (kyushuolle.welcomekyushu.jp/en)

Torii à un seul pilier

Voir p. 253. (Daigaku-byoin ou Urakami).

Yakushima

Voir p. 258. (www.town.yakushima.kagoshima.jp/en/)

Yakusugi Land

Voir p. 259. (0997-42-3508 ; www.y-rekumori.com ; 1593 Miyanoura ; 300 ¥ ; 9h-17h)

Cuisine locale

Cabanes à huîtres d'Itoshima ¥

D'octobre à mars environ, la ville portuaire d'Itoshima voit surgir des dizaines de cabanes à huîtres, restaurants éphémères tenus par des pêcheurs locaux, qui proposent huîtres et autres produits de la mer fraîchement pêchés, à griller vous-même à votre table.

Mamichan ¥

Un des *yatai* – emblématiques stands de restauration qui s'animent le soir près du Naka-gawa – les plus populaires de Fukuoka. Une parfaite introduction à la cuisine de rue de Kyushu, avec des plats excellents et variés. (090-1921-0389 ; yataimamichan.daa.jp ; 2-13-1 Tenjin, Chuo, Fukuoka ; repas 2 500 ¥ ; 18h-1h fermé dim)

Matsunaga

Voir p. 255. (0968682250 ; 1907-80 Kawanobori, Arao, Kumamoto)

Sites “chrétiens cachés” (kakure Kirishitan) aux îles Goto

Église de Dozaki

Voir p. 262. (095-973-0705 ; www.nagasaki-tabinet.com/junrei/332/ ; 2019 Dozaki, Okuura-cho ; tarif plein/enfant 300/100 ¥)

Église d'Egami

Voir p. 262. (095-823-7650 ; kyoukaigun.jp/en ; 1131-2 Okushi, Narumachi ; réservation au moins 2 j à l'avance)

HOKKAIDO

PLEIN AIR | AVENTURE

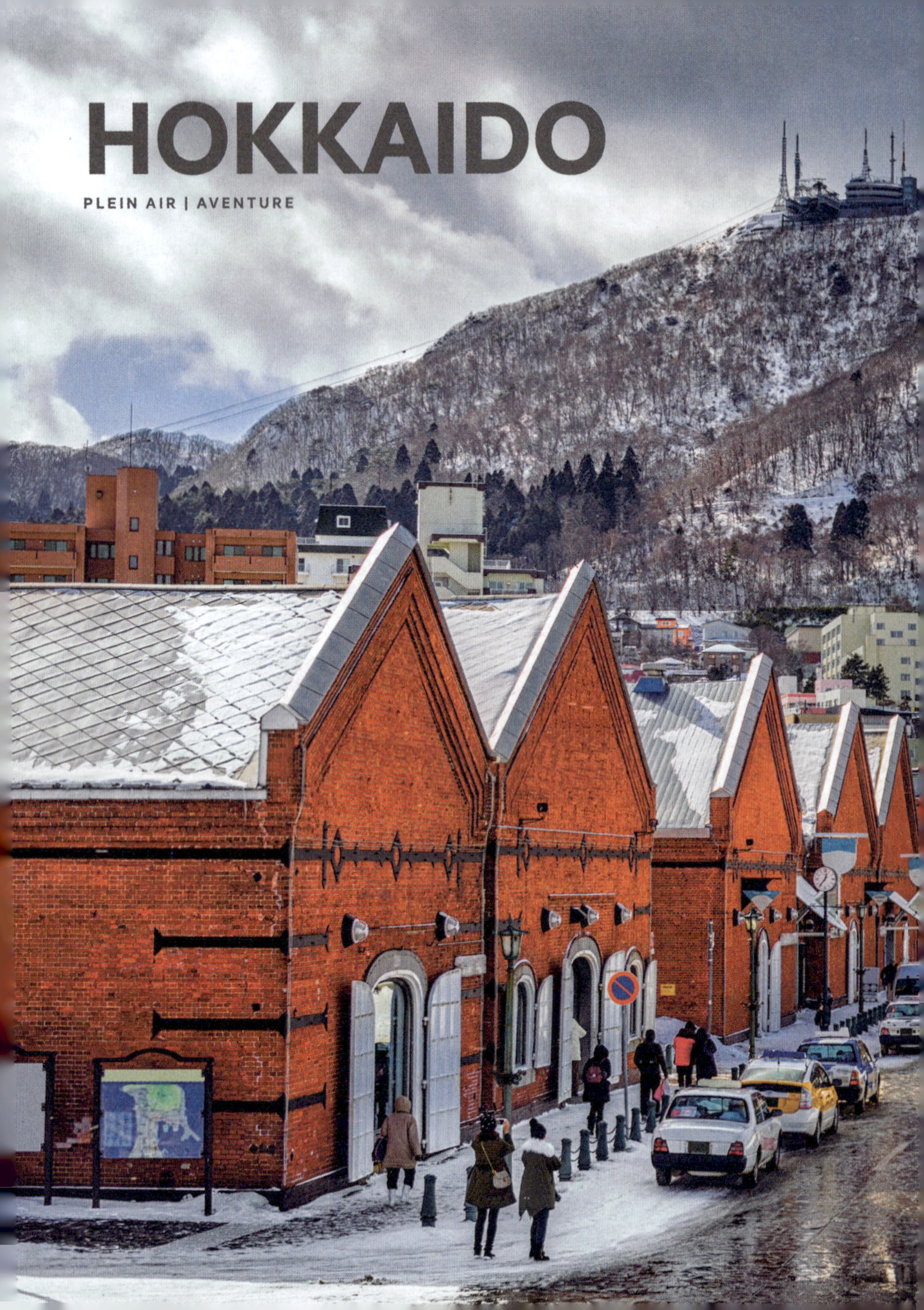

HOKKAIDO
à la carte

Deuxième île du Japon par la taille, et la plus septentrionale, Hokkaido donne l'impression d'être un autre pays, un endroit où nature et aventure abondent. Découvrez de vastes espaces vierges, une passionnante culture autochtone et une des meilleures poudreuses du monde.

Admirez les sculptures de glace durant la **fête de la Neige de Sapporo** (p. 277).
½ journée

Affrontez les pistes des stations de ski de premier ordre de **Niseko** (p. 277).
1 jour minimum

Découvrez la culture autochtone de Hokkaido à l'**Upopoy, Musée national aïnou** (p. 284).
½ journée

Déroulez l'histoire de Hokkaido au **musée de la Culture aïnoue de Nibutani** (p. 284).
½ journée

Découvrez la nature sauvage du **parc national de Shiretoko** (p. 278).
1-2 jours

Baladez-vous parmi les lacs et les volcans du **parc national d'Akan-Mashu** (p. 279).
1-2 jours

Observez les oiseaux dans les zones humides du **parc national de Kushiro-shitsugen** (p. 279).
1 jour

Randonnez en pleine nature, dans les "grandes montagnes enneigées" du **parc national de Daisetsuzan** (p. 280).
1-5 jours

Informations pratiques

CHAIYIANYIAN/SHUTTERSTOCK ©

À L'ARRIVÉE

Nouvel aéroport de Chitose La grande majorité des visiteurs arrivent à Chitose, principal aéroport de Hokkaido, à 50 km au sud-est de Sapporo. Des trains fréquents circulent entre l'aéroport et Sapporo (35 minutes, 1 150 ¥), de même que des bus (1 heure 10 à 1 heure 30, 1 100 ¥) qui desservent divers lieux et hôtels de la ville. Des trains et des bus directs le relient à d'autres villes de la région, dont Niseko. On peut louer une voiture directement à l'aéroport.

BUDGET

Soupe au curry 1 200 ¥

Bol de riz aux fruits de mer 1 500 ¥

Dîner de jingisukan 3 000 ¥

COMMENT CIRCULER

Train et bus Il y a moins de transports en commun à Hokkaido que dans d'autres régions du Japon mais un bon réseau de trains et de bus long-courriers relie toutes les grandes villes de l'île. Des bus locaux desservent les zones rurales, mais ils peuvent être peu fréquents et saisonniers.

Avion Vols réguliers entre Sapporo et les aéroports régionaux de tout Hokkaido, qui peuvent être annulés en cas de mauvais temps.

Voiture Louer une voiture est sans doute le meilleur moyen de circuler, surtout pour visiter des endroits reculés. Soyez très prudent l'hiver, les conditions peuvent être difficiles. Hokkaido est aussi une bonne destination pour les circuits à vélo.

QUAND Y ALLER

MARS-MAI
Neige jusqu'en avril ; les floraisons ne commencent pas avant fin avril.

JUIN-AOÛT
Il peut faire chaud, mais moins humide et plus frais que dans le reste du Japon.

SEPT-NOV
Plus frais ; premières neiges dès mi-octobre.

DÉC-FÉV
Très froid et souvent beaucoup de neige ; février est le pic des sports d'hiver.

SE RESTAURER ET PRENDRE UN VERRE

Spécialité locale Hokkaido est réputée pour ses fruits et légumes frais, ses produits laitiers et ses excellents produits de la mer. Le plat régional phare, le *jingisukan*, est une viande d'agneau ou de mouton (rare au Japon) grillée, servie avec beaucoup de légumes.

Produits de la mer On dit que ceux de Hokkaido sont les meilleurs du pays ; goûtez le *kani* (crabe), l'*ikura* (œufs de saumon) et les délicieux *uni* (oursins).

Plats d'hiver Soupe au curry et ramen (en particulier au beurre, riches et crémeux) ; se marient bien avec une bière Sapporo.

Les ramen à tester
Menya Saimi (p. 289)

Meilleur riz aux fruits de mer
Takinami Shokudo (p. 289)

SE CONNECTER ET S'ORIENTER

Wi-Fi Les hotspots de Wi-Fi gratuit sont moins nombreux à Hokkaido que dans le reste du Japon (présents toutefois dans la plupart des gares et à l'aéroport). Mieux vaut louer une clé Wi-Fi (japan-wireless.com).

Office du tourisme Très utile, le centre d'information touristique de Hokkaido (tourist-information-center.jp/hokkaido), dans le centre de Sapporo, saura vous aider.

CARTES DE TRANSPORT

Il y a plusieurs cartes de transport spécifiques à Hokkaido. Le Hokkaido Rail Pass permet des trajets illimités dans tous les trains JR (à l'exception du *shinkansen* ; jrhokkaido.jp) et les bus JR.

OÙ LOGER

Large choix d'hébergements dans les grandes villes, et nombreux *ryokan* dans les petites stations thermales. En été, campings et hébergements très spartiates (mais bon marché) pour les cyclistes.

Localité	Pour/contre
Sapporo	Plus grande ville de Hokkaido. Le centre de Sapporo est un nœud de correspondance ; Susukino est le principal quartier pour l'animation nocturne.
Niseko	Nombreux hébergements, mais réservez tôt pour la saison de ski. Calme l'été.
Asahikawa	Seconde ville de Hokkaido ; nombreux hébergements.
Hakodate	Porte d'entrée de Hokkaido par le train depuis Honshu ; bonne étape pour ses délicieux produits de la mer, *onsen* et panoramas.
Abashiri	Petite ville de l'est de Hokkaido ; bonne base pour explorer les parcs nationaux de Shiretoko et d'Akan-Mashu.
Biel et Furano	Appartements proches des stations de ski ; peu d'hôtels et d'hébergements bon marché.

ARGENT

Prévoyez des espèces, surtout dans les zones rurales : si les cartes bancaires sont largement acceptées en ville, ailleurs, les espèces restent majoritaires.

Les grands classiques

Pour les infos pratiques de chaque site, reportez-vous au carnet d'adresses p. 286.

Musée de la Bière de Sapporo

Ce site occupe la brasserie d'origine de la ville de Sapporo, joli bâtiment en briques recouvert de lierre. Les explications en anglais sur la plus vieille bière du Japon (la brasserie fut fondée en 1876) sont omniprésentes. Dans la salle de dégustation (bières 200-300 ¥), vous pourrez comparer la Black Label, typique de Sapporo, à la Sapporo Classic (que l'on trouve uniquement à Hokkaido) et la Pilsner Kaitakushi, une re-création de la recette originale. Juste à côté, le Sapporo Beer Garden rassemble cinq établissements où se restaurer.

BONSTOCK/SHUTTERSTOCK ©

Parc national de Rishiri-Rebun-Sarobetsu

Au large de Wakkanai, Rishiri-to et Rebun-to figurent parmi les îles les plus reculées du pays. Intégrées au parc national de Rishiri-Rebun-Sarobetsu, elles sont encore peu développées, à l'exception de quelques villages de pêcheurs et d'une timide industrie touristique. On y vient majoritairement en été.

SEIGO YAMAMURA/AFLO/GETTY IMAGES ©

Shikotsu-ko

Juste au sud de Sapporo, entouré d'imposants volcans et réputé pour ses eaux claires, le deuxième lac le plus profond du Japon (363 m, soit 113 m au-dessous du niveau de la mer puisqu'il se situe à 250 m d'altitude) est un endroit superbe pour les amateurs de plein air et les campeurs. Il faut être motorisé pour s'y rendre.

SANDI RAIS/ISTOCK ©

Hakodate-yama

Si vous allez dans la ville de Hakodate, la porte méridionale sur l'île de Hokkaido, il vous faut admirer la vue de nuit depuis le sommet du Hakodate-yama (344 m). Mieux vaut faire l'ascension au coucher du soleil ou à la nuit tombée : les lumières de la péninsule créent un contraste saisissant avec le noir absolu de la mer. (voir p. 288)

SEAN PAVONE/SHUTTERSTOCK ©

YASUHISA0914/GETTY IMAGES ©

Parc national de Shiretoko

Shiretoko-hanto, la péninsule recouverte par le parc éponyme, mérite bien son nom – "bout du monde" en aïnou. Cette magnifique étendue sauvage est l'une des dernières enclaves naturelles du Japon. Elle attire majoritairement des randonneurs purs et durs, mais quelques lacs et cascades sont l'occasion de balades faciles. (voir p. 278)

46 L'hiver à HOKKAIDO

SOMMETS ENNEIGÉS | SPORTS D'HIVER

Ceux qui aiment l'hiver adoreront Hokkaido. Chaque année, les fronts froids sibériens recouvrent presque toute l'île d'une épaisse couche de neige qui peut tenir plusieurs mois. Hokkaido est donc une île de stations de ski parmi les plus réputées d'Asie et de fêtes de la neige ; c'est le meilleur endroit du Japon pour découvrir des sports d'hiver enthousiasmants.

WILLIAM CHU/GETTY IMAGES ©

En pratique

Circuler Trains, avions et bus circulent tout l'hiver, mais des retards sont à prévoir après les grosses tempêtes de neige. En voiture, soyez très prudent et évitez de rouler pendant une tempête de neige ou la nuit.

Quand L'hiver dure de décembre à fin mars. Février est le meilleur mois pour la plupart des activités.

Notre conseil Achetez votre forfait de ski en ligne à l'avance (niseko.ne.jp). Consultez aussi snowjapan.com pour les dernières infos sur les sports d'hiver et l'enneigement dans tout le Japon.

BONSTOCK/SHUTTERSTOCK ©

Ski Destination de sports d'hiver la plus célèbre de Hokkaido, **Niseko** est réputée pour son incroyable poudreuse, ses pistes de premier ordre et son arrière-pays offrant de nombreuses activités. Bien desservies depuis Sapporo et l'aéroport, les quatre principales stations de Hanazono, Grand Hirafu, Niseko Village et Annupuri, réunies sous le nom de Niseko United, comptent 30 remontées mécaniques et près de 60 pistes. Un forfait et des navettes gratuites permettent un accès illimité à l'ensemble. Les guides anglophones et les commerces tenus par des étrangers confèrent à la région une atmosphère animée et cosmopolite.

Fêtes de la Neige Une semaine en février, la spectaculaire **fête de la Neige de Sapporo** (Sapporo Yuki Matsuri ; www.snowfes.com) accueille des sculptures géantes de glace et de neige, des concerts, des attractions, etc. Elle se déroule pour l'essentiel dans le centre, au parc Odori, où les sculptures sont illuminées jusqu'à 22h, et un peu partout en ville. D'autres fêtes de l'hiver ont lieu à la même période à Hokkaido, notamment à Asahikawa.

Joies de l'hiver Si vous n'êtes pas adepte du ski ou du snowboard, rejoignez un circuit guidé en raquettes à **Furano**. Sinon, baladez-vous en motoneige dans les forêts ou essayez-vous à la conduite d'un traîneau à chiens (furanotourism.com).

Marchez sur la glace En février, des plaques de glace venues de Sibérie flottent jusqu'aux rivages de **Mombetsu** et d'**Abashiri**, dans l'est de Hokkaido, offrant un incroyable paysage marin gelé. Enfilez une combinaison pour une "marche sur la banquise" (en.visit-eastern-hokkaido.jp), ou faites une croisière à bord d'un brise-glace (ms-aurora.com) pour voir ce phénomène unique.

En haut à gauche Brise-glace, Abashiri
En bas à gauche Traîneau à chiens, Furano

Conseils pour l'hiver à Hokkaido

Pour profiter confortablement de la beauté de l'hiver à Hokkaido, prévoyez des vêtements bien chauds.

Que vous vous baladiez à pied à la fête de la Neige de Sapporo, en raquettes ou à skis, il faut superposer les couches – sous-vêtements thermiques, sous-couche, couche intermédiaire et couche extérieure épaisse avec capuche – et enfiler chaussures montantes, gants doublés et bonnet.

Une batterie de rechange pour vos équipements électroniques peut être utile. Le froid fait vite tomber leur niveau de charge.

Les épiceries offrent toutes de l'eau bouillante au robinet. Emportez une bouteille isotherme pour avoir toujours une boisson chaude sur vous.

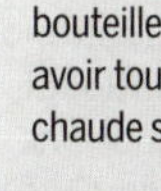

Par Rob Thomson
Habitant de Sapporo et fondateur de HokkaidoWilds.org, @hokkaidowilds

47 Contempler la NATURE

FAUNE | PAYSAGES | ORNITHOLOGIE

L'est de Hokkaido est une terre de grandes plaines peu peuplée, de zones humides et de refuges dans les montagnes, où la nature règne. Ce circuit passe par trois parcs nationaux uniques, et donne l'occasion de voir certains des animaux les plus célèbres de Hokkaido, parfois rares, comme les ours bruns ou les grues du Japon.

En pratique

S'y rendre Vols depuis Sapporo et quelques autres villes japonaises pour les aéroports de Memanbetsu ou Kushiro ; trains avec correspondance en bus depuis Sapporo et Asahikawa.

Quand Toute l'année. La faune et les activités changent chaque saison ; certains sites ferment en hiver.

Circuler La ligne JR Senmo (ou "Semmo") relie Abashiri, Kushiro et les parcs nationaux, avec des bus pour les sites principaux, presque toute l'année. Louer une voiture offre plus de liberté.

Merveille naturelle Vraiment sauvage, classé au patrimoine mondial, le **parc national de Shiretoko** occupe une péninsule longue de 70 km où abondent cascades, forêts anciennes, et montagne, pour les randonneurs intrépides. Attention toutefois, Shiretoko abrite la plus grande concentration de *higuma* (ours bruns) de Hokkaido. Des croisières en bateau le long de la côte donnent l'occasion de les apercevoir sans risque, et d'observer baleines et aigles de mer. La splendide région de Shiretoko Goko (cinq lacs) offre des balades faciles.

En haut à droite Grues du Japon
En bas à droite Ours bruns, Shiretoko

ONDREJ PROSICKY/SHUTTERSTOCK ©

AZUKI25/GETTY IMAGES ©

Faune incontournable

Shiretoko Observez ours, phoques, baleines, aigles de mer, orques et dauphins.

Akan-Mashu Repérez les renards roux d'Hokkaido, les ours bruns et les cervidés.

Kushiro-shitsugen Admirez les grues du Japon, espèce presque éteinte au début du XXe siècle.

Feu et eau Le superbe **parc national d'Akan-Mashu** est une région de volcans fumants et de lacs paisibles – on dit que l'eau du Mashu-ko serait la plus transparente au monde ! La station thermale d'Akanko Onsen jouit d'une situation au bord d'un lac, entre les volcans O-Akan-dake, Me-Akan-dake et le mont Meakan (offrant de belles randonnées), tandis que la petite ville de Kawayu Onsen est réputée pour ses sources chaudes acides revigorantes.

Paradis ornithologique Habitat d'espèces rares de plantes et d'animaux, en particulier de la grue du Japon, le **parc national de Kushiro-shitsugen** est la plus grande zone humide du Japon. Il y a des observatoires et des sentiers dans tout le parc. Toute l'année, des circuits en kayak offrent un point de vue unique sur les marais et sa faune.

48 Balade en terres SAUVAGES

RANDONNÉE | MONTAGNES | PARC NATIONAL

Vaste étendue vierge de montagnes spectaculaires, de prairies alpines fleuries, de paysages volcaniques fumants et de champs de neige éternelle, le parc national de Daisetsuzan est le plus grand du pays. Ses sentiers réservent des randonnées d'un ou plusieurs jours et une chance d'apercevoir un renard roux ou un ours brun. Et ses nombreuses sources chaudes offrent des lieux de relaxation, avant ou après l'effort.

T. KINGFISHER/SHUTTERSTOCK ©

En pratique

S'y rendre Des bus circulent entre Asahikawa et Asahidake Onsen, et relient d'autres départs de randonnée à diverses stations.

Quand Été et automne (début juillet à début octobre) sont les meilleures saisons, les sentiers n'étant généralement pas enneigés.

Cartes La meilleure carte de randonnée (en anglais) *Asahi-dake: The Heart of the Daisetsuzan National Park*. Sinon, vous trouverez sur hokkaidowilds.org des plans d'itinéraires gratuits à télécharger.

CHEN MIN CHUN/SHUTTERSTOCK ©

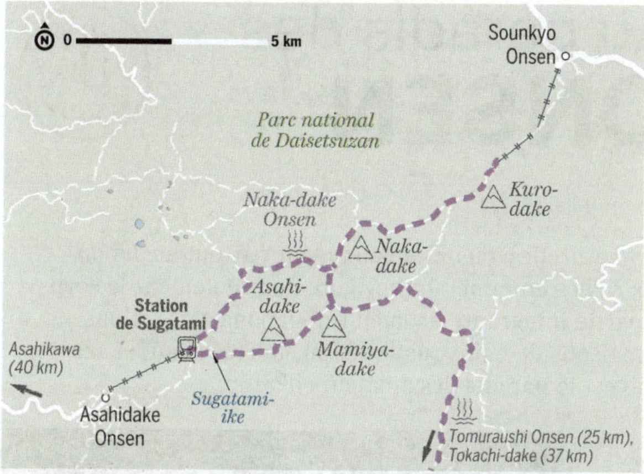

Vue sur les volcans Depuis Asahidake Onsen, prenez le téléphérique jusqu'à la station de Sugatami ; de là, on atteint, après 20 minutes de marche, le miroir d'eau de l'étang de Sugatami, où vapeur et gaz volcaniques s'échappent du sol. Puis préparez-vous à une ascension de 2 heures sur les pentes pierreuses de l'Asahi-dake, le plus haut sommet de Hokkaido (2 291 m), pour une vue qui porte loin (par beau temps). La plupart des randonneurs repartent par le même chemin jusqu'au téléphérique.

En pleine nature Depuis le sommet de l'Asahi-dake, une option plus exigeante, en boucle, continue vers l'est en descendant dans la neige et les rochers, avant de tourner à gauche à Mamiya-dake. Le sentier descend ensuite jusqu'à la petite source chaude naturelle de Naka-dake Onsen, où vous pouvez vous baigner pour reprendre des forces à mi-parcours, avant de rejoindre, en passant par des passerelles et des pentes herbues, le téléphérique (comptez 7 heures).

Trek de plusieurs jours Les randonneurs bien équipés peuvent profiter des refuges et des campements pour prolonger l'aventure. Depuis l'Asahi-dake, un excellent trek d'un ou deux jours continue vers le nord-est, monte au Kuro-dake et se termine à Sounkyo Onsen. Un autre plus exigeant de trois jours part vers le sud et traverse le cœur du parc national, pour rejoindre Tomuraushi Onsen, très isolé. Les plus endurcis peuvent réaliser la traversée complète du Daisetsuzan en cinq jours, en continuant encore plus au sud à travers des paysages extrêmement sauvages et reculés jusqu'à Tokachi-dake.

En haut à gauche Asahi-dake
En bas à droite Téléphérique de Kuro-dake

À emporter

Même quand les vagues de chaleur inondent Sapporo, les hautes crêtes exposées aux vents et la météo capricieuse du Daisetsuzan peuvent être d'un froid glacial ; vêtements chauds et imperméables sont donc essentiels, surtout pour les longs treks.

Les refuges de montagne sont rudimentaires, les randonneurs doivent apporter matériel de couchage et nourriture. L'eau est en général fournie par les ruisseaux ou des plaques de neige (faites-la toujours bouillir et filtrez-la avant d'en boire).

Pour éviter une rencontre avec un ours (rare, mais pas impossible), prenez une cloche à ours ou faites du bruit (chantez, tapez vos mains).

49 Au paradis des ONSEN

CULTURE | RELAXATION

Les sources chaudes naturelles, ou *onsen*, abondent partout au Japon. Se baigner dans leurs eaux riches en minéraux revigore non seulement le corps et l'esprit, mais fait aussi partie intégrante de la culture japonaise. Stations thermales bien équipées, maisons de bains rustiques ou sources chaudes secrètes en pleine nature, Hokkaido est le paradis des amateurs d'*onsen*.

KORKUSUNG/SHUTTERSTOCK ©

En pratique

Quand Tout le temps. Se détendre dans un *rotemburo* (source chaude extérieure) entouré de neige, l'hiver, est un immense plaisir.

Tarifs De 500 à 2 000 ¥ en général, plus dans les stations et les hôtels de luxe. Les bains extérieurs simples sont souvent gratuits, ou coûtent une somme modique à laisser dans une boîte.

À noter Les tatouages sont interdits dans certains *onsen* ou, s'ils sont petits, ils doivent être couverts d'un bandage.

KRZYSZTOF BARANOWSKI/GETTY IMAGES ©

Paradis et enfer La plus célèbre station thermale de Hokkaido, **Noboribetsu Onsen**, est réputée pour ses différents types d'eaux chaudes minérales aux vertus thérapeutiques. La plupart des sources chaudes de la ville alimentent des hôtels et des *ryokan*, accessibles aux non-résidents, avec en général plusieurs bains intérieurs et extérieurs.

Entre deux bains, allez explorer le **Jigoku-dani**, la “vallée de l'enfer”, émanations sulfureuses, juste au-dessus de la ville. De là, des chemins mènent en 20 minutes à l'Oyunuma, un bassin d'eau chaude. Il alimente un torrent chaud, l'Oyunuma-gawa, fumant et irréel, qui traverse les bois et dans lequel on peut se tremper les pieds : prenez une serviette.

Gîte de montagne Au cœur des montagnes à 1 heure seulement de Sapporo, **Jozankei Onsen** est une petite station thermale dans le nord du parc national de Shikotsu-Toya. Elle compte plusieurs grands hôtels, chacun avec sa source chaude. Le personnel sympathique de l'office du tourisme de la ville pourra vous conseiller. À la lisière de la ville, le grand bain en plein air de Hoheikyo (p. 287) est souvent classé parmi les meilleurs de Hokkaido.

Bain en forêt Dans une étroite vallée pittoresque, entre forêts, falaises et cascades, **Sounkyo Onsen** abrite des hôtels thermaux chics et le téléphérique de Kuro-dake, point d'entrée nord du parc national de Daisetsuzan. La station accueille aussi, deux mois durant, un festival prisé de cascades de glace.

En haut à gauche Oyunuma-gawa
En bas à gauche Sounkyo Onsen

Entrer dans l'eau chaude

Entrer dans un *onsen* pour la première fois peut intimider, surtout si vous n'êtes pas à l'aise avec la nudité publique, mais l'étiquette est très simple.

Les bains sont généralement non mixtes – repérez les caractères 女 (*onna*/femme) et 男 (*otoko*/homme). Dans le vestiaire, ôtez tous vos vêtements (les maillots de bain sont interdits, le plus souvent) que vous placerez dans un panier avec votre serviette. Vous pouvez garder cette petite serviette et vous en couvrir pour vous déplacer.

Puis lavez-vous entièrement dans les douches ou aux lavabos, et rincez toute trace de savon avant d'entrer dans le bain.

50 Les coutumes des AÏNOUS

AÏNOUS | PEUPLE AUTOCHTONE | CULTURE INDIGÈNE

Hokkaido, qui n'a été totalement colonisée par les Japonais qu'au XIXe siècle, a longtemps été la terre des Aïnous, peuple natif de l'île. Autrefois persécutés et marginalisés, ils tentent aujourd'hui de préserver leurs traditions et leur langue. Voici quelques endroits où vous pourrez découvrir leur fascinante culture.

En pratique

Circuler La plupart des sites sont accessibles en transports en commun.

Quand La majorité des établissements sont ouverts toute l'année, hormis quelques jours autour du Nouvel An. De nombreux musées sont fermés le lundi (ou le lendemain si le lundi est un jour férié).

À savoir De nombreux toponymes de Hokkaido, dont Sapporo, viennent de la langue aïnoue.

Musée national L'**Upopoy, Musée national du peuple aïnou** (p. 289), à Shiraoi, occupe un beau bâtiment sur les rives du Poroto-ko où sont présentés les différents aspects de la culture aïnoue. Un *kotan* (village) aïnou est reconstitué dans le parc adjacent.

À Sapporo, visitez le musée de Hokkaido (p. 289) et le Sapporo Pirka Kotan (p. 289) (Centre pour la promotion de la culture aïnoue).

Cœur du pays aïnou La région de Hidaka est très liée aux Aïnous, et l'excellent **musée de la culture aïnoue de**

En haut à droite Vêtements traditionnels au musée des Peuples du Nord de Hokkaido, Abashiri
En bas à droite Upopoy, Musée national du peuple aïnou, Shiraoi

VARIOUS IMAGES/SHUTTERSTOCK ©

PIXHOUND/SHUTTERSTOCK ©

Histoire des Aïnous

Habitants autochtones de Hokkaido et des régions voisines, les Aïnous vivaient en groupes de chasseurs-cueilleurs et de pêcheurs. Ils avaient leur propre langue, leurs coutumes et leurs croyances. Après des années d'assimilation forcée, le gouvernement a fini par reconnaître et protéger la culture aïnoue.

Nibutani (p. 289), présentant une très belle collection d'objets et un ensemble de bâtiments traditionnels, mérite une visite, même s'il est un peu à l'écart.

Plus au nord, à Asahikawa, le **musée-mémorial aïnou Kawamura Kaneto** (p. 289), fondé en 1916 par un chef aïnou, est le plus vieux musée du genre au Japon. Ses photos du début du XXe siècle sont captivantes. Le musée municipal d'Asahikawa offre aussi de belles présentations.

À l'est Dans l'est de Hokkaido, le plus intéressant des sites dédiés aux Aïnous est sans doute le **musée des Peuples du Nord de Hokkaido** (p. 289), à Abashiri. Ses vitrines instructives présentent les différents peuples autochtones du Nord, et leurs difficiles conditions de vie dans ce climat glacial (Audioguide gratuit).

Carnet d'adresses

Les grands classiques (voir p. 274)

Musée de la Bière de Sapporo

(☎011-748-1876 ; www.sapporoholdings.jp/en/; N7E9 Higashi-ku ; ⏰10h30-18h30 ; P ; 🚌88 jusqu'à Sapporo Biiru-en, M ligne Toho jusqu'à Higashi-Kuyakusho-mae, sortie 4) GRATUIT

Parc national de Rishiri-Rebun-Sarobetsu

L'aéroport de Rishiri-to, quelques kilomètres à l'ouest d'Oshidomari, accueille les vols depuis/vers Sapporo de ANA (www.ana.co.jp) et Japan Airlines (JAL ; www.jal.co.jp). Wakkanai est la plaque tournante pour se rendre dans le parc.

Toute l'année, Heartland Ferry assure chaque jour deux à quatre traversées entre Wakkanai et Oshidomari (☎0163-82-2201) sur Rishiri-to (à partir de 2 240 ¥, 1 heure 45), et entre Wakkanai et le port de Kafuka (☎0163-86-1662 ; ⏰8h-17h30) sur Rebun-to (à partir de 2 470 ¥, 2 heures).

Ski et snowboard

Domaine skiable de Furano

Dans le centre de Hokkaido, Furano offre des pistes faciles, intermédiaires ou difficiles qui traversent de splendides forêts de bouleaux. Nombreux bus directs depuis Sapporo pendant la saison de ski. (☎0167-22-1111 ; www.princehotels.com ; billets remontée mécanique journée/soir 5 500/1 800 ¥ ; ⏰journée 8h30-19h30, soir 6h30-19h30 déc à déb mai ; 👪)

Moiwa

Juste à côté d'Annupuri, sans toutefois faire partie de Niseko United, cette petite station compte trois télésièges et la célèbre poudreuse de Niseko y abonde, mais elle est plus calme que ses voisines. (☎0136-59-2511 ; niseko-moiwa.jp ; 448 Niseko, Niseko-cho ; forfait 4 300 ¥ ; ⏰8h-16h)

Niseko United

Voir p. 277. (www.niseko.ne.jp ; adulte/enfant 7 400/4 500 ¥ ; ⏰8h30-20h30 nov-avr)

Rusutsu Ski Resort

Grand domaine skiable qui s'étend sur trois montagnes, avec de longs sentiers bien entretenus et des pistes de poudreuse enthousiasmantes. À l'est de Niseko, non loin de Toyako. (☎0136-46-3331 ; www.hokkaido-rusutsu.com ; 13 Izumi-kawa, Rusutsu ; billets remontées mécaniques adulte/enfant 5 900/3 000 ¥, après 16h 2 600/1 300 ¥ ; ⏰9h-21h nov-avr)

Sapporo Teine

À moins d'une heure de Sapporo, cette station de ski courue, qui a accueilli les jeux Olympiques d'hiver en 1972, propose des pistes aussi bien pour skieurs débutants que chevronnés. (☎011-223-5830, réservations forfait bus 011-223-5901 ; www.sapporo-teine.com ; forfait adulte/enfant 5 200/2 600 ¥ ; ⏰9h-17h nov-mai, 9h-21h déc-mars ; 👪)

Lieux de camping insolites

Camping de Hoshi-ni-te-no-todoku Oka ¥

Ouvert d'avril à octobre, ce charmant camping rural donne sur le patchwork des

YAMAO/SHUTTERSTOCK ©

Kotan Onsen

champs de fleurs de Furano, où des moutons s'aventurent parfois. Location de tentes, de matériel de couchage et de bungalows. (☎090-1302-1422 ; www.hoshioka.com ; Nakafurano Beberui, Nakafurano, Sorachi)

Camping de Kushukohan ¥

À Rebun, une petite île au large de la côte nord de Hokkaido, réputée pour ses fleurs sauvages, l'été. Grand camping avec douches, proche d'un lac et de la mer. (☎0163-87-3110 ; Funadomari-mura ; empl 600 ¥/pers ; ⏲mai-sept ; P)

Camping de Naka-Toya ¥

Camping pittoresque en bord de lac, sur la rive est et boisée du Toya-ko, avec toilettes sur place, et sources chaudes à proximité. (☎0142-66-3131 ; Nakatoya, Sobetsu, Usu ; okutoya.com/sightseeing/sobetsu/nakatoyacamp.html ; empl 420 ¥/pers + 300 ¥/voiture ; ⏲mai-sept)

Camping de Nozuka ¥

Camping gratuit en bord de plage, à quelques minutes de route à l'ouest de Nozuka, sur la jolie péninsule déchiquetée de Shakotan. Équipements spartiates mais splendides couchers de soleil sur la mer. (Nozuka-cho Hamanaka, Shakotan)

Sources chaudes et bains

Hoheikyo

Voir p. 283. (☎011-598-2410; www.hoheikyo.co.jp ; 608 Jozankei ; adulte/enfant 1 000/500 ¥ ; ⏲10h-22h30)

Cascade chaude de Kamuiwakka

Dans le parc national de Shiretoko, en pleine nature, baignez-vous sous une cascade réchauffée par des sources chaudes qui alimente la rivière en amont (juin-oct). Attention aux rochers glissants à escalader pour y arriver.

Kotan Onsen

Sur la rive du Kussharo-ko, dans le parc national d'Akan-Mashu, bain extérieur gratuit

Étang bleu de Shirogane

avec superbe vue sur le lac. Un gros rocher sépare (à peine) hommes et femmes : les maillots de bain sont donc autorisés. (masyuko.marimo.jp/en/hotspring)

Mizunashi Kaihin Onsen

À l'est de Hakodate, sur la côte rocheuse du cap Esan, cette source chaude marine, unique, n'apparaît que quelques heures à marée basse. Bain mixte : apportez votre maillot de bain. L'office du tourisme de Hakodate (☎0138-23-5440 ; ⏲9h-19h avr-oct, 9h-17h nov-mars), dans la gare JR, vous fournira les horaires de baignade. GRATUIT

Niseko Iroha

Hôtel avec une source chaude, au pied de la station de ski d'Annupuri, disposant de bains au milieu de bois enneigés en hiver, dignes du monde de Narnia. Son eau est réputée embellir la peau. (www.niseko-iroha.com)

Superbes panoramas

Cap Kamui

À l'extrémité de la venteuse péninsule de Shakotan, à 2 heures de route de Sapporo : un point de vue spectaculaire du haut des falaises dominant la célèbre "eau bleue de Shakotan".

Étang bleu de Shirogane

Très photographié, cet étang est d'un bleu turquoise stupéfiant lié à la présence accidentelle d'aluminium dans ses eaux. À 20 minutes de voiture de la gare JR Biei.

Ferme Tomita

Les prairies de fleurs qui ondulent et les champs de lavande de Furano sont magnifiques l'été. Dans cette ferme proche de Naka-Furano, les visiteurs peuvent prendre des photos tout en savourant une glace à la lavande. (☎0167-39-3939 ; www.farm-tomita.co.jp/en ; 15-go, Kisen-kita, Naka-Furano ; ⏲9h-16h30 oct à fin avr, 8h30-18h fin avr à sept)

Hakodate-yama

Cette montagne de 334 m domine Hakodate, ville bâtie sur un isthme étroit dans le sud-ouest de Hokkaido. Un téléphérique mène à une des "trois plus belles vues de nuit" du Japon. (☎0138-23-3105 ; www.334.co.jp ; 19-7 Motomachi ; plein tarif/enfant aller-retour 1 280/780 ¥ ; ⏲10h-22h 25 avr-15 oct, 10h-21h 16 oct-24 avr)

Mont Annupuri

Les skieurs connaissent bien le fantastique panorama du Yotei-zan, le sosie du mont Fuji à Niseko. En été, depuis le sommet du téléphérique de Hirafu, la vue est tout aussi belle.

Point de vue n° 1 du lac Mashu

Ce point de vue sur la rive sud-ouest du Mashu-ko offre un superbe panorama sur le lac et la caldeira volcanique du mont Kamui, particulièrement époustouflant par une claire journée d'hiver.

Spécialités et plats régionaux

Jingisukan Daikokuya ¥¥

Restaurant apprécié du centre d'Asahikawa, spécialiste du *jingisukan*, un des plats les plus fameux de Hokkaido : délicieux agneau grillé qu'on cuit soi-même, accompagné

©CHARLIE WOOD/SHUTTERSTOCK

Yotei-zan

de légumes. (☎01166-24-2424 ; daikoku-jgs.com ; 5-3-4 Nakadori 4-jodori, Asahikawa ; repas 2 500-3 500 ¥ ; 17h-21h)

Menya Saimi ¥

Ramen parmi les meilleurs de Sapporo, non loin de la gare Misono. Excellents ramens au miso, mais attente à prévoir. (☎011-820-6511 ; Misono 10-jo Toyohira-ku ; ramen à partir de 750 ¥ ; 11h-15h15 et 17h-19h30 mar-dim ; P ; M ligne Toho jusqu'à Misono)

Soup Curry Garaku ¥¥

Restaurant du quartier de Susukino à Sapporo, qui sert une soupe au curry, spécialité de Hokkaido. Bols généreusement garnis de légumes frais, plus ou moins épicés, selon votre goût. Carte en anglais. (☎011-233-5568 ; www.s-garaku.com ; 2-6-1 Minami 2-Jo Nishi, Chuo-Ku Okumura Bldg. B1F entrée nord, Sapporo ; soupe à partir de 1 100 ¥ ; 11h30-15h30 et 17h-23h30)

Takinami Shokudo ¥¥

Dans le marché Sankaku d'Otaru. Essayez le *kaisen-don* (bol de riz et produits de la mer), un repas bon marché idéal pour goûter à la diversité des excellents produits de la mer frais de Hokkaido. (☎01134-23-1426 ; www2.enekoshop.jp/shop/takinami/ ; 3-10-16 Inaho Sankaku Market, Otaru ; 8h-17h)

Musées

Centre pour la promotion de la culture aïnoue

Voir p. 284. (Sapporo Pirka Kotan ; ☎011-596-5961 ; www.city.sapporo.jp/shimin/pirka-kotan/en ; 27 Kogane-yu, Minami-ku ; tarif plein/enfant 200 ¥/gratuit ; 9h-17h mar-dim ; P)

Musée de la culture aïnoue de Nibutani

Voir p. 284. (☎0145-72-2892 ; www.town.biratori.hokkaido.jp/biratori/nibutani ; 55 Nibutani Biratori ; tarif plein/enfant 400/150 ¥ ; 9h-16h30 mi-avr à mi-nov, 9h-16h30 mar-dim mi-nov à mi-avr, fermé mi-déc à mi-jan)

BISCUT / ISTOCK ©

Musée-mémorial aïnou Kawamura Kaneto

Musée de Hokkaido

Voir p. 284. (Hokkaido hakubutsukan ; ☎011-898-0466 ; www.hm.pref.hokkaido.lg.jp ; 53-2 Konopporo, Atsubetsu-cho ; tarif plein/enfant 600 ¥/gratuit ; 9h30-17h mai-sept, jusqu'à 16h30 oct-avr ; P)

Musée-mémorial aïnou Kawamura Kaneto

Voir p. 285. (☎0166-51-2461 ; ainu-museum.sakura.ne.jp ; 11 Hokumon-cho ; tarif plein/enfant 500/300 ¥ ; 9h-17h)

Musée des Peuples du Nord de Hokkaido

Voir p. 285. (Hoppo-minzoku Hakubutsukan ; ☎0152-45-3888 ; www.hoppohm.org ; 309-1 Shiomi ; tarif plein/enfant 550 ¥/gratuit ; 9h30-16h30 mar-dim oct-juin, 9h-17h mar-dim juil-sept)

Upopoy, Musée national du peuple aïnou

Voir p. 284. (☎011-44-82-3914; ainu-upopoy.jp/en/ ; 2-3 Wakakusa-cho, Shiraoi ; tarif plein/enfant 1 200 ¥/gratuit ; 9h-18h mar-ven, 9h-20h sam-dim et jours fériés avr à mi-juil, 9h-20h mar-dim mi-juil à août, 9h-17h mar-dim nov-mars ; P)

OKINAWA ET LES ÎLES DU SUD-OUEST

PLAGES | CULTURE RYUKYUAN | BIÈRE

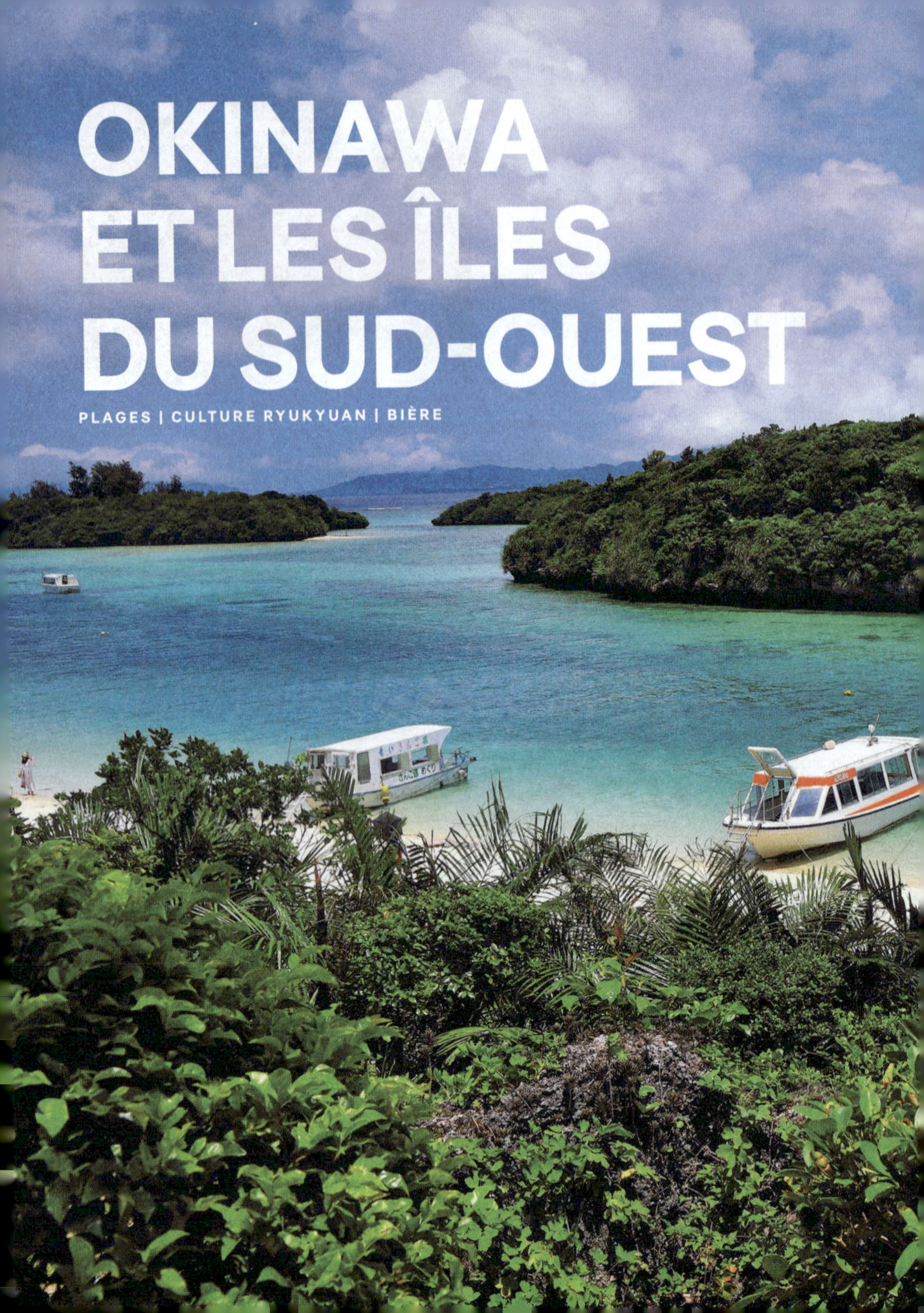

SHIKEMA/SHUTTERSTOCK ©

OKINAWA ET LES ÎLES DU SUD-OUEST

à la carte

Surfez, nagez et randonnez dans le paradis tropical des îles du sud. Mais prenez aussi le temps pour découvrir la culture, les légendes et l'héritage particuliers de cette région du Japon.

Mettez les mains dans la boue en suivant un cours de *dorozome* (teinture à base de boue) à **Amami-Oshima** (p. 303).
½ journée

Admirez le panorama sur l'océan du haut du cap **Miyakozaki** (p. 303) à Amami-Oshima.
½ journée

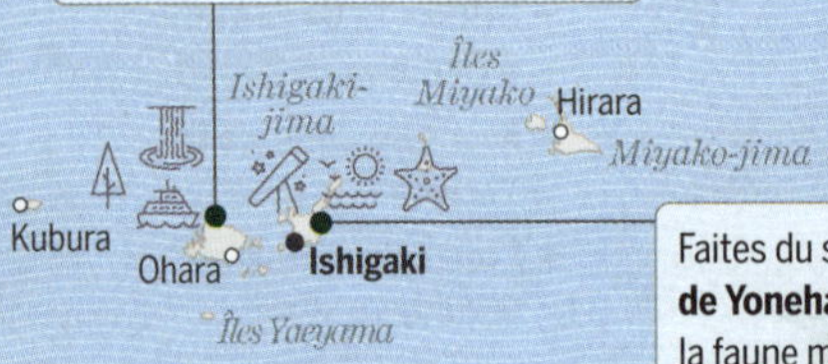

Passez une matinée parmi les beaux étals d'alimentation du **marché Makishi** (p. 296) à Naha.
½ journée

Explorez les forêts et les mangroves luxuriantes d'Iriomote-jima lors d'une **croisière sur l'Urauchi-gawa** (p. 301).
1 jour

Faites du snorkeling à la **plage de Yonehara** et observez la faune marine colorée d'Ishigaki-jima (p. 300).
½ journée

Informations pratiques

À L'ARRIVÉE

Aéroport international de Naha À 5 km du centre de Naha. Vols intérieurs et quelques vols internationaux. Le monorail Yui Rail le relie directement aux principaux sites de Naha ; le forfait 1 jour coûte 800 ¥.

SE CONNECTER

Be.Okinawa Free Wi-Fi est un service Wi-Fi gratuit disponible dans toute la préfecture d'Okinawa. La connexion est facile, cherchez les panneaux.

ARGENT

Emportez des espèces, la plupart des restaurants et des petites boutiques ne prenant pas les cartes. Des services comme PayPay sont en général acceptés.

OÙ LOGER

Localité	Pour/contre
Naha	Central ; nombreux bars, sites et vie nocturne en centre-ville.
Taketomi	Village traditionnel d'Ishigaki-jima ; nature superbe, histoire fascinante.
Nago	Ville touristique principale d'Okinawa-honto ; belles plages et nombreuses activités.

COMMENT CIRCULER

Voiture
Le meilleur moyen de circuler sur toutes les îles.

Scooter Option sympathique pour faire comme les locaux. Évitez la saison des pluies.

Transports en commun Conseillés seulement à Naha. Pour une escapade insulaire, prenez un vélo.

SE RESTAURER ET PRENDRE UN VERRE

Okinawa soba La version locale des nouilles japonaises est un hybride ramen, *udon* et *soba*.

Bière Orion La bière omniprésente dans la préfecture : légère, gouleyante et rafraîchissante.

Rafute Poitrine de porc riche et juteuse, très appréciée.

En-cas à tester
Umi budo ("raisin de mer") (p. 297)

Produits frais
marché public de Makishi (p. 296)

DÉC-FÉV
Ciel clair, température douces, peu de monde.

MARS-MAI
Temps clair et ensoleillé, parfait pour la plage. Haute saison.

JUIN-AOÛT
Chaud et humide, cœur de la saison des pluies.

SEPT-NOV
Pluies occasionnelles, température idéale pour la plage.

Les grands classiques

Pour les infos pratiques de chaque site, reportez-vous au carnet d'adresses p. 306.

Sunset Beach et baie de Kabira, Ishigaki-jima

À l'extrémité sud-ouest de l'archipel, les îles Yaeyama, proches du tropique du Cancer, sont renommées pour leurs plages sublimes. Située à la pointe nord et sur la côte ouest de l'île d'Ishigaki-jima, **Sunset Beach** est une longue plage de sable frangée de quelques récifs. C'est l'un des meilleurs endroits de l'île pour assister à un coucher du soleil sur la mer de Chine orientale, ou pour une baignade dans ses eaux azurées. La **baie de Kabira** est une baie abritée, couverte de sable blanc, avec quelques intrigants îlots au large. La baignade n'est pas autorisée dans la baie en raison de la culture des perles, mais des bateaux à fond de verre permettent d'admirer le récif. (Voir p. 300).

LEUNGCHOPAN/SHUTTERSTOCK ©

Shuri-jo, Naha

Situé à Naha, chef-lieu de la préfecture d'Okinawa et ville rasée pendant la Seconde Guerre mondiale, le château n'a pas échappé à la destruction. Perché sur une colline, il a été plusieurs fois reconstruit, à l'origine bâti au XIVe siècle. (Voir p. 305).

SKY_BLUE/ISTOCK ©

MIRKO KUZMANOVIC/SHUTTERSTOCK ©

Musée-mémorial de la Paix de la préfecture d'Okinawa, Naha

Rappelant les étapes du déroulement de la bataille d'Okinawa, ce musée est surtout un plaidoyer pour la paix, dédié à la mémoire des nombreux morts "collatéraux" des combats. Plus de 100 000 civils périrent en effet durant le conflit.

SIMON_PHOTOS/ISTOCK ©

Tsuboya Yachimun-dori, Naha

Cette rue bordée de boutiques de céramiques existe depuis 1682, lorsqu'un décret royal en fit le quartier des potiers. On y trouve des récipients pour servir l'*awamori*, l'eau-de-vie locale à base de riz, mais aussi les fameux *shiisa* okinawaïens (statues de lions-chiens gardiens des toits). De Kokusai-dori, traversez toute la galerie couverte Heiwa-dori puis la rue.

WATARU AOKI/ISTOCK ©

Yoron-to

Ourlée de belles plages de sable blanc et de longs récifs coralliens, Yoron-to est l'une des îles les plus séduisantes du Sud-Ouest. Large de 5 km à peine, c'est la plus méridionale du Kagoshima-ken. Par beau temps, on distingue nettement Hedo-misaki, la pointe nord d'Okinawa-honto, à 23 km au sud-ouest.

51 Gastronomie DES ÎLES

PRODUITS DE LA MER| FUSION | AWAMORI

Les habitants d'Okinawa sont membres du club fermé des “zones bleues” – les régions du monde reconnues pour la longévité en bonne santé de leur population supérieure à la moyenne. Leur secret se cacherait-il dans leur alimentation ? Patates douces violettes, délicieuses grappes cueillies dans la mer, sucre brun et saké local en font partie.

KENDONICE/GETTY IMAGGES ©

En pratique

Circuler Okinawa-honto est l'île la plus pratique pour découvrir la cuisine locale. Elle dispose d'un réseau de bus. Pour être plus libre, louez une voiture.

Quand Les typhons, plus fréquents et intenses ces dernières années, peuvent survenir à tout moment de juin à octobre. La “Golden Week” en avril, correspond aux vacances nationales : mieux vaut venir en dehors de ces périodes.

Marché alimentaire Le Daichi Makishi Kosetsu Ichiba (Voir p. 309), ou marché public Makishi, est à visiter absolument pour ses légumes et ses poissons, délicieux, et pour son ambiance.

SHARON COBO/SHUTTERSTOCK ©

MOMOMIMEE/SHUTTERSTOCK ©

Classiques d'izakaya Les *izakaya* (bistrots) qui servent des spécialités d'Okinawa se repèrent facilement, comme partout ailleurs au Japon, grâce à leurs lanternes rouge, bleu et blanc siglées de la marque Orion. Commencez votre repas avec un verre d'Orion, la bière locale, glacée. Plus légère que les *lagers* habituelles, elle accompagne très bien, les soirs d'été, l'*umi budo* (raisin de mer), algue du Pacifique Ouest qui ressemble à du caviar vert. Ces petites billes salées, qu'on trempe dans une sauce au vinaigre, ont un saveur *umami* océane. Ne manquez pas les sashimis, toujours frais, délicieux et moins chers que la moyenne.

L'amour du porc "À Okinawa, tout sert dans le porc, sauf son couinement" dit-on. Cette viande très appréciée dans les îles du sud est l'ingrédient essentiel du *rafute*, porc braisé mijoté lentement dans une sauce aigre-douce, et du *goya champuru*, savoureux sauté de porc, d'œuf, de tofu et de *goya* (melon amer).

Classiques revisités Le *Jimamidofu* et l'*okinawa-soba* sont deux spécialités inspirées de plats du japon "continental". Le premier est un tofu à base de lait d'arachides fraîchement pressées, le second se compose de nouilles plus épaisses que les *soba* classiques, garnies d'épaisses tranches de porc. Le "taco rice", plat de bœuf haché, *salsa*, laitue et fromage sur un lit de riz, est devenu un classique grâce à l'influence américaine sur l'île dans les années 1950.

À l'extrême gauche *Jimamidofu*
En bas à gauche *Sata andagi*
Ci-contre *Beni imo*

Un peu de douceur

Région idéale pour la production de sucre – un sucre de canne brun et riche –, Okinawa réjouira les becs sucrés.

Les *sata andagi sont de petits beignets* saupoudrés de sucre. Des en-cas appréciés sur les marchés, qu'on trouve aussi dans la plupart des sites touristiques.

Plus colorée, le *beni imo* (patate douce) de l'île est un dessert violet vif, classique d'Okinawa. Une tartelette au *beni imo* est un *omiyage (cadeau souvenir) très courant* au Japon.

Orion, bière star d'Okinawa

LA BIÈRE QUI SYMBOLISE L'ESPRIT DES ÎLES

Si Okinawa avait des couleurs officielles, ce serait rouge, bleu et blanc - comme les lanternes omniprésentes vantant la bière régionale Orion. Pour beaucoup d'habitants, cette bière n'est pas qu'un rafraîchissement, elle représente l'esprit des îles du Sud-Ouest.

À gauche Lanternes siglées Orion
Au centre Canette d'Orion
À droite *Goya champuru*

Un nom qui en dit long

Nom, goût, ingrédients et origines : Orion est un exemple de la capacité du Japon à donner à toute chose une signification profonde, un sens et une philosophie. Le nom de cette bière, choisi par un vote public, évoque les étoiles : la constellation visible depuis l'hémisphère sud immortalisant le chasseur grec, mais aussi, selon l'entreprise, l'emblème à trois étoiles que portaient les soldats américains gouvernant Okinawa à l'époque de sa création.

De fait, la bière est inséparable de ses origines : née en 1957 à Nago, sur Okinawa-honto, pendant l'occupation américaine, Orion fut créée par Sosei Gushiken. Déterminé à contribuer à l'effort de reconstruction d'Okinawa, il fonda cette brasserie pour réaffirmer l'identité de la préfecture insulaire en mettant en bouteille – littéralement – les ressources naturelles de cette région subtropicale.

Lager d'Okinawa

Brassée à l'eau de source d'Okinawa, Orion est une bière adaptée au climat et au mode de vie des îles du Sud-Ouest. Légère et fraîche, la saveur de cette *lager* à base de riz a été élaborée pour accompagner la cuisine variée d'Okinawa et se marier aussi bien avec le *goya champuru*, amer, qu'avec le "taco rice" d'inspiration américaine.

Si d'autres régions du Japon, comme Sapporo, ont leur bière éponyme, l'Orion – et sa popularité – est différente, une différence gustative et culturelle qui symbolise l'identité régionale de la préfecture. La marque représente

VASSAMON ANANSUKKASEM/SHUTTERSTOCK ©

K321/SHUTTERSTOCK ©

1% du marché japonais de la bière, mais plus de 50% de celui-ci à Okinawa. Les boutiques de souvenirs sont remplies de T-shirts, torchons ou bibelots ornés du logo d'Orion, le message étant : si vous aimez la bière Orion, vous aimez Okinawa.

> Brassée à l'eau de source d'Okinawa, Orion est une bière adaptée au climat et au mode de vie des îles du Sud-Ouest.

L'influence de la marque sur la culture de l'île déborde largement du verre. Depuis près de 65 ans, la société a élargi ses activités, investissant dans d'autres domaines : un complexe hôtelier balnéaire, l'Hotel Orion Motobu Resort and Spa ; un parcours de golf ; un hôtel en ville, l'Hotel Royal Orion ; un service après-vente, Orion Support ; une fête de la bière annuelle, l'Orion Beer Fest ; et une brasserie avec un parc à thème, l'Orion Happy Park. Brasserie modeste devenue marque omniprésente dans la préfecture, Orion n'est pas qu'une bonne bière légère, elle est aussi un symbole de fierté régionale, d'ingéniosité et de volonté de réussir.

Au-delà de la bière

Les Okinawaïens adorent la bière, mais pour ceux qui n'en sont pas amateurs, il existe des alternatives. Orion produit aussi un *chuhai*, cocktail à base de *shochu (alcool de riz)* aux saveurs locales comme le *shikuwasa* (citron vert d'Okinawa).

Autre breuvage local, l'*awamori*, qui ressemble au *shochu*, est fabriqué à partir d'un champignon noir unique, le *koji*, et de riz long indica. On le consomme généralement allongé d'eau ou sur des glaçons, mais attention, c'est fort (30° à 60°).

52 Aventure dans les îles YAEYAMA

TREK | PLONGÉE | OBSERVATION DES ÉTOILES

Quittez l'île principale, Okinawa-honto, pour rejoindre l'archipel Yaeyama qui s'étirent du sud de Kagoshima jusqu'à la frontière avec Taïwan. Il se compose d'un chapelet d'îles tropicales préservées, dont Iriomote-jima et Ishigaki-jima sont les deux principales. Chacune a ses propres attraits, aussi, nous vous suggérons de découvrir les deux.

En pratique

S'y rendre Vols réguliers par des compagnies japonaises entre les aéroports de Naha et d'Ishigaki, le grand centre de correspondance de la région. Ishigaki Dream Tours et Yaeyama Kanko Ferry assurent deux liaisons. Sur les îles, louez une voiture.

Quand De novembre à mai, en dehors de la saison des typhons.

Double attrait Pour profiter au mieux des deux îles, visez leurs points forts : Ishigaki-jima pour les plages de sable blanc, Iriomote-jima pour ses zones humides.

Plages paradisiaques Plage de sable blanc baignée d'eau si transparente qu'on voit l'ombre des bateaux amarrés sur le fond corallien, la **baie de Kabira** à Ishigaki-jima est prisée pour les sorties en bateau à fond de verre, la plongée et l'observation des raies mantas d'avril à octobre. Non loin, la **plage de Yonehara**, toute aussi belle et un peu moins fréquentée, est idéale pour le snorkeling. La **plage de Sukuji**, au nord-ouest de Yonehara, est le paradis du stand-up paddle et des familles recherchant des eaux peu profondes.

Ciel étoilé Le cœur d'**Ishigaki-jima** au nord du centre-ville, épargné par le pollution lumineuse, est une destination reconnue

En haut à droite La Voie lactée vue d'Ishigaki-jima
En bas à droite Urauchi-gawa

JANELLE ORTH/ALAMY STOCK PHOTO ©

PHOTOGRAPH BY PAUL ATKINSON/GETTY IMAGES ©

Le chat sauvage d'Iriomote

Le *yamaneko* est l'animal totémique d'Iriomote-jima. Endémique de l'île, ce chat sauvage nocturne a été découvert en 1965. Menacée par l'urbanisation, cette espèce secrète ne compte plus que quelques centaines d'individus. Vous verrez l'effigie du *yamaneko* partout sur l'île, des T-shirts aux voitures.

par Penny Wu
Responsable du service clients de Yaeyama Kanko Ferry

par l'International Dark-Sky Association. Des associations locales comme **Hirata Tourism** (hirata-group.co.jp) proposent des circuits d'observation des étoiles, mais on peut facilement les admirer sans équipement, par nuit claire.

Trek en forêt Iriomote-jima est ponctuée de mangrove et de rivières encaissées. Pour l'explorer, faites une croisière d'une journée dans la jungle sur l'**Urauchi-gawa**, le plus grand fleuve d'Okinawa. Le bateau vous dépose sur un sentier qui pénètre dans l'épaisse forêt. Le long du fleuve, deux cascades presque horizontales, **Mariyudo-no-taki** et **Kanpire-no-taki**, sont accessibles par le sentier de randonnée.

53 Escapade à AMAMI-OSHIMA

CUISINE | ARTISANAT | BAIGNADE

Dans tout autre pays, Amami-Oshima ("Amami", en abrégé) serait une destination tropicale de vacances connue et très fréquentée. Mais un mélange de décontraction balnéaire et d'humilité japonaise l'a maintenue secrète. Ici, les tortues géantes viennent nager sur les hauts fonds, les familles se transmettent des méthodes de teinture à la boue et les habitants œuvrent activement pour préserver la culture locale.

LUCY DAYMAN ©

En pratique

S'y rendre Des vols directs réguliers desservent Amami depuis Tokyo, Osaka, Fukuoka, Kagoshima et Naha. Sur l'île, mieux vaut louer une voiture ou un scooter.

Quand La météo est meilleure de fin juin à août, mais peut coïncider avec la saison des typhons, un vol flexible est donc conseillé.

Séjour à la plage Les plus belles plages sont situées dans la partie nord d'Amami, autour de Tatsugo.

PHOTONN/SHUTTERSTOCK ©

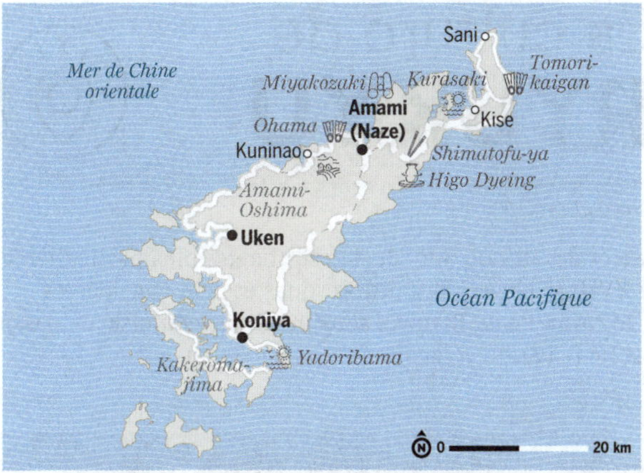

En haut à gauche Pratique du *dorozome*, par Higo Dyeing
En bas à gauche *Keihan*

Tour des plages Principal attrait, les plages superbes sont situées en majorité dans le tiers nord de l'île. **Tomori-kaigan** est réputée pour l'observation des tortues marines et le snorkeling. Ce dernier est également pratiqué à **Ohama**, près de Naze, une plage prisée pour ses récifs de corail et sa riche faune aquatique. Les eaux peu profondes et le sable blanc des plages de **Kurasaki** et de **Yadoribama** sont parfaits pour les bains de soleil.

Saveurs de l'île La bonne cuisine d'Amami-Oshima mêle saveurs du sud insulaire et de Honshu. La spécialité, le *keihan* – un plat léger de riz accompagné de morceaux de poulet, de champignons shiitake et de gingembre, flottant dans un bouillon de poulet – est servi partout sur l'île. **Shimatofu-ya** (p. 309) est un restaurant de tofu apprécié qui pourrait convertir les amateurs de viande au végétarisme. Servi dans un édifice rétro de la période Showa, le déjeuner gargantuesque et bon marché attire chaque jour de nombreux clients.

Tissus locaux Amami-Oshima est à l'origine de deux traditions vestimentaires. Le *dorozome* est un procédé de teinture utilisant un bain à base de *techi* (nom local d'un arbuste de la famille des rosacées) puis un trempage dans la boue des rizières, riche en fer. L'*Oshima tsumugi* est un tissu de soie teint selon ce procédé et utilisé pour réaliser de splendide kimonos aux couleurs profondes. Quelques associations pratiquent encore le *dorozome* sur l'île, comme **Higo Dyeing** (肥後染色) (p. 307). Leur atelier propose des cours, pour ceux à qui le travail manuel ne fait pas peur.

Vie locale

Une grande partie des habitants d'Amami-Oshima vit dans de petits villages dispersés sur toute l'île.

Kuninao, dans les environs de Yamato, est un joli petit village qui mêle art de vivre balnéaire décontracté et fort sens de la tradition.

Pour ceux qui veulent découvrir le côté authentique de l'île, l'association Tamasu (info@amami.org) propose des visites du village et des circuits en stand-up paddle, menés par des gens du cru. Demandez-leur de vous emmener à **Miyakozaki**, pour une des plus belles vues sur Amami-Oshima.

54 La culture de RYUKYU

KARATÉ | CHÂTEAUX | SPIRITUALITÉ

L'histoire d'Okinawa et des îles du Sud-Ouest est une des plus particulières de tout le Japon. Avant le XVIIe siècle, ces îles pittoresques étaient considérées comme un pays différent, le royaume de Ryukyu, sous influence chinoise. Ce passé riche en spiritualité, où est né le karaté, a façonné Okinawa à jamais.

YANNICK LUTHY/ALAMY STOCK PHOTO ©

En pratique

S'y rendre À Okinawa-honto, le plus simple est de circuler en voiture. Pour rejoindre Kudaka-jima, prenez un ferry au port d'Azama.

Quand Toute l'année en dehors de la saison des typhons (peut aller de juin à octobre).

Langue Vous pensez que le japonais est difficile ? Il y a dix dialectes ryukyu distincts. Si vous voulez être bien vu des habitants, essayez d'ajouter *mensore* (bonjour) et *nifei debiru* (merci) à votre vocabulaire.

THITINAN ANANCHAIPHATTANA/SHUTTERSTOCK ©

En haut à gauche Nakagusuku-jo
En bas à gauche Shikina-en, Naha

Histoire royale Le **Shuri-jo** (p. 306) de Naha est le symbole de la culture de Ryukyu. Édifié à la fin du XIVe siècle, le château était l'ancienne capitale, le centre administratif et la résidence royale du royaume de Ryukyu. Son architecture unique d'influence chinoise le différencie des autres châteaux du Japon. Endommagé par un incendie en 2019, sa reconstruction devrait être achevée en 2026.

Nakagusuku-jo (p. 306) est le plus emblématique des châteaux construits à Okinawa sous le royaume de Ryukyu (avant 1879). S'il n'en reste plus que des ruines, sa structure est encore bien visible et la vue sur la **baie de Nakagusuku** est splendide.

Ancienne résidence secondaire des souverains de Ryukyu, le **Shikina-en** (p. 306) à Naha est un charmant jardin de promenade associant esthétique de Ryukyu et éléments du Japon de Honshu. Un chemin circulaire de 300 m permet d'admirer le parc sous tous ses angles, du coin boisé au petit îlot ménagé au milieu de l'étang.

L'île des dieux Avec un peu moins de 8 km de circonférence, **Kudaka-jima** est petite mais sa réputation est grande. On l'appelle "île des dieux" car, selon la légende de Ryukyu, la déesse Amamikyu y serait descendu pour en faire le berceau du royaume. L'île n'est qu'à 15 minutes en ferry rapide d'Okinawa-honto. C'est l'endroit idéal pour découvrir la culture de Ryukyu pratiquement inchangée.

Karaté ou la "main vide"

Okinawa est la patrie du karaté, d'abord appelé familièrement *te* (手, "main"), dont les racines plongent dans la culture de Ryukyu.

Si vous voulez vous essayer à cet art martial, quelques écoles de l'île proposent des cours. Ceux du **Japan Karate Do Hakua-Kai Matsubushi Dojo** (p. 309) établi de longue date sont donnés par Toshio-sensei et Agalawatta-sensei, à deux adresses, en anglais ou en japonais. Si les débutants de tous âges sont bienvenus, mieux vaut contacter l'école au préalable pour savoir si les cours sont adaptés.

Carnet d'adresses

Les grands classiques (voir p. 294)

Musée-mémorial de la Paix de la préfecture d'Okinawa, Naha

(☎098-997-3844 ; www.peace-museum.pref.okinawa.jp ; 614-1 Aza Mabuni, Itoman ; 300 ¥ ; 9h-17h)

Sunset Beach

(www.i-sb.jp)

Châteaux et parcs

Nakagusuku-jo

Voir p. 305. (www.nakagusuku-jo.jp ; 1258 Tomari Nakagusuku-son Nakagami-gun Okinawa ; tarif plein/enfant 400/200 ¥ ; 8h30-17h)

Shikina-en

Voir p. 305. (☎098-855-5936 ; 421-7 Aza Maji ; 400 ¥ ; 9h-18h jeu-mar avr-sept, 9h-17h30 oct-mars)

Shuri-jo

Voir p. 305. (www.oki-park.jp ; 1-2 Kinjo-cho, Shuri ; 800 ¥, avec forfait monorail 1 ou 2 j 660 ¥ ; 8h30-17h avr-juin et oct-nov, 8h30-20h juil-sept, 8h30-18h déc-mars, fermé 1ers mer et jeu de juil)

Hauts lieux de spiritualité

Daisekirinzan

Dans la mythologie des îles Ryukyu, cette jungle du nord d'Okinawa-honto est connue comme une région débordant de puissance naturelle. (☎0980-41-8117 ; www.sekirinzan.com ; 1241 Ginama, Kunigami-son, Kunigami-gun ; 9h-17h30)

Seifa Utaki

La destination la plus sacrée de l'île. Selon la légende d'Okinawa, la déesse Amamikyu serait venue dans ce coin de la péninsule de Chinen pour peupler les îles. Empruntez les chemins de ses forêts luxuriantes et absorbez l'énergie de ce lieu de pouvoir. (okinawa-nanjo.jp/sefa/en/ ; Kudeken-539 Chinen, Nanjo ; 9h-18h mars-oct, 9h-17h30 nov-fév)

Shuri Akagi

Près des rues pavées de Shuri Kinjo, à Naha, ces six arbres *akagi*, vieux de plus de 200 ans, ont survécu aux destructions de la Seconde Guerre mondiale. Noueux et pleins de caractère, ils seraient, dit-on, divins car presque tous leurs congénères ont disparu dans les flammes. (www.city.naha.okinawa.jp)

Vallée de Gangara

Dans ces grottes calcaires de Nanjo, les gens viennent prier pour trouver l'amour véritable et admirer un banyan haut de 20 m. (☎098-948-4192 ; gangala.com/en/ ; 202 Maekawa, Tamagusuku, Nanjo ; entrée et visite guidée 2500 ¥ ; 9h-17h30)

CHRIS WILLSON/ALAMY STOCK PHOTO ©

Minsa, Yaeyama.

Artisanat et culture

Atelier de poterie, Ishigaki

La céramique locale est nommée "bleu d'Ishigaki". En combinant verre et poterie, les artisans reproduisent les nuances, la profondeur et le rythme de la mer qui entoure Ishigaki-jima. (☎0980-88-8722 ; ishigaki-yaki.com ; 1356-71 Nagura, Ishigaki)

Higo Dyeing

Voir p. 303. (☎0997-62-2679 ; dorozome.com ; 2176 Toguchi, Tatsugo-cho, Oshima ; ⌚9h-17h lun-sam)

Parc public de sculptures de Shiisa

Vif, coloré et un peu excessif (dans le bon sens), ce jardin public avec les montagnes en arrière-plan, proche de la plage de Yonehara, accueille une famille d'énormes *shiisa* (créatures mythologiques d'Okinawa) multicolores. L'occasion idéale pour faire une petite balade et une photo amusante, un jour de beau temps. Une boutique propose des répliques de *shiisa* (yonekoyaki.com).

Yaeyama Minsa

Devenez incollable sur le *minsa* (tissage), unique et farouchement protégé, d'Iriomonte-jima en visitant un atelier. Selon les historiens, ce mode de tissage est arrivé à Okinawa depuis l'Afghanistan *via* la Chine.

Yaima-mura

Dans ce lieu, mi-parc d'attractions, mi-musée en plein air, à Ishigaki-jima, les grands-mères de l'île enseignent leurs danses traditionnelles, des répliques de maisons centenaires typiques de l'architecture d'Okinawa se dressent fièrement, et les fruits tropicaux frais abondent. (☎980 82 8798 ; 967-1 Nagura, Ishigaki ; tarif plein/enfant 1000/500 ¥ ; ⌚9h-17h)

Daisekirinzan.

Luxe et détente

Halekulani ¥¥¥

Mélange de style d'Okinawa aux accents hawaiiens, ce *resort* d'Okinawa-honto est le symbole du luxe balnéaire. Mais le farniente n'est pas tout : les clients peuvent participer aux "Halekulani Okinawa Escapes", des circuits pour découvrir la culture de l'île. (☎08-953-8555 ; ww.okinawa.halekulani.com ; 1967-1 Nakama, Onna, Kunigami)

Ryukyu Onsen Ryujin-no-yu

Découvrez un *onsen* entouré de sable et non de neige, en vous baignant dans ces sources chaudes proches de l'aéroport de Naha. Avec des bains en plein air où l'on profite du rythme apaisant de l'océan, la relaxation est totale.

(☎098-851-7077 ; www.hotelwbf.com/senaga ; 174-5 Senaga, Tomigusuku ; 720 ¥)

Hauts lieu de l'awamori

Bar Daisy ¥¥

On dirait un bar à cocktails à l'éclairage tamisé fait pour les amateurs de jazz. Mais en prêtant attention, on remarque que l'*awamori* remplace la vodka ou le gin dans les cocktails artisanaux préparés au bar. C'est l'endroit idéal à Naha pour goûter cet alcool classique du sud. (☎098-861-3001 ; bar-daisy.okinawa ; 2-18-7 Makishi, Naha, Okinawa ; ⌚20h-4h)

Sakaemachi Bottleneck ¥

On ne connaît pas l'*awamori* (l'eau-de-vie d'Okinawa) avant de l'avoir goûté dans une *izakaya* confortable, délicieusement désuète, comme Sakaemachi Bottleneck à Naha. La carte des *awamori* est aussi longue que celle des plats. (☎098-884-6640 ; 385 Asato, Naha, Okinawa ; ⌚19h-23h)

Sentiers et randonnées

Hiji Otaki

Un parcours facile de 3 km sur des petits sentiers croisant des cascades, près de Kunigami, offrant deux options : l'une longe une rivière ou l'autre traverse la forêt. L'entrée est payante, et le sentier ferme à 16h (15h, l'hiver), mais il est bien entretenu et offre une belle balade en matinée.

Indy Jones Mile

Long d'à peine 1,5 km, ce sentier au nom facile à retenir, proche de Nanjo, n'est pas

Marché public de Makishi

très ardu mais d'une extrême beauté. Panoramas, grottes profondes et quelques cordes pour franchir des obstacles, le professeur Jones serait fier de voir son nom lié à une si belle aventure.

Jawbone Ridge Loop

Formant une boucle dans les montagnes près de Kunigami, sur Okinawa-honto, ce sentier d'une difficulté modérée récompense largement des efforts qu'il demande : vue incroyable, nombreux oiseaux à observer et sites mystérieux (cherchez l'hôtel abandonné).

Et aussi

Japan Karate Do Hakua-Kai Matsubushi Dojo

Voir p. 305. (karatedo.hakuakai-matsubushidojo.com)

Marché public de Makishi

Voir p. 296. (Daichi Makishi Kosetsu Ichiba ; kosetsu-ichiba.com ; 2-10-1 Matsuo ; 8h-20h)

Shimatofu-ya ¥

Voir p. 303. (0997-55-4411 ; shimatoufuya.jp ; 1561-6 Nakagachi, Tatsugo, Oshima ; menu à partir de 850 ¥ ; 11h-19h)

JORDAN TAN/SHUTTERSTOCK ©

Tofu infusé au malt rouge et *awamori*, spécialités d'Okinawa.

Carnet pratique

À droite En train près du mont Fuji

ARRIVER AU JAPON

L'aéroport de Narita, situé à environ 60 km du centre-ville de Tokyo, est le principal point d'entrée au Japon. C'est ici qu'atterrissent le plus gros des vols internationaux (répartis entre les terminaux 1 et 2) ainsi que la plupart des vols low cost. Mais il existe des points d'entrée sur les autres îles de l'archipel.

AUTRES POINTS D'ENTRÉE

SUR HONSHU

Tokyo-Haneda (HND ; tokyo-haneda.com/en). Plus proche du centre-ville de Tokyo. Il accueille aussi la plupart des vols intérieurs depuis/vers Tokyo.

Aéroport international du Chubu (NGO ; www.centrair.jp). Près de Nagoya. Liaisons vers l'est de l'Asie et l'Asie du Sud-Est.

Aéroport international du Kansai (KIX ; www.kansai-airport.or.jp). Dessert les grandes villes du Kansai : Kyoto, Osaka, Nara et Kobe. Vols internationaux directs depuis/vers l'Asie de l'Est. Les voyageurs qui souhaitent se rendre dans l'ouest du Japon auront tout intérêt à prendre un vol pour cet aéroport.

Niigata (www.niigata-airport.gr.jp). Sur la côte de la mer du Japon, vols depuis/vers Harbin, Khabarovsk, Séoul, Shanghai, Taipei et Vladivostok.

SUR KYUSHU

Aéroport international de Fukuoka (FUK ; www.fuk-ab.co.jp). À la pointe nord de Kyushu, dessert les principales destinations de l'ouest du Japon. Il relie aussi les grandes villes d'Asie de l'Est.

Nagasaki (nagasaki-airport.jp). Sur la côte ouest de Kyushu, vols depuis/vers Shanghai et Séoul.

SUR HOKKAIDO

Aéroport de Chitose (CTS ; www.new-chitose-airport.jp/en). Dans le centre de Hokkaido, au sud de Sapporo. Liaisons directes depuis/vers toutes les grandes villes d'Asie de l'Est.

SUR OKINAWA

Naha (OKA ; www.naha-airport.co.jp). Vols directs depuis/vers les grandes villes d'Asie de l'Est.

Ferry Un grand nombre de ferries assurent la liaison d'une île à l'autre et entre les ports d'une même île. Ils permettent aussi de se rendre dans des régions auxquelles vous n'auriez pas accès autrement. La plupart des compagnies de ferries proposent la réservation de billets en ligne sur leurs sites, généralement en japonais et en anglais ; on peut également s'adresser à une agence de voyages comme JTB (www.jtb.co.jp).

FORMALITÉS D'ENTRÉE

Visas Les ressortissants français, belges et canadiens peuvent rester sur le territoire japonais jusqu'à 3 mois sans demander de visa – les ressortissants suisses pourront prolonger leur séjour de 90 jours supplémentaires. Un visa dit *tanki-taizai* (visa de séjour temporaire) est délivré à votre arrivée. Les visiteurs qui entrent dans le pays avec un visa de séjour temporaire doivent être en possession d'un billet retour en bateau ou en avion.

Précautions Avant le départ, il est impératif de contacter l'ambassade ou le consulat japonais le plus proche pour s'assurer que les modalités d'entrée sur le territoire n'ont pas changé. À défaut, consultez le site Internet du ministère japonais des Affaires étrangères (www.mofa.go.jp).

AÉROPORT DE TOKYO-NARITA : BON À SAVOIR

Bornes de recharge Dans les salles d'embarquement et près des terminaux, à disposition gratuitement. Le Japon utilise des fiches de type A.

Change Possible aux guichets des banques à l'arrivée à l'aéroport et aux distributeurs automatiques. Bons taux pour les devises courantes. À savoir : le taux de change est plus avantageux au Japon en retirant des espèces aux DAB qu'en échangeant vos devises.

Cartes SIM Vous aurez plus de choix à l'aéroport qu'en ville. Des distributeurs automatiques sont aussi disponibles. Le Wi-Fi de poche est une solution prisée. Japan Wireless (japan-wireless.com) propose des formules flexibles.

DAB À l'aéroport, retirez de l'argent avec votre carte bancaire aux distributeurs SevenBank, compatibles avec de nombreuses cartes bancaires étrangères. Également disponibles dans les magasins 7-Eleven.

Douane À leur entrée au Japon, tous les voyageurs doivent remplir un formulaire de déclaration de douane, disponible dans l'avion et dans la zone de retrait des bagages. Il est possible d'apporter sur le territoire japonais un certain nombre de produits (pour cadeaux ou consommation personnelle). Veillez à ne pas dépasser certains seuils, sous peine de payer une taxe d'importation : 3 bouteilles (jusqu'à 2 280 ml) d'alcool, 200 cigarettes et 60 ml de parfum hors taxes. Toute somme supérieure à 1 000 000 ¥ doit être déclarée. Fruits, légumes, riz et produits à base de viande sont généralement interdits d'importation.

Wi-Fi Connectez-vous gratuitement et sans inscription partout dans l'aéroport avec FreeWiFi-NARITA.

REJOINDRE LE CENTRE DE TOKYO

Trains express Le moyen le plus rapide de gagner la ville (40 minutes). Choisissez entre le Narita Express et le Keisei Skyliner. Vous devrez marcher ou prendre un taxi jusqu'à votre destination finale.

Bus Airport Limousine Plus lents (1 heure 30 à 2 heures selon la circulation) mais desservent souvent les grands hôtels de la ville. Siège garanti et espace pour les bagages.

Omnibus Solution la moins chère, ces trains locaux utilisés par les banlieusards peuvent être bondés – à éviter si vous avez de gros bagages.

BUDGET

Train express
3 000 ¥
40 minutes

Bus
3 500 ¥
1 heure 30 - 2 heures

Omnibus
1 200 ¥
1 heure 30 - 2 heures

Cartes de transport (Suica, Pasmo, ICOCA) Un moyen rapide de prendre les transports en commun et légèrement moins cher que d'acheter un billet pour chaque trajet. En vente aux distributeurs automatiques de billets de toutes les gares. La caution de 500 ¥ vous sera remboursée à la restitution de la carte.

Tarif et validité
Rechargez-la à tout moment, 500 ¥ minimum. Le crédit est utilisable pendant 10 ans à compter de la date de la dernière utilisation.

Utilisation
Passez la carte aux portillons d'entrée et de sortie. Vous pouvez aussi l'utiliser pour régler vos achats dans de nombreux magasins, ainsi que pour prendre le bus ou un taxi.

CONSEILS PRATIQUES POUR CIRCULER

Une grande partie du Japon est desservie par les transports en commun, mais louer une voiture permet d'explorer des coins autrement inaccessibles et offre plus de flexibilité. Voyagez entre les préfectures rapidement en shinkansen (train à grande vitesse) ou en train express, avant de prendre le bus ou de louer une voiture pour visiter la région.

LOCATION DE VOITURE

Les grandes sociétés comme Nissan et Toyota, présentes dans la plupart des villes, proposent des tarifs équivalents. On peut louer des voitures plus anciennes à prix plus bas auprès de plus petites agences comme Niconico (niconicorentacar.jp), mais elles sont moins largement implantées en zone rurale.

ASSOCIATIONS AUTOMOBILES

La Japan Automobile Federation (english.jaf.or.jp) fournit des informations utiles pour la conduite au Japon (code de la route, numéros d'urgence, etc.). Si vous êtes membre d'un automobile-club dans votre pays, vous devriez bénéficier des mêmes avantages auprès d'elle. Gardez votre carte de membre valide à portée de main.

LOCATION DE VOITURE/ JOUR

À partir de 10 000 ¥

Essence environ 150 ¥/litre

Assurance 1 800 ¥

Le train est de loin le moyen le plus facile et le moins cher de se déplacer au Japon, territoire maillé de chemins de fer. Cependant, si les trains sont fréquents en ville, ils peuvent être très rares dans les zones rurales. Il est donc impératif de vérifier les horaires bien à l'avance et d'arriver suffisamment tôt à la gare. Si vous avez un JR Pass, notez qu'il ne couvre pas tous les trains.

JR PASS Un JR Pass National (à partir de 29 650 ¥ pour 7 jours) permet de voyager de préfecture en préfecture en *shinkansen* et de prendre le train sans réservation. Réservé aux visiteurs avec visa touristique.

ASSURANCE La couverture obligatoire est comprise dans le coût de la location et s'accompagne généralement d'une franchise déductible de 50 000 ¥. Moyennant un supplément (environ 1 000 ¥/jour), vous pouvez inclure une couverture supplémentaire qui comprend aussi le coût de la franchise. Une couverture de base coûte généralement moins de 2 000 ¥.

CODE DE LA ROUTE

Conduite à gauche ; volant à droite.

Les péages peuvent être assez onéreux. Pour payer sans espèces, louez une carte et un lecteur ETC avec la voiture.

La vitesse est limitée à 100 ou 120 km/h sur les autoroutes, à 60 km/h partout ailleurs.

Toutes les voitures sont équipées d'un GPS facile à utiliser.

Ralentissez aux passages cloutés et laissez toujours passer les piétons.

TRAINS Si les trains japonais sont réputés pour leur ponctualité, de mauvaises conditions météo – vents violents, fortes chutes de neige – peuvent entraîner des retards et une affluence extrême dans les gares de Tokyo. Par ailleurs, accidents et autres événements imprévus peuvent provoquer l'arrêt des lignes. Bien que le problème soit généralement réglé rapidement, envisagez le cas échéant de prendre un bus ou un taxi.

AVION Les vols intérieurs sont souvent moins chers que le *shinkansen*. Beaucoup de gens gagnent Hokkaido, le Kyushu et Okinawa en avion. Vous devrez faire les trajets entre les aéroports et les villes, mais vous économiserez un peu d'argent.

CARTES DE TRANSPORT Chaque région a la sienne – Icoca pour le Kansai, Suica et Pasmo pour Tokyo – mais si vous en avez déjà une, inutile d'en acheter une autre ; elles sont valables à travers le pays.

CALCULEZ VOTRE EMPREINTE CARBONE

Plusieurs calculateurs en ligne permettent d'estimer l'empreinte carbone de votre voyage. Le site de l'agence officielle France Ademe (agirpourlatransition.ademe.fr) ou celui de l'association Avenir climatique (avenirclimatique.org) sont bien faits.

VASIN LEE/SHUTTERSTOCK©

DÉSAGRÉMENTS ET DANGERS

Le faible taux de criminalité du Japon en fait l'un des pays les plus sûrs du monde, mais ce n'est pas une raison pour baisser la garde. Par ailleurs, les catastrophes naturelles étant fréquentes, mieux vaut rester vigilant et connaître les protocoles d'urgence.

TYPHONS Les typhons, dont la saison s'étend de juillet à octobre, touchent davantage Okinawa et les îles du Sud. Les îles principales en connaissent environ trois à quatre par an. Les plus violents peuvent causer la fermeture de lignes ferroviaires, des glissements de terrain et des inondations nécessitant une évacuation. Consultez les alertes sur le site Internet de la Japan Meteorological Agency (www.jma.go.jp) en anglais.

SÉISMES ET TSUNAMIS Les tremblements de terre sont fréquents et les zones côtières sont exposées aux tsunamis. Si un séisme de forte magnitude ou un tsunami est attendu, une alerte est automatiquement envoyée aux téléphones portables de la région. En cas de séisme, restez à l'intérieur et abritez-vous sous un meuble, sauf si vous recevez l'ordre d'évacuer. Consultez prévisions météo, alertes catastrophes, coordonnées d'établissements médicaux et autres informations utiles actualisées sur l'application Safety Tips.

VOLCANS Nombre de randonnées prisées parcourent des volcans actifs ; le mont Fuji en est un ! Faites toujours preuve de prudence et ne vous aventurez jamais dans les zones interdites. Consultez les avertissements de la Japan Meteorological Agency avant de partir.

RABATTEURS
Ne suivez pas les rabatteurs dans les bars et *izakaya*, en particulier dans les quartiers de divertissement comme Shinjuku. Ces établissements ont tendance à alourdir la note. Certains ciblent spécifiquement les touristes.

ASSURANCE
Les assurances maladie étrangères n'étant pas acceptées dans les cliniques et hôpitaux, vous devrez régler vos frais directement. Conservez tous les justificatifs. Les pharmacies vendent un grand choix de médicaments sans ordonnance, mais les dosages sont plus faibles que dans d'autres pays.

Les **ours** sont répandus dans les régions sauvages, notamment à Hokkaido. Dans les parcs nationaux, restez vigilant et repérez les panneaux d'avertissement. Emportez un spray répulsif et voyagez en groupe.

IMAGINGL/SHUTTERSTOCK ©

COVID-19
Au moment où nous terminions l'édition de ce guide, la pandémie de Covid-19 impactait fortement le monde du voyage. Les informations que vous trouverez dans cet ouvrage sont donc susceptibles de changements. Renseignez-vous bien avant votre départ car la situation aura probablement évolué quand vous préparerez votre voyage. Avant de vous rendre au Japon, consultez le site du ministère des Affaires étrangères français, rubrique Conseils aux voyageurs (www.diplomatie.gouv.fr).

CONSEILS POUR GÉRER VOTRE BUDGET

CARTES BANCAIRES Souvent acceptées dans les villes mais pas partout. Restaurants de ramen, bars et petits commerces ne prennent généralement que les espèces. Le paiement sans contact et les applications de paiement mobile ne sont pas très répandus. Les cartes Visa et MasterCard sont les plus acceptées, Diners Club et American Express le sont moins. En ville, les types de cartes et les modes de paiement acceptés sont habituellement affichés aux caisses.

ESPÈCES
Emportez des espèces partout où vous allez. Prévoyez aussi un porte-monnaie pour les pièces que vous accumulerez inévitablement.

RÈGLEMENT SANS ESPÈCES
Les voyageurs peuvent utiliser le solde de leur carte de transport comme moyen de paiement dans les supérettes et dans de nombreuses chaînes de restaurants.

MONNAIE

Yen (¥)

BUDGET

Café
450 ¥

Onigiri (boule de riz)
120 ¥

Dîner pour deux
4 000 ¥

TVA De 8 % sur les plats à emporter et de 10 % sur les repas pris sur place et tout le reste. Les touristes en sont exonérés pour certains produits de plus de 5 000 ¥ sur un seul ticket de caisse.

DAB
Les DAB des banques japonaises n'acceptent pas les cartes étrangères. Utilisez plutôt les distributeurs SevenBank des 7-Eleven, disponibles 24h/24. Les DAB ne sont pas en service de 20h à minuit les dimanches et jours fériés.

CHANGE
Mieux vaut faire du change avant le départ ou à l'aéroport. Hôtels, banques et grands magasins changent aussi les devises, mais à des taux moins favorables.

POURBOIRE Non requis et souvent refusé même si l'on insiste.

Restaurants Vous payez le montant indiqué sur l'addition. Les restaurants chics ajoutent 10% pour le service ou le droit de table. Certains *izakaya* (bistrots japonais) servent un amuse-bouche obligatoire, facturé environ 500 ¥.

Taxis Les chauffeurs rendent toujours la monnaie.

Guides Les guides locaux n'attendent pas de pourboires mais les acceptent parfois. Ne leur tendez pas l'argent directement mais glissez-le dans une enveloppe.

PAYER À LA CAISSE

Déposez votre carte bancaire ou vos espèces sur le plateau placé devant vous. En général, votre monnaie vous est aussi rendue sur le plateau. Au restaurant, si la caisse est installée à l'entrée, vous y réglez la note après votre repas.

VOYAGE RESPONSABLE

Conseils pour alléger votre empreinte écologique, soutenir la vie locale et avoir un impact positif.

SUR LA ROUTE

Empreinte carbone Utilisez un calculateur de carbone en ligne (voir p. 315).

Véhicule électrique Les voitures électriques sont légèrement moins chères à louer que les véhicules classiques. Réservation possible en anglais sur nissan-rentacar.com.

Aires de repos Jetez vos déchets dans les poubelles des aires d'autoroute, dotées de toilettes.

Sacs et couverts réutilisables Refusez les sacs et les couverts en disant *Sono mama de daijoubu desu* ("Ça va comme ça").

Poubelles publiques Elles sont rares. En attendant d'en trouver une, gardez vos déchets avec vous. Pensez à trier.

Gourde d'eau L'eau du robinet est potable dans tout le pays. De nombreux magasins Muji (muji.com) proposent gratuitement des distributeurs d'eau filtrée.

Transports en commun Les réseaux couvrent tout le pays et les cartes de réduction permettent des économies.

OKIMO/SHUTTERSTOCK©

CONTRIBUEZ À VOTRE ÉCHELLE

Aidez les enfants dans le besoin À Okinawa, Taco Rice Lovers (tacorice-lovers.okinawa) s'associe à des restaurants de *taco rice* (tacos au riz) pour nourrir les enfants qui souffrent de la faim. Lorsque vous commandez votre repas, achetez un Mirai Ticket. Un enfant pourra l'utiliser pour manger un *taco rice* gratuitement.

Nettoyez les rivières de Tokyo Tokyo River Friends (tokyoriverfriends.org) organise des opérations de nettoyage chaque mois. Joignez-vous aux bénévoles et faites-vous des amis par la même occasion.

Soutenez les animaux Contribuez à la préservation de la faune sauvage et au bien-être des animaux en faisant un don à la Japan Wildlife Conservation Society (jwcs.org) ou à Animal Refuge Kansai (arkbark.net).

PAS D'IMPAIRS !

Retirez vos chaussures à l'entrée de certaines salles de temple.

Ne prenez personne en photo sans demander la permission et respectez toujours la vie privée des habitants. Cela s'applique notamment aux geishas, aux *maiko*, aux prêtres et aux prêtresses.

Parlez à voix basse dans les transports en commun.

RÉDUISEZ VOTRE EMPREINTE CARBONE

Mobilité douce Explorez les villes et découvrez des coins moins visités à vélo. Les vélos rouges Docomo Cycle (docomo-cycle.jp) sont disponibles dans toutes les grandes villes. Téléchargez l'appli pour les localiser et en louer.

Mettez-vous au vert Les plus belles régions du Japon sont souvent rurales. Séjournez dans des fermes écologiques, rencontrez des habitants et soutenez les petits commerces.

WWOOFing Mettez les mains dans la terre pour créer des liens durables et soutenir directement l'agriculture locale (wwoofjapan.com).

Couverts écologiques Achetez des couverts ou des baguettes (généralement aux motifs mignons, dans un petit étui) pour éviter d'utiliser des produits jetables.

PIXHOUND/SHUTTERSTOCK ©

SOUTENIR L'ÉCONOMIE LOCALE

Petits commerces Prenez le thé et achetez vos en-cas dans de petits commerces locaux.

Mode durable Comme souvenirs, envisagez d'acheter des kimonos dans des boutiques de vêtements d'occasion. À Tokyo, on en trouve dans les quartiers de Nakano et Koenji.

Artisanat local Soutenez les artistes locaux en achetant directement des souvenirs dans leurs boutiques ou en vous inscrivant à un atelier.

VOYAGES ET CHANGEMENTS CLIMATIQUES

Tous les moyens de transport fonctionnant à l'énergie fossile génèrent du CO_2 – la principale cause du changement climatique induit par l'homme. L'industrie du voyage est aujourd'hui dépendante des avions. Si ceux-ci ne consomment pas nécessairement plus de carburant par kilomètre et par personne que la plupart des voitures, ils parcourent en revanche des distances bien plus grandes et relâchent quantité de particules et de gaz à effet de serre dans les couches supérieures de l'atmosphère. De nombreux sites Internet utilisent des "compteurs de carbone" permettant aux voyageurs de compenser le niveau des gaz à effet de serre dont ils sont responsables par une contribution financière à des projets respectueux de l'environnement. Lonely Planet "compense" les émissions de tout son personnel et de ses auteurs.

SITES INTERNET

wwoofjapan.com
zenbird.media
japanfs.org
ecotourism.gr.jp

HÉBERGEMENTS TYPIQUES ET INSOLITES

Hôtels et ryokan sont bien plus que des lieux d'hébergement ; c'est là que prend vie l'omotenashi, l'hospitalité à la japonaise. Tout visiteur se doit de passer au moins une nuit dans un ryokan et de prendre un bain dans un onsen. Pour nouer des liens avec les habitants, réservez un séjour à la ferme. Pour une expérience futuriste, passez une nuit dans un hôtel-capsule.

BUDGET/NUIT

Hôtels-capsules
5 000 ¥

Ryokan
12 000 ¥

Séjour à la ferme
9 000 ¥

MR. JAMES KELLEY/SHUTTERSTOCK ©

SÉJOUR À LA FERME

Le moyen idéal de se reposer et de découvrir le mode de vie local. Des fermes accueillent les visiteurs à travers le pays – sur la côte, au pied des montagnes, près des sources chaudes et même sur des plantations de thé. Vous logerez chez une famille locale et mangerez avec elle, l'occasion de nouer des liens durables. Les hôtes ne parlent pas toujours bien anglais, mais ceux qui ont l'habitude d'accueillir des touristes peuvent le parler couramment.

Nuitée entre 8 000 et 10 000 ¥/adulte.

HÔTELS-CAPSULES

Ces hébergements – des couloirs bordés de cabines conçues pour accueillir une couchette, une personne et quasi rien d'autre – ne sont pas faits pour les claustrophobes et sont peu adaptés à un séjour prolongé. En revanche, ils offrent une grande intimité et sont souvent situés en centre-ville. Les installations sont correctes, propres et bien entretenues.

Nuitée à partir de 3 000 ¥/adulte.

GLAMPING Le camping chic a connu un bel essor au Japon ces dernières années. On peut réserver des tentes haut de gamme aux équipements dignes d'un hôtel. Certains disposent de bains communs. Ce n'est pas bon marché, mais sortir de son lit douillet pour inspirer l'air frais des montagnes devant une vue spectaculaire vaut largement la dépense.

Nuitée à partir de 25 000 ¥/adulte.

LIGHTRECORDS/SHUTTERSTOCK ©

GREG ELMS/LONELY PLANET ©

RYOKAN

Les *ryokan* (auberges japonaises traditionnelles) sont très appréciés des voyageurs japonais. Omniprésents à travers le pays, ils sont particulièrement nombreux dans les stations thermales. Aux côtés des établissements traditionnels vieux de plusieurs décennies, voire de plusieurs siècles, on trouve de nos jours des bâtiments modernes de type hôtel qui conservent le charme des auberges traditionnelles.

Nuitée à partir de 10 000 ¥/adulte.

L'EXPÉRIENCE RYOKAN

Kaiseki Le prix comprend toujours un dîner *kaiseki* (assortiment de mets), servi dans la chambre ou dans une salle à manger commune. Chaque *ryokan* a sa spécialité, comprenant généralement un produit local d'exception.

Yukata Des *yukata* (peignoirs légers de style kimono) sont fournis dans les chambres. On les porte pour se prélasser et souvent pour dîner dans la salle à manger. Rabattez le pan gauche sur le pan droit – vous devez pouvoir insérer votre main droite entre les plis. N'hésitez pas à demander de l'aide.

Onsen Les bains des *ryokan* sont généralement communs. Les maillots de bain sont interdits ; il se peut que vous deviez vous mettre nu devant des inconnus. Lavez-vous avant d'entrer dans l'eau. Si vous portez de gros tatouages ou si vous souhaitez plus d'intimité, certains *ryokan* ont des chambres avec bains privatifs.

RÉSERVATIONS

Le plus facile est de chercher et de réserver votre hébergement en ligne et par l'intermédiaire des organisations. Notez néanmoins que certaines adresses, en particulier dans les zones rurales, n'ont pas de page en français ou anglais.

Réservez bien à l'avance pour les périodes suivantes : le Nouvel An lunaire (fin jan à début fév), la saison des cerisiers en fleur (fin mars à début avr), la Golden Week (fin avr à début mai), l'O-Bon (mi-août), la saison des feuillages d'automne (fin oct à nov) et, pour des régions comme Shirakawa-go et Hokkaido, l'hiver (à partir de déc).

Japan Ryokan and Hotel Association (ryokan.or.jp) Réservations d'hôtels et de *ryokan* dans tout le pays et comparatif de prix entre les grandes plateformes de réservation.

Relux (rlx.jp) Réservations de *ryokan* et d'hôtels de luxe.

Stay Japan (stayjapan.com) Séjours à la ferme ou chez l'habitant dans tout le Japon.

JapaniCan (japanican.com) Réservations faciles d'hôtels, *ryokan* et pensions.

Japanese Guest Houses (japaneseguesthouses.com) Séjours à la ferme et *ryokan*.

PRIX

Comprenant jusqu'à deux repas, les prix des *ryokan* et des séjours à la ferme sont toujours donnés par personne. Dans les *ryokan*, une petite taxe est ajoutée à la note pour les bains (généralement 150 ¥ par personne).

BOÎTE À OUTILS

TATOUAGES
Les gros tatouages sont souvent interdits dans les bains publics et les spas. Si vous en avez un petit, on vous donne parfois de quoi le recouvrir.

TAXIS
Le chauffeur ouvre et ferme la porte à distance ; écartez-vous quand il l'actionne.

TABAC
Il est permis de fumer dans nombre de bars et clubs. Certains restaurants ont des salles fumeurs. Il est interdit de fumer dans la rue et dans les lieux publics sauf dans les zones dédiées, sous peine d'amende.

INFOS UTILES

Fuseau horaire
GMT+9

Indicatif du pays
81

Électricité
100 V
50/60 Hz

À SAVOIR

Les ressortissants de 68 pays reçoivent automatiquement un visa touristique (15 à 90 j) à leur arrivée. Voir p. 312.

Les détenteurs d'un visa touristique sont exemptés de TVA dans de nombreux magasins pour les achats de plus de 5 000 ¥.

L'âge légal de consommation d'alcool est de 20 ans.

Sur les escaliers roulants, ne restez pas côte à côte mais placez-vous l'un derrière l'autre sur un côté, derrière les personnes devant vous.

Les poubelles publiques sont rares. Gardez vos déchets avec vous jusqu'à ce que vous en trouviez une. Pensez à trier.

Le Japon utilise le système métrique

VOYAGEURS HANDICAPÉS

Japan Accessible Tourism Center (www.japan-accessible.com/fr/) est une bonne source d'information.

Ascenseurs La plupart des gares et stations en sont équipées. Le personnel installe une rampe pour vous aider à monter et à descendre du train.

Trains Certaines voitures ont des espaces dédiés aux fauteuils roulants. Elles sont indiquées sur le quai par un symbole.

Toilettes polyvalentes Courantes dans les gares, les lieux touristiques, les centres commerciaux et les espaces publics.

Bmaps Cette appli vous aide à trouver des restaurants accessibles, à localiser les toilettes et à évaluer l'accessibilité d'une zone avant de vous y rendre.

EAU
L'eau du robinet est parfaitement potable, mais les bouteilles d'eau sont bon marché (100 ¥). Pensez à prendre votre gourde.

SORTIES DES GARES
Cherchez la plus proche de votre destination. Prendre la mauvaise sortie peut entraîner d'importants détours.

BAINS PUBLICS
Les vêtements (maillots de bain compris) sont interdits dans certains *onsen*. Les enfants de moins de 7 ans peuvent accompagner l'un ou l'autre de leurs parents.

TOILETTES
Les toilettes publiques sont gratuites, et indiquées par les caractères トイレ en katakana et お手洗い en kanji (femmes 女 , hommes 男). De style occidental dans les villes, avec fonction bidet. Les toilettes à la turque de type asiatique sont rares en ville (indiquées par un symbole) mais répandues dans les zones rurales. Certaines toilettes pour femmes diffusent des sons de chasse d'eau pour masquer les bruits gênants.

EN FAMILLE

Restaurants Les restaurants familiaux comme Royal Host, Denny's et Saizeriya proposent menus enfants et chaises bébés.

Toilettes et tables à langer La plupart des grands magasins et des gares ont des toilettes polyvalentes avec siège bébé et tables à langer.

Transports Dans les trains, les enfants de 6 à 11 ans paient moitié prix et les moins de 6 ans (jusqu'à deux) voyagent gratuitement.

Sites touristiques Les moins de 12 ans bénéficient de réductions et l'accès à certains sites est gratuit pour les jeunes enfants.

FAIRE DES ÉCONOMIES
- Achetez des produits alimentaires à prix réduit dans les supermarchés le soir.
- Allez au karaoké en semaine dans l'après-midi.
- Préférez les bains publics (*sento*) aux onéreux *onsen*.
- Marchez d'une gare à l'autre ; à Tokyo, cela ne prend que 15 à 20 minutes.

MATIJA KROG/SHUTTERSTOCK©

VOYAGEURS LGBTQI+

Discriminations Elles sont rares, mais les démonstrations publiques d'affection sont mal vues, quelle que soit l'orientation sexuelle.

Shinjuku Ni-chome Le plus grand quartier LGBTQI+ à Tokyo, avec bars, clubs et lieux de divertissements animés. Les démonstrations publiques d'affection sont ici généralement tolérées.

Doyama-cho L'équivalent de Shinjuku Ni-chome à Osaka.

Tokyo Rainbow Pride (tokyorainbowpride.com) Le plus grand événement LGBTQI+ du pays, au printemps.

Stonewall Japan (stonewalljapan.org) Bonne source d'information en ligne.

LANGUE

Le japonais est facile à prononcer pour un francophone, la plupart de ses sons existant en français. Il est cependant important de distinguer voyelles courtes et voyelles longues, car la longueur des voyelles peut modifier le sens d'un mot. Les voyelles longues (ā, ē, ī, ō, ū) sont deux fois plus longues que les voyelles courtes. Toutes les syllabes d'un mot se prononcent plus ou moins sur la même tonalité. Si vous lisez les transcriptions phonétiques comme s'il s'agissait de français, vous vous ferez comprendre (attention toutefois : u se prononce "ou", et e, "ê").

Pour aller plus loin, procurez-vous le **Guide de conversation Japonais** de Lonely Planet.

EXPRESSIONS DE BASE

Bonjour.	こんにちは。	*kon·ni·chi·wa*
Au revoir.	さようなら。	*sa·yō·na·ra*
Oui.	はい。	*hai*
Non.	いいえ。	*ī·e*
S'il vous plaît.	ください。	*ku·da·sai*
Merci.	ありがとう。	*a·ri·ga·tō*
Excusez-moi.	すみません。	*su·mi·ma·sen*
Je suis désolé.	ごめんなさい。	*go·men·na·sai*

Comment vous appelez-vous ?
お名前は何ですか? *o·na·ma·e wa nan des ka*

Je m'appelle…
私の名前は…です。 *wa·ta·shi no na·ma·e wa … des*

Parlez-vous anglais ?
英語が話せますか? *ē·go ga ha·na·se·mas ka*

Je ne comprends pas.
わかりません。 *wa·ka·ri·ma·sen*

HEURE ET NOMBRES

Quelle heure est-il ?	何時ですか?	*nan·ji des ka*
Il est (10) heure.	(10)時です。	*(jū)·ji des*
(10) heure et demie.	(10)時半です。	*(jū)·ji han des*

matin	朝	*a·sa*
après-midi	午後	*go·go*
soir	夕方	*yū·ga·ta*
hier	きのう	*ki·nō*
aujourd'hui	今日	*kyō*
demain	明日	*a·shi·ta*

1	一	*i·chi*	**6**	六	*ro·ku*
2	二	*ni*	**7**	七	*shi·chi/na·na*
3	三	*san*	**8**	八	*ha·chi*
4	四	*shi/yon*	**9**	九	*ku/kyū*
5	五	*go*	**10**	十	*jū*

URGENCES

À l'aide !	たすけて!	*tas·ke·te*
Partez !	離れろ!	*ha·na·re·ro*

Appelez la police !
警察を呼んで! *kē·sa·tsu o yon·de*

Appelez un médecin !
医者を呼んで! *i·sha o yon·de*

Je suis perdu.
迷いました。 *ma·yoy·mash·ta*

Index

000 Références des cartes

À PROPOS DE CET OUVRAGE

Cette première édition du guide *Les Meilleures Expériences au Japon* est une traduction-adaptation du guide Lonely Planet *Best Experiences Japan*.

Traduction
Giuseppe Ardiri, Vincent Guilluy et Jeanne Robert

Direction éditoriale
Didier Férat

Responsable éditorial
Dominique Bovet

Responsable prépresse
Jean-Noël Doan

Coordination éditoriale
Charlotte Oehler

Maquette
Denis Montagner

Cartographie Cartes adaptées en français par Nicolas Chauveau

Couverture adaptée en français par Laure Wilmot

Remerciements À Claire Gourié pour son travail de révision, Sylvie Rabuel pour sa relecture attentive, Dominique Spaety pour son soutien et Coralie Pannetier pour son aide, ainsi qu'à tous les éditeurs de l'équipe française qui ont travaillé sur l'adaptation de cette collection.

WINNIE TAN

Un été, Winnie a quitté sa ville natale de Kuala Lumpur pour se rendre à Tokyo et a décidé de ne plus jamais en repartir. Elle habite la capitale japonaise depuis sept ans et produit un podcast en anglais intitulé *Monogatari: Tales from Japan*.

@weeniemon

Mon expérience favorite : les villages enneigés de Shirakawa-go. Le spectacle des cabanes *gassho-zukuri* couvertes de neige est l'un de mes plus précieux souvenirs de voyage.

TED TAYLOR

En 1994, Ted a décidé de suivre sa passion pour le zen et les arts martiaux jusqu'au Japon. Il a parcouru de nombreux chemins de pèlerinage et routes ancestrales du pays, travaillant parfois comme guide, et a beaucoup voyagé dans les régions isolées d'Asie. Ses écrits ont été intégrés à des publications du monde entier.

www.notesfromthenog.blogspot.com

Mon expérience favorite : marcher dans les collines entourant Kyoto et passer de ses forêts ancestrales à des secteurs isolés de la ville.

TODD FONG

Né en Californie, Todd vit dans la région de Tokyo et voyage dans tout le Japon pour honorer ses commandes d'articles et de photographies. Son obsession du moment : sillonner le pays pour goûter toutes sortes de *shoyu* (sauce soja) vieillies en fût.

@toddfong_travel

Mon expérience favorite : me lever tôt après une nuit de "glamping" dans le Nordisk Village des îles Goto et immortaliser le lever de soleil sur les rizières avec mon drone.

REBECCA MILNER

Rebecca écrit et édite depuis son appartement ensoleillé de Tokyo, où elle vit depuis 2002. Elle est titulaire d'un master en études japonaises de l'université Sophia de Tokyo et a contribué à plus de 20 titres pour Lonely Planet.

@tokyorebecca

Mon expérience favorite : le chemin du Kumano Kodo, dans la préfecture isolée de Wakayama. Le parcours en lui-même est fabuleux, mais la culture et l'histoire le rendent plus fascinant encore.

Nos auteurs

LUCY DAYMAN

Née en Australie, Lucy était journaliste musicale avant de déménager à Tokyo sur un coup de tête et de ne plus jamais en repartir. Selon elle, les îles du Japon sont aussi fantastiques – voire plus – que ses pistes de ski.

@lucy.dayman

Mon expérience favorite : nager avec des tortues au large d'une plage déserte, sur la côte nord d'Amami-Oshima.

TOM FAY

Installé au Japon depuis 2007, Tom est un voyageur britannique spécialiste des activités de plein air. Il est l'auteur principal d'un guide sur la randonnée dans les Alpes japonaises et sur le mont Fuji, et travaille actuellement sur un guide dédié à Hokkaido.

www.thomasfay.com @tomfay.jp @T_in_Japan

Mon expérience favorite : la randonnée dans les espaces sauvages du parc national de Daisetsuzan. Loin de tout, ces paysages figurent parmi les plus somptueux du Japon.

Les meilleures expériences au Japon
1re édition
Traduit et adapté de l'ouvrage *Best Experiences Japan, 1st edition, novembre 2021*

92 avenue de France - 75013 Paris

Dépôt légal Mai 2022
ISBN 978-2-81619-586-6
Photographes © comme indiqué 2022
Imprimé par ESTIMPRIM, Autechaux, France

En Voyage Éditions | un département édi8